天道圣经注释

启示录注释

鲍会园 著

上海三联书店

献　给

内子许冰清

天路上的一位伴侣

出版说明

　　基督教圣经是世上销量最高、译文最广的一部书。自圣经成书后，国外古今学者注经释经的著述可谓汗牛充栋，但圣经的完整汉译问世迄今尚不到两个世纪。用汉语撰著的圣经知识普及读物（内容包括圣经人物、历史地理、宗教哲学、文学艺术、伦理教育等不同范畴）和个别经卷的研究注释著作陆续有见，唯全本圣经各卷注释系列阙如。因此，香港天道书楼出版的"天道圣经注释"系列丛书尤为引人关注。这是目前第一套集合全球华人圣经学者撰著、出版的全本圣经注释，也是当今汉语世界最深入、最详尽的圣经注释。

　　基督教是尊奉圣典的宗教，圣经也因此成为信仰内容的源泉。但由于圣经成书年代久远，文本障碍的消除和经义的完整阐发也就十分重要。"天道圣经注释"系列注重原文释经，作者在所著作的范围内都是学有专长，他们结合了当今最新圣经研究学术成就，用中文写下自己的研究成果。同时，尤为难得的是，大部分作者都具有服务信仰社群的经验，更贴近汉语读者的生活。

　　本注释丛书力求表达出圣经作者所要传达的信息，使读者参阅后不但对经文有全面和深入的理解，更能把握到几千年前的圣经书卷的现代意义。丛书出版后受到全球汉语圣经研习者、神学教育界以及华人教会广泛欢迎，并几经再版，有些书卷还作了修订。

　　现今征得天道圣经注释有限公司授权，本丛书由上海三联书店出版发行国内中文简体字版，我们在此谨致谢意。神学建构的与时俱进离不开对圣经的细微解读和阐发，相信"天道圣经注释"系列丛书的陆续出版,不仅会为国内圣经研习提供重要的、详细的参考资料,同时也会促进中国教会神学、汉语神学和学术神学的发展,引入此套注释系列可谓正当其时。

上海三联书店

天道圣经注释

本注释丛书特点:

- 解经(exegesis)与释经(exposition)并重。一方面详细研究原文字词、时代背景及有关资料,另一方面也对经文各节作仔细分析。
- 全由华人学者撰写,不论用词或思想方法都较翻译作品易于了解。
- 不同学者有不同的学养和专长,其著述可给读者多方面的启发和参考。
- 重要的圣经原文尽量列出或加上英文音译,然后在内文或注脚详细讲解,使不懂原文者亦可深入研究圣经。

天道书楼出版部谨启

目录

序言

　　"天道圣经注释"的出版是很多人多年来的梦想的实现。天道书楼自创立以来就一直思想要出版一套这样的圣经注释,后来史丹理基金公司也有了一样的期盼,决定全力支持本套圣经注释的出版,于是华人基督教史中一项独特的出版计划就正式开始了。

　　这套圣经注释的一个特色是作者来自极广的背景,作者在所著作的范围之内都是学有专长,他们工作的地点分散在全世界各处。工作的性质虽然不完全一样,但基本上都是从事于圣经研究和在学术方面有所贡献的人。

　　另外,一个值得注意的地方,是这套书中的每一本都是接受邀请用中文特别为本套圣经注释撰写,没有翻译的作品。因为作者虽然来自不同的学术圈子,却都是笃信圣经并出于中文的背景,所以他们更能明白华人的思想,所写的材料也更能满足华人的需要。

　　本套圣经注释在陆续出版中,我们为每一位作者的忠心负责任的工作态度感恩。我们盼望在不久的将来,全部出版工作可以完成,也愿这套书能帮助有心研究圣经的读者,更加明白及喜爱研究圣经。

荣誉顾问　鲍会园

主编序言

　　华人读者对圣经的态度有点"心怀二意",一方面秉承华人自身的优良传统,视自己为"这书的人"(people of the Book),笃信圣经是神的话;另一方面又很少读圣经,甚至从不读圣经。"二意"的现象不仅和不重视教导圣经有关,也和不明白圣经有关。感到圣经不易明白的原因很多,教导者讲授肤浅及不清楚是其中一个,而教导者未能精辟地讲授圣经,更和多年来缺乏由华人用中文撰写的释经书有关。"天道圣经注释"(简称为"天注")在这方面作出划时代的贡献。

　　"天注"是坊间现有最深入和详尽的中文释经书,为读者提供准确的资料,又保持了华人研读圣经兼顾学术的优良传统,帮助读者把古代的信息带入现代处境,可以明白圣经的教导。"天注"的作者都是华人学者,来自不同的学术背景,散居在香港、台湾地区以及东南亚、美洲和欧洲各地,有不同的视野,却同样重视圣经权威,且所写的是针对华人读者的处境。

　　感谢容保罗先生于 1978 年向许书楚先生倡议出版"天注",1980年 11 月第一本"天注"(鲍会园博士写的歌罗西书注释)面世,二十八年后已出版了七十多本。史丹理基金公司和"天注"委员会的工作人员从许书楚先生手中"接棒",继续不断地推动和"天注"有关的事工。如果顺利,约一百本的"天注"可在 2012 年完成,呈献给全球华人读者研读使用。

　　笔者也于 2008 年 10 月从鲍会园博士手中"接棒",任"天注"的主编,这是笔者不配肩负的责任,因多年来为了其他的工作需要而钻研不同的学科,未能专注及深入地从事圣经研究,但鲍博士是笔者的"恩师",笔者的处女作就是在他鼓励下完成,并得他写序推介。笔者愿意接棒,联络作者及构思"天注"前面的发展,实际的编辑工作由两位学有所成的圣经学者鲍维均博士和曾祥新博士肩负。

　　愿广大读者记念"天注",使它可以如期完成,这是所有"天注"作者共同的盼望。

邝炳钊

2008 年 12 月

旧约编辑序

　　"天道圣经注释"的出现代表了华人学者在圣经研究上的新里程。回想百年前圣经和合本的出现,积极影响了五四运动之白话文运动。深盼华人学者在圣经的研究上更有华人文化的视角和视野,使福音的传播更深入社会和文化。圣经的信息是超时代的,但它的诠释却需要与时俱进,好让上帝的话语对当代人发挥作用。"天道圣经注释"为服务当代人而努力,小弟多蒙错爱参与其事,自当竭尽绵力。愿圣经的话沛然恩临华人读者,造福世界。

曾祥新

新约编辑序

　　这二十多年来，相继出版的"天道圣经注释"在华人基督教界成为最重要的圣经研习资源。此出版计划秉持着几个重要的信念：圣经话语在转变的世代中的重要，严谨原文释经的重要，和华人学者合作与创作的价值。在这事工踏进另一阶段的时候，本人怀着兴奋的心情，期待这套注释书能够成为新一代华人读者的帮助和祝福。

鲍维均

作者序

笔者信主之初曾在上海工作，偶然去到一间教会，连续两个多月听到启示录七封书信的信息，给了笔者很深的印象。神学毕业以后出来事奉，也曾零散地讲过一些启示录的信息。来到香港的初期，曾被邀在一间教会青年团契连续二十余次讲解启示录，这些接触，使笔者对这一书卷的兴趣越来越浓。

后来在神学院开始讲授"启示录解经"的课程，要认真全面地去研读，就更加发现这一书卷的内容充满了许多深奥的问题，愈加觉得这一书卷构造精巧，意义深厚，思想充实，但这些亮光都不能帮助我解释书内的难题。

在多次思想、阅读各种不同立场和背景的学者的著作时，发现许多信仰纯正、学术水准高的著作好像常常存在着一种难以捉摸却真实存在的矛盾。很多人强调本书作者的想象力、本书文字的象征性，但同时又要忠实地解释文字的真实性，以及文字本身的意义。于是在解释时就发生了矛盾：如何用字面的意义去解释具有象征性的启示文学呢？

笔者从来没有想过要写启示录的注释，直到前几年天道圣经注释的编辑委员提出要笔者来写这本书时，笔者才认真思想怎样把多年来存在脑子里的观念、研读的亮光、心灵中的领受整理出来。但投入更多阅读和思考的时候，心里却越来越踌躇，不能决定是否要系统地把自己的领受写出来，再加上这些年来没有时间容许笔者安静下来，把自己的思想好好地整理一番。在最近四五年间，笔者曾在不同的国家和地方，与弟兄姊妹研究启示录，后经多位弟兄姊妹和同工的不断鼓励和要求，最终决定勉强执笔。

现在终于完稿了。虽然注释的详细程度离笔者所盼望的相差很远，但笔者希望本书可以帮助一些弟兄姊妹更深地了解启示录，更真实地盼望基督的再来，也可以更坚强地在试炼中站立得稳。

本书所用的经文是根据圣经新译本。但为了更清楚地表达原文的意义，有时会在上下文的论述中对原文加以阐明。在写作过程中，小儿及一些同工不时提供参考资料，特此致谢。

为上帝帮助笔者能如此完成全本书，献上衷心的感谢。

鲍会园　谨识
2003 年于加州

简写表

ABD	Freedman, D. N. , ed. *Anchor Bible Dictionary*. 4 vols. N. Y. : Double Day, 1992.
ANF	Roberts, A. , and J. Donaldson, eds. *The Ante Nicene Fathers*. Rev. A. C. Coxe. 10 vols. Grand Rapids: Eerdmans.
APOT	Charles, R. H. , ed. *The Apocrypha and Pseudepigrapha of the Old Testament*. 2 vols. Oxford: The Clarendon Press, 1913.
BAGD	Baur, W. , W. F. Arndt, F. W. Gingrich, and F. W. Danker. *A Greek-English Lexicon of the New Testament*. Chicago: University of Chicago Press, 1979.
BDB	Brown, F. , S. R. Driver, and C. A. Briggs. *A Hebrew and English Lexicon of the Old Testament*. Oxford: Clarendon Press, 1972.
BDF	Blass, F. , A. Debrunner, and R. W. Funk, eds. *A Greek Grammar of the New Testament*. Chicago: University of Chicago Press, 1961.
BS	Biblical Studies
CBQ	Catholic Biblical Quarterly
DB	Hastings, J. , ed. *Dictionary of the Bible*. 5 vols. N. Y. : Scribner Press.
DM	Dana, H. E. , and J. R. Mantey. *A Manual Grammar of the Greek New Testament*. N. Y. : Macmillan, 1927.
EDNT	Balz, H. , and G. Schneider, eds. *Exegetical Dictionary*

	of the New Testament . 3 vols. Grand Rapids: Eerdmans, 1990 – 1993.
EvQ	Evangelical Quarterly
GELNT	Louw J. P. , and E. A. Nida, eds. *Greek-English Lexicon of the New Testament* : *Based on Semantic Domains*. 2 vols. N. Y. : United Bible Societies, 1988 – 1989.
HR	Hatch, E. , and H. A. Redpath. *A Concordance to the Septuagint and the other Greek Versions of the Old Testament*. Arath: Akademische, 1954.
HTR	Harvard Theological Review
IBD	Douglas, J. D. , ed. *Illustrated Bible Dictionary*. 3 vols. Downers Grove: InterVasity Press, 1980.
ICC	International Critical Commentary
Int	Interpretation
ITQ	The Irish Theological Quarterly
JBL	Journal of Biblical Literature
JETS	Journal of the Evangelical Theological Society
JSNT	Journal for the Study of the New Testament
JTS	Journal of Theological Studies
LSJ	Liddell, H. G. , R. Scott, H. S. Jones, and R. Mckenzie. *A Greek-English Lexicon*. Oxford: The Clarendon Press, 1968.
MG	Moulton, W. F. , and A. S. Geden, eds. *A Concordance to the Greek Testament* : *According to the Texts of Westcott and Hort*. Edinburgh: T. & T. Clark, 1962 rep.
MHT	Moulton, J. H. , W. F. Howard, and N. Turner , eds. *A Grammar of the N. T. Greek*. 4 vols. Edinburgh: T. & T. Clark, 1906 – 1976.
MM	Moulton, J. H. , and G. Milligan. *The Vocabulary of the Greek Testament* : *Illustrated from The Papyri and Other Non-Literary Sources*. Edinburgh: T. & T. Clark,

	1930.
NBD	Douglas, J. D., ed. *The New Bible Dictionary*. Grand Rapids: Eerdmans, 1970.
NCBC	New Century Bible Commentary
NIBC	New International Biblical Commentary
NICNT	New International Commentary on the New Testament
NIDNTT	Brown, C., ed. *New International Dictionary of New Testament Theology*. 3 vols. Grand Rapids: Zondervan, 1975 – 1978.
NIGTC	New International Greek Testament Commentary
NovT	Novum Testamentum
NTS	New Testament Studies
ODCC	Cross, F. L., ed. *The Oxford Dictionary of the Christian Church*. Oxford: Oxford University Press, 1974.
SBT	Studies in Biblical Theology
Scr	Scripture
TDNT	Kittel, G., and G. Friedrick, eds. *Theological Dictionary of the New Testament*. 10 vols. Grand Rapids: Eerdmans, 1964 – 1976.
TNTC	Tyndale New Testament Commentary
WBC	Word Biblical Commentary
WTJ	Westminster Theological Journal

圣经版本

中文译本
文理本
吕振中译本
和合本
和合本修订版
思高本
新译本

希腊文新约
Aland，K.，M. Black，C. M. Martini，B. M. Metzger，and A. Wekgren，eds. *The Greek Testament*. 4th ed. United Bible Society，1993.

Nestle，Eberhard，and Kurt Aland，eds. *Novum Testamentum Graece*. 27 auflage. Stuttgart：Deutsche Bibelgesellschaft，1993.

UBSGNT	United Bible Society Greek New Testament
TCGNT	A Textual Commentary on the Greek New Testament

英文译本

ASV	American Standard Version
AV	Authorized Version
KJV	King James Version
NASB	New American Standard Bible
NEB	New English Bible
NIV	New International Version
NKJV	New King James Version
NRSV	New Revised Standard Version
RSV	Revised Standard Version

绪论

绪论

　　教会对于研究启示录的兴趣，常因本身的经历和四周环境的改变而有所起伏。有战争发生，或教会面对特别的压力，或社会有大型的动荡时，人们多为前途担心，教会自然会多思想圣经对未来的教训。在第一次世界大战前后，有不少关乎启示录的著作出版。在十九世纪末、二十世纪初，许多圣经高等批评学者已将他们的注意力转向启示录。他们用这种批评的方法，只将启示录当作一本普通的文学作品来研究，自然会产生许多不同的结论。他们的著作给教会带来很大的冲击，为回答这一类的立论，许多福音派学者重新致力研究这卷书。因此在最近约三四十年间，有多本在学术研究上既成熟又忠于圣经的著作面世。为上帝这样的恩典献上感谢，这些著作不单帮助教会明白启示录，更坚固了圣徒的信心。

壹　启示录的性质

　　启示录是一本特别的书，它的性质特别，文字特别，内容特别，因此有时令读者很难明白！同时也令解经家对同一段经文有完全不同的解释，更加使人觉得这本书极难明白。

　　这本书的内容的确很特别，用语和词意都很特别；但我们相信本书和圣经其他书卷一样，是上帝叫约翰写给我们的，乃要叫我们明白上帝的计划，以及上帝在世界行动的目的。书中一切的材料都是要帮助我们更明白上帝的启示，而不是要叫我们模糊不清。因此在解释的时候，遇到某些词句可能有不同的解释时，我们应该选择那些能帮助我们明白上帝启示的解释，而不是选取那些叫人更不明白的解释。

　　书中最显著的一个特点，大概是其中有很多的图画，而这些图画都是象征，用一个常见的事物代表另一种意义。如第一章的灯台、七星，第四章天上的四个活物，第五章封着的书卷，第六章骑马的人，第九章的蝗虫，等等；这些显然都是代表另一些事物，如地上的组织、权势、审判等。这些象征的词句许多是出于旧约，有些是圣经所没有的，合在一起就成了一幅完整的图画；阅读时我们就可以得出一些它所要表达的意义。看见了整幅的图画，就可以大概知道解释的方向了。

　　本书的文字也很特别。在用字方面，短短一卷书就有差不多一百个字是新约其他书卷没有用过的，平均每八个字就有一个是全本新约只出现过一次的字；书中有这么多独特的字，主要的原因是作者所描述的内容和思想的方式不同。书中所象征的图画中的事物，许多都是独特的；新耶路撒冷的十二个城门上的十二颗宝石的名字，在别的地方没有出现过；天上宝座所发出的闪电、声音、雷轰等，也没有在别处出现过。此外，作者某一句经文的用语不合文法，也用得不大自然，但这样的特点并非出于笔误，或作者不懂文法，而是由于作者的思想方式和语句构造所致，不得已而写成的。例如第一章四节的"那位今在、昔在、以后永在的上帝"，在原文的构造很特别。[1] 作者如此用语的原因，大概是因为他基本上是用希伯来文或亚兰文来思想，现在却用希腊文写出来。上帝的名字在希伯来文是"今在、昔在、以后永在"。作者写作时，要将上帝的名字译成希腊文；此"今在、昔在、以后永在"的名字，当时已经被看为是专有名词了。而希伯来文的专有名词译成希腊文时，通常不会改变它是主语格或宾语格的写法。[2] 所以，作者在此就写出了如此不自然的希腊文句子。[3]

　　本书的名称为"启示录"。此书名很难翻译，原文并没有"录"这个

---

[1] 此语在中文译文上很难看出它的特别，因为中文没有介系词，也没有主语、宾语的分别。但此语若直接按字面用英文译出来，应为"From he who is, from he was and from he who is coming"，是不合文法的句子。在介系词后面的字不可以用主语格，可以用"from him"，不可用"from he"。并且，"今在"用的是分词，而"昔在"用的是动词。

[2] 参见 BDB，§143.

[3] 参见 M.C. Tenney, *Interpreting Revelation* (Grand Rapids: Eerdmans, 1958), p. 14.

字,这本书不是启示的"记录",它本身就是"启示"。在基督耶稣前后的时代,犹太人和基督徒的圈子里都有许多这一类的著作。通常这类书是描写某些人遇到困难时,或者受到了欺压、逼迫,自己没办法应付,就有超自然力量或天使来帮助他。背后的思想是,受欺压的是正义的人,或者是属上帝的人;欺压者乃是抵挡上帝的恶势力。世上的事都是善恶相争,最终上帝一定会得胜。这些著作所指的争战,有时是指末世才有的,有时则是在当时发生,或不久就要发生的。这些著作很多时候是在事情发生的时候写的,描写的时候不敢用真名,而字里行间需要用一些隐晦的话,或代表性的话,或象征的词句。当时的人看了,自然就明白它的真正意义了。再者,这些话如果是大家所尊重的人或名人写的,当然大家就更容易接受了。因此,许多这样的著作是冒名的,如《摩西升天记》(*Assumption of Moses* / *Testament of Moses*)、《保罗启示录》(*Apocalypse of Paul*)等。这一类著作通常称为"启示文学"(Apocalyptic Literature)。圣经里面也有这类的材料,如马太福音第二十四、第二十五章,但以理书的后半部,以西结书的许多部分等。两者的分别是,圣经里面的材料都是用作者的真名。启示录就是这样一本书,大多数的材料都是用启示文学的体裁写成,不过它与圣经以外的启示文学有几个重要的分别。第一,本书是用作者的真名写的,下文我们会思想本书作者的见证。第二,作者清楚说明本书是耶稣基督的启示,或上帝的启示。书的全部内容都来自上帝,绝对可靠。第三,本书的作者说他所写的是预言(一 3,二十二 7)。预言当然可以是讲论当时的事,也可以是讲论未来的事。有人主张预言是当时先知口传的信息,启示则是用笔写出来的;④因此启示录不应该称为预言,这样的分别无需坚持。本书自称为启示或预言,就显出两者是同样的意思。因此,我们不能说启示录因为是"启示",所以它的内容就模糊难明,甚至同一段经文可以有多个不同的解释。⑤ 这样的观念是未曾深入探讨而片面地面对本书内容

---

④ T. F. Glasson,*Revelation of John*(Cambridge:Cambridge University Press,1965),p. 2.

⑤ 格拉逊(Glasson)认为启示如同谜语一样,那些奇特古怪的图画可以有多个不同的解释,参见 Glasson,*Revelation of John*,p. 2.

的表现。⑥

贰　作者

　　启示录本身记载有关作者的事不多。开头和结尾提及他的名字是约翰(一 4、9,二十二 8),他是上帝的仆人(二十二 9),按这句话文法的构造,他可能称自己为先知。因此教会很早就接纳使徒约翰为本书作者。殉道者查士丁(Justin Martyr)在第二世纪初期,⑦就说启示录是使徒约翰所写的。⑧ 里昂的主教爱任纽(Irenaeus)在第二世纪晚期也多次称"主所爱的门徒约翰"为启示录的作者。⑨ 亚历山大里亚的克莱门特(Clement of Alexandria)几次引用启示录的话语时,都说是使徒约翰的话。⑩ 迦太基的德尔图良(Tertullian)多次引用了启示录后也说,这是使徒约翰所写的。⑪ 从上面所列出的一些见证,显示出初期教会相当普遍地接纳使徒约翰为启示录的作者。

　　虽然初期教会有很强的见证,支持使徒约翰为本书的作者,但早期也有人怀疑此书作者的问题。首先有人提出,书中虽有几次讲约翰是作者,但从来没有说过他是使徒,这一点值得注意。但是从另一个角度来看,约翰福音也同样一次都没有提到作者的名字。缺少什么资料,不一定证明是没有这样的事;这里可能只是表明作者的个性,他尽量不要多显明自己是谁。而且在当时的环境,其他使徒都已离世,在教会中使徒约翰是最显著的一个人。一提到约翰,人们自然就知道是谁,用不着解释或形容,没有人有他那样的身份,那样被尊重。

---

⑥ 包衡(Bauckham)经过二十多年的研究后说:"约翰的启示录融合了深厚的学识、极为细致的艺术技巧、令人叹为观止的想象、激进的政治批评和深厚的神学";载于 Richard J. Bauckham,*The Climax of Prophecy*,Studies in the Book of Revelation (Edinburgh:T. & T. Clark, 1993), p. ix.

⑦ 查理士(Charles)确定查士丁的见证约在公元 135 年;R. H. Charles, *Revelation*, ICC, vol. I (Edinburgh: T. & T. Clark, 1950), p. xxxvii, n. 2.

⑧ Justin Martyr, *Dialogue with Trypho*, lxxxi 15; ANF, vol. I, p. 240.

⑨ Irenaeus, *Against Heresies*, iv 14.1; v 26.1; ANF, vol. I, pp. 491,504,594.

⑩ Clement of Alexandria, *Paedagogus*, ii 119; ANF, vol. II, p. 603.

⑪ Tertullian, *Against Marcion*, iii 14,24; ANF, vol. III, p. 333.

　　有人主张启示录的作者是约翰,不过不是使徒约翰,而是一个作长老的约翰。查理士根据优西比乌(Eusebius)的《教会史》(*Ecclesiastical History*),其中记载着帕皮亚(Papias)的一段话说,有两个约翰,一个是使徒约翰,另一个是长老约翰。[12] 查理士接着提到优西比乌强调说,帕皮亚小心地将这两个约翰分得很清楚,而且当时在以弗所有两个坟墓都写着"约翰"的名字,[13]故此可以显明长老约翰是启示录的作者,而使徒约翰是福音书和书信的作者。这样的证据和结论有些问题。第一,帕皮亚的话是否那么清楚地讲到两个约翰呢?[14] 第二,就算帕皮亚讲的是两个约翰,而且在以弗所也真有两个坟墓,也不能因此证明长老约翰是启示录的作者。

　　另一个很受欢迎、极其流行的理由,就是本书的希腊文的体裁很特别;因为启示录的文字体裁和内容性质与约翰福音的体裁和内容太不同了,所以两本书不可能出自同一个作者的手笔。近代很多学者认为约翰福音和书信可能出自同一个作者的手笔,启示录则出自另一个人的手笔。但根本上来看,很多反对约翰为本书作者的理由,都是出于主观的看法,或某方面的成见。按初期教会教父的见证,及本书内容与圣经启示的比较,最好的选择仍然是接纳使徒约翰为本书的作者。关于本书特殊的文学体裁,前面已略提及。[15] 至于内容性质与约翰福音不同,因为两书所写的启示不同,性质不同是自然的。约翰福音是写神子降世,要完成救赎人类的使命,当然多强调上帝的慈爱;启示录是写上帝在末日要审判世界,完成他在地上的计划,当然要多显明上帝的公

---

[12] Eusebius, *Ecclesiastical History*, iii 39,4,6; vii 25,7,16.

[13] Charles, *Revelation*, vol. I, pp. xl, f.

[14] 这里将查理士所用的话引述出来,帕皮亚写道:"如有任何跟随那位长老的人来到,我就会仔细询问他,诸位长老——如安得烈,或彼得,或腓力,或多马,或雅各,或约翰,或别位主的门徒曾经讲过什么(εἶπεν);也问他亚理斯深(Aristion)和长老约翰在讲什么(λέγουσιν)。"在这段话中,帕皮亚的确将"主的门徒众长老"和"长老约翰"分开;而且说到众长老讲话时用过去时态,说到长老约翰所讲的话,则用现在时态。但值得注意的是,他在"众长老"一语中也包括了约翰。帕皮亚是约翰的门徒,在约翰的晚年他一定仍然在世。此时若众使徒都已离世,只有约翰仍在世,他讲话时将长老约翰和"众长老"分开,似乎是很自然的,而且说约翰讲话时,他用现在时态也是应当的。

[15] 参见本章第壹节。

义。这是约翰领受了不同的启示,而不单单是他个性的表达。如要讲作者自己个性的表达,在写福音书时,约翰也有他严厉或暴躁的一面,以致主耶稣称他为"雷子"(可三 17)。而且在书信中他也曾说,若有人犯了致死的罪,就不当为他的罪祈求(约壹五 16)。所以不能单从内容性质的表达来推断两书的作者不可能是同一个人。

此外,启示录和约翰福音有一些显著相同的地方,使人觉得如果这两书不是同一个人写的,倒有些奇怪了;只有这两书称主耶稣为上帝的"道"(十九 13;约一 1),又直接称主为上帝的"羊羔"(五 7;约一 29)。两处用字的拼法虽然不同,但基本的意思一样。新约其他书卷当然也有将主看作"羊羔"的思想,如哥林多前书第五章七节;但直接称主为"羊羔"的用法,只有在这两本书中出现。另外,这两本书在希腊文的用字上还有许多相同的例子,[16]这样的用字不是偶然的。今日的福音派学者多半都接纳启示录是使徒约翰所写,这也是本书的立场。

启示录写完以后,很早就传到各地的教会,初期教会许多教父的著作都直接或间接引用,或提到本书的一些经文。如第二世纪初的安提阿主教伊格那丢(Ignatius),在他的《以弗所书信》(*Ad Ephesios*,约 A.D. 110)中所提到的。[17] 亚历山大里亚的教父写的《巴拿巴书》(*Epistle of Barnabas*,约 A.D. 130),也提到启示录的话语。[18] 罗马的教父黑马(Hermas)写的《黑马牧人书》(*The Shepherd of Hermas*,约 A.D. 150),有很多用语都跟本书的词句极为相似(用他的 *Visiones* ii 2,7;iv 2,5 等和启三 10,七 14 等比较)。[19] 由此可见,第二世纪初启示录已经在很多地方的教会中流行。但正式被接纳为正典的经过却比较漫长。

穆拉多利正典(Muratorian Canon)是最早的新约目录,在第二世纪末的罗马开始流行。此目录包括启示录,如此就表示在那时罗马教

---

[16] 参见 Leon Morris, *The Revelation of St. John*,TNTC(Grand Rapids: Eerdmans, 1969),p. 31,fn. 2.

[17] Ignatius,*Ad Ephesios*,xv 3 与启示录第二十一章三节的比较。

[18] *Epistle of Barnabas*,21;3 与启示录第二十二章十节的比较。

[19] 斯通豪斯(Stonehouse)的著作有更多这方面的资料,参见 Ned B. Stonehouse,*The Apocalypse in the Ancient Church*(Goes,Holland: Oosterbaan & Le Cointre,1929).

会已接纳本书为正典。第二世纪末迦太基有名的护教学者德尔图良多次引用启示录的经文,因此表明迦太基的教会也接纳了此书为正典。与此同时,亚历山大里亚的克莱门特也接纳本书为正典。换言之,在第二世纪末,除了一些特别的例子,如信仰偏激的异端马吉安(Marcion),西方的教会基本上已经接纳启示录为正典。但在东方的教会中,启示录就不那么容易被接纳。早期在亚历山大里亚的教会中,曾有一些极端主张千禧年信仰的人遭到教会反对,因此在第三世纪,罗马的狄奥尼修斯(Dionysius of Rome)并不接纳启示录。在第三世纪末和第四世纪,在凯撒利亚很有影响力的历史学家优西比乌受狄奥尼修斯的影响,也拒绝接纳启示录为约翰所作;结果在第四世纪后期召开的老底嘉会议(Synod of Laodicea)中,拒绝将启示录纳入正典。之后,东方教会的态度渐渐改变。公元397年召开的迦太基第三次会议(Third Council of Carthrage)中决定教会可以公开诵读启示录,直到公元680年,第三次君士坦丁堡会议(Third Council of Constantinople)接纳了第三次迦太基会议的议案后,启示录才正式被全教会接纳为圣经的一部分。[20]

叁 写作日期

启示录是在教会面对压力,或正受逼迫的时候,上帝给教会的安慰、鼓励和教导。既然本书是使徒约翰写的,就要知道在约翰时代,有两段时间教会受到较大的压力:尼禄时代(Nero,A.D. 54 - 68)和图密善时代(Domitian,A.D. 81 - 96)。因此,有不同的学者将此书的写作年代定在较早的尼禄时期,或较晚的图密善时期。

(I) 较早的年代

罗马的尼禄在公元54年登基。尼禄聪明能干,有魄力,但个性怪

异、不羁。因个人的不悦,曾命人杀死自己的母亲,废黜皇后,另立他的
爱人作皇后。初登王位的几年,因有塞内加(Seneca)的指导帮助,他的
政绩步上正轨,国土也大大地扩展,很得人民的爱戴。但后来渐渐放纵
自己,任意而行。一时兴起,可以在街市表演的戏剧中扮作演员。看见
罗马的街道建筑陈旧落伍,就想拆毁重建,另立堂皇的街市,又怕引起
市民的不满,于是暗中放火烧毁部分建筑,却捏造说是基督徒放火烧
城,借此杀害、驱逐许多基督徒。[21] 按此解释的人说,启示录所讲基督
徒所受的逼迫,就是指这次逼迫。第十七章的大淫妇是指罗马的政
权,她坐在七头十角的兽上,此兽的七头是七座山(十七 9),罗马是
有名的"有七座山的城"。下文又说,七头又是七位王;五位已经倾倒
了,一位还在,一位还没有来。又说此兽是"先前有,如今没有,以后
再有"的兽。这兽就是指尼禄。尼禄虽然个性怪异,但在一般百姓的
眼中,他是一位精明能干的王,很多人几乎把他看作是超人。他三十
一岁的时候,[22]因权势不保,自杀而死。但一般百姓不相信他会死。
当时民间流传一种说法,尼禄并没有死,只是暂时隐藏起来,重组军
力,将来有一天他要再出来作王。这里所说的"先前有,如今没有,以
后再有"的兽,就是指着尼禄说的,所以,启示录是在尼禄作王的时候
写的。尼禄作王的年代是公元 54 至 68 年,故此,启示录应当是在公
元 60 多年写成的。

　　启示录第十七章解释的细节暂且不必讨论,"尼禄复生"(*Nero
Redivirus*)的论调也只是一种传说。尼禄曾借着火烧部分罗马城的事
而逼迫基督徒,大概确实发生过。但从各方面来分析,尼禄的逼迫应该
只是限于罗马,而启示录显示的逼迫却不限于罗马一带。主耶稣给士
每拿教会的书信中,警告他们有更厉害的逼迫将要来到。上述的理由
不能够支持较早的写作年代。

　　还有另一个理由,人们认为本书是较早写的,是基于第十一章一
节,上帝给约翰一根苇子,吩咐他去度量圣殿和祭坛,并度量殿中礼拜

---

[21] 参见 F. L. Cross, ed., "Nero," in *The Oxford Dictionary of the Christian Church*
(London: Oxford University Press, 1957).

[22] 参见罗马皇帝年代表。

的人。上帝既然吩咐他度量圣殿和祭坛，圣殿必定仍然存在。在公元70年，提多去攻打耶路撒冷时，将圣殿完全拆毁了。书中吩咐约翰去度量圣殿，表明圣殿仍然存在，所以此书一定是圣殿被拆毁以前写的，即是在公元70年以前写的。

如果启示录第十一章的命令是上帝叫约翰去度量耶路撒冷实体的圣殿，那么圣殿就必是仍然存在。但启示录第四章开始记载约翰在天上所看见的异象。他已经看见羔羊揭开七印、四匹马的异象、天上无数群众的异象、天地变黑暗的异象、大力的天使的异象等。这些异象都是上帝给他的特别启示，而不是真实物质的存在。现在来到第十一章度量圣殿的异象，却一定要解释作实体的圣殿，这好像不必要。如果圣殿也是上帝给约翰的特别启示，而不是地上实体的圣殿，那么此启示是什么时候给他的，就不是问题了。

再有一个把写作日期放得较早的理由，是第十三章十八节记载兽的数目是六百六十六。当时有多种文字，包括希腊文、希伯来文等，都是用字母代表数目；用英文打个比方，则是"a"代表"1"，"b"代表"2"等。这里说兽的数目是六百六十六，那么兽的名字是什么，才能用它的字母凑成六百六十六呢？有人提出，如果将尼禄的名字用希伯来文写出来，[23]此名的数目就成了六百六十六。若果如此，这里所说的兽，就是尼禄，换言之，此书是在尼禄的时代所写的。

这样的解释，或者说计算法相当巧妙。但是正如查恩（Zahn）及之后多位学者所提出的，启示录是用希腊文写给希腊文读者的一本书，作者没有理由将一个重要人名用希伯来文写出来。如果此人名重要，可以用别的方法来表达它的重要性。所以，这样的解释值得商榷。

最后可以思想的一个理由是本书所用的文字。前面讲到本书的特性时，已经略略提过这本书的文字比较特别，甚至有些句子不合文法。因此有人就认为启示录是约翰早年所写，当时他的希腊文还没有学习得太好。等过了一段较长的日子，写福音书和书信时，他的希腊文已进

㉓ 将 Nero 名字改写成希伯来文，成为 Neron Kaisai；参见 T. Zahn, *Introduction to the New Testament*, vol. III（Grand Rapids: Zondervan, 1953 rep.），pp. 444f.

步很多,所以那些书卷写得更加通顺、优美。㉔ 前面讲本书的特性,已提过本书文字较特别的一些理由。启示录的文学体裁特别,主要是因为写作的环境、启示的内容和作者的背景所致,而不是作者的希腊文知识不够。书中有许多地方都是用很美的文字写成。以上这些理由,都不能证明启示录是在尼禄时代那么早的时期写成的。

(II) 较晚的年代

此看法有一些相当有力的外证,也有相当可靠的内证支持。里昂教会的主教爱任纽在第二世纪中期,曾清楚地写到,启示录是在图密善作王任内写成的,而且说明是在图密善任期的末了。㉕ 此后第四世纪的优西比乌、耶柔米等㉖都同意爱任纽的看法。这是一个很有力的证据。

内证方面,首先主责备以弗所的教会,说他们只有外表的工作,而失去了灵里对主的热心。按教会传统,以弗所书是保罗在监牢里所写的,如此则大概是在公元 61 或 62 年。保罗的以弗所书反映出来的当时教会的情况,是一个热忱、灵里颇为长进的教会。通常一个基督徒如果遇到特别的情况,他个人的灵性有可能突然改变;但要整个教会在灵性上有大的改变,不是一朝一夕的事。通常也许要经过一代人的时间。老一代的信徒过去了,年轻的一代起来,经不起冲击或引诱,信仰改变了,或者灵性改变了。以弗所教会整体的灵性如此改变,大概不是从保罗坐监到尼禄的时候所发生的。这本书的写作时期一定比尼禄时代晚得多。

在第二章给士每拿的书信中,主勉励他们要"至死忠心"。按查理

㉔ 遂特(Swete)在他的注释中提到魏斯科(B. F. Westcott)的约翰福音注释说:"在启示录中,作者表达的思想和文字都粗陋、不成熟;多年后所写的书信及福音书就进步得多。"遂特不同意此看法,他认为启示录是在较晚的时候写的,参见 H. B. Swete, *The Apocalypse of St. John* (London: Macmillan, 1906).

㉕ 里昂主教爱任纽约在公元 202 年离世,参见他的 *Against Heresies*, v 30.3; ANF.

㉖ Eusebius, *Ecclesiastical History*, iii 18.1(约公元 325 年);Jerome, *De Viris Illustribus* 9 (约公元 370 年)。

士的见解,公元 60 至 64 年之间,此教会尚未成立。⑰

尼禄时代逼迫基督徒,只是要将烧毁罗马的罪推卸到基督徒身上。以后在维斯帕先(Vespasian)和提多(Titus)作王时,罗马帝国更加强盛,但他们二人都没有太高举自己。到图密善作王时,罗马人开始敬拜他,将他当作神明。他当然鼓励很多地方建立敬拜皇帝的庙,渐渐地不拜皇帝就成了一种罪。基督徒不肯拜皇帝,因此就成了受逼迫的对象,而这样的逼迫是全国性的。第二章十三节、第三章八节等处所说的没有弃绝主名的人,显然是指那些不肯拜皇帝的人。所以本书写作时,教会面对的逼迫是因不拜皇帝而来,也就显明本书是在图密善作王的时候写的。整体来说,这应该是最合理的看法。

肆 写作时的文化背景

(I) 罗马的政治

经过一段混乱的局面以后,维斯帕先战胜了当时的君王威特留(Vitellius),成立了夫拉维亚王朝(Flavian Dynasty, A. D. 69 - 96)。维斯帕先和他的儿子提多同图密善都是精明勇猛的君王。⑱ 此时期可以说是早期罗马历史的全盛期。罗马大力扩展她的势力,向西征服了不列颠,向北征服了日耳曼,向东占领了耶路撒冷;内部的政治更独裁,军力更强大,经济更发达。君王骄傲,自尊为神明。向外发展不遗余力;统治天下好像是不可避免的趋势。处于这种情况下,不肯称凯撒为主的教会,岂有立足的余地,但启示录让我们看见上帝的计划最终要如何成就。

(II) 犹太国的情况

犹太人的整个生活都在经历重大的改变。公元 70 年,罗马的提多

---

⑰ Charles, *Revelation*, vol. I, p. xciv.

⑱ C. E. van Sickle, *A Political & Cultural History of the Ancient World* (Chicago: Houghton Mifflin Co. ,1947,1948), vol. 2, pp. 440ff.

将军征服了犹太国,彻底拆毁了耶路撒冷城和圣殿。犹太国此时已城破国亡。犹太人有的被杀,有的被掳,有的被分散,留下的也在压力之下艰苦地生活。但是,虽然环境是如此不利,他们对将来仍存着盼望,有一天上帝要施恩,使他们恢复成为蒙福的国。

另一方面,因着犹太国的政变,教会也受到了极大的影响。在夫拉维亚王朝之前,犹太人有许多特权。犹太教是罗马政府承认的合法宗教,他们可以只拜自己的上帝,无须拜别的神,无须拜外邦的偶像;另外,他们还有许多别的特权。信耶稣的人通常被视为是犹太教的一派,可以享受犹太教拥有的特权,可以不拜偶像。现在犹太国不被承认了,他们都失去了特权。不拜偶像成了他们被对付的理由。特别到了图密善作王以后,教会受到的压迫更大,前途极其黑暗,不过最终的结局仍然在上帝手中。

(III) 宗教的情况

整个罗马帝国的宗教都是拜偶像的,他们敬拜假神和君王。所以启示录将地上的权势和政府看成一种属灵的力量,这种力量与上帝敌对。启示录第十三章"兽"的表现,就显明出政权发展的最终目标就是高举自己,反抗上帝;罗马只是这种演变的一个阶段,但这种反抗上帝的行动最终必被定罪。

罗马的宗教不单是拜偶像,而且以拜偶像作为一种政治工具来维系人心。他们准许被征服的国家敬拜自己的偶像,并鼓励这些国家这样做,彼此也拜别国的偶像。由政府选择一些特别的城,鼓励罗马的所有属国,在这样的城里给自己的神建造庙宇。这些国家看见罗马这样尊敬自己的神,也就对罗马更忠心。别迦摩大概就是这样一座城,被称为"有撒但座位之处"(二 13),罗马和以弗所都有许多神庙。[29]

罗马不单鼓励人敬拜许多的神,敬拜皇帝也成了一个有力的宗教工具。在夫拉维亚王朝以前,罗马经过了一段政治混乱期,一年之内换了三个皇帝,人民生活的困苦可想而知。维斯帕先登位以后,政治稳

㉙ 参见 Tenney, *Interpreting Revelation*, pp.23f.

定,国家强盛,人民生活丰裕。一些贫穷或知识不多的人,经过穷苦的
日子以后,能够过上丰足的生活,而且是一个活生生的人给他们好处,
叫他们相信这位赐予者是超人、是上帝,一定更为容易。现在政府又建
造庙宇使人拜他。如此罗马政权越来越明显地成了一种宗教势力。这
种势力不断发展,越来越强大,看来有一天它会夺取上帝的地位。但是
上帝岂会容许它僭夺他的地位呢!

(Ⅳ) 教会的情况

启示录第二、三章所提到的七个教会,并不是当时所有的教会。无
论怎样解释,这七个教会都是整个教会的代表。除了这些教会以外,还
有别的教会。这些教会的情况代表了整个教会的情况。此时教会已和
政府发生冲突,未来教会当然要面对更多困难;而内部灵性又这样软
弱,教会的前途还有什么盼望呢? 教会中对上帝忠心的人,像约翰那样
的,一定为教会极其担心。为了安慰他的百姓,上帝在启示录中向信徒
给出了答案。教会的确是软弱、有困难、有错误、有罪恶,但她仍然是上
帝的教会。她的前途在上帝的手里。上帝对教会和整个世界,有他自
己的计划和目的;在上帝的时候到来时,他的计划就要完成。不论我们
如何解释启示录,都可以看出上帝要保守他的百姓,直到他的目的
完成。[30]

伍 历史上对启示录解释的路线

启示录有部分的内容当然是讲当时的事,有部分却是讲未来的事;
不过如何划分就比较困难。但是把经文看作已经发生的事实,或是看
作未来的预言,自然就影响对该经文的解释,因此就有了不同的解经
路线。

---

[30] 参见 J. N. Kraybill, "Apocalypse Now," *Christianity Today* (Oct. 25, 1999), pp. 31 –
40. 作为这篇文章的小标题,他说:"启示录所说关乎今日的教会生活,多于这世界会如何
终结。"

(Ⅰ) "过去派"的解释法(Preterist View)

　　根据此解释法,启示录是描写当时教会与压迫她的势力抗争的情形。此派的解经家多认为教会是在一个有组织、有计划的大势力底下存在。此大势力有计划地反抗上帝,想要毁灭教会。教会既是在这样的一个大势力底下,所以书中必须用隐藏的、象征的话语,而所说的都是已发生的事实。换言之,启示录的内容在写书的时候,就已经是过去的了。

　　最早有系统地讲解此立场的人是阿卡萨(Luis del Alcásar)。[30] 阿卡萨是西班牙人,天主教耶稣会修士,公元 1613 年离世。当时基督教与天主教之间有很大的冲突。很多人利用解释启示录作为工具,互相攻击。改教人士将启示录提到的巴比伦解作罗马教会,将名为六百六十六的兽解作教皇。阿卡萨就将启示录分为三部分:第五至十一章是讲教会与犹太教的冲突;第十二至十九章是讲教会与外邦人,即罗马政权的冲突;第二十至二十二章是讲教会的得胜。进入千禧年的国度,即君士坦丁时代教会的兴盛。这样的解释,自然化解了改教时代用启示录批评天主教会的力量。但这样做就把启示录预言的成分完全抹杀了。启示录第四章一节记载天上的声音对约翰说:"你上这里来,我要把以后必定发生的事指示你。"如果书上说"以后",一定是写书时的以后,是约翰的将来,不是在约翰时代都已成就的事。书中有很多的事,如撒但被放入硫磺火湖里、天上的耶路撒冷的出现等,无论怎样解释,都应该是尚未成就的事。过去派的解释法,不能对启示录有圆满的解释。

(Ⅱ) "历史派"的解释法(Historicist View)

　　历史派的解释法是将全本的启示录解释作"从约翰写书的时候直

㉚ Tenney, *Interpreting Revelation*, p. 136; I. T. Beckwith, *The Apocalypse of John* (Grand Rapids: Baker Book House, 1967), pp. 332ff.

到天地末日是一个持续不断的历史"。㉜书中清楚讲到约翰得启示的日子，也讲到新天、新地、新耶路撒冷降临的日子；全书所写的一定是这两个日子中间所发生的事，也就是从约翰时代到世界末日的一个继续不断的历史。

根据此解释法，书中的每一件事或每一个异象，都是讲历史中一件具体的事实。如同一位解经家所讲，㉝书中号筒的灾是指日耳曼人攻击西罗马帝国的事。自从公元 359 年罗马帝国受日耳曼民族的攻打，到公元 1453 年土耳其毁灭东罗马帝国，教会落在七号筒的审判中，每一个号筒代表一个具体的审判。

主张此派立场的人，都同意这样的基本解经原则，但在具体的应用时，看法就不一定相同了。近代教会历史中有不少人接受此立场。马丁·路德（Martin Luther）就是用这样的解经法，称教皇为六百六十六的兽。另外，约翰·诺克斯（John Knox）、宣信（A. B. Simpson）都是属于这一派。他们认为教会历史中，很多时候教会的遭遇，或甚至一些国家的遭遇，都是启示录一些原则的应验。

这样的解经原则如果正确的话，是一个极佳的方法；因为解经时，范围可以肯定些，而且也使得启示的内容和教会关系更亲近，对教会更有意义。但在实际的应用上，有几方面的困难：

第一，如果启示录的内容是讲教会继续不断的历史，从启示录写成已经过了一千九百年，启示录有些预言应该已经应验了，但今天我们无法肯定知道书中有哪些是已经应验的启示。虽然先知有时不能明白自己所领受的预言，但事情应验以后，我们应该可以证实；可惜，目前没有供我们证实的资料。而且从解释圣经的材料来看，很少能找到这派的两个解经家，对同一段经文有完全相同的解释。

第二，根据此派的意见，能解释出来的资料都是关于罗马帝国的。按当时教会的情况，福音向东向西都已传播得很远，甚至远东都已有教

㉜ 贝克威思（Beckwith）称此解释法为持续性历史解释法（Continuous Historical View）。贝克威思对这一段解释的路线，列出两个以上不同分类的方法，参见 Beckwith, *The Apocalypse of John*, pp. 335ff.

㉝ Elliott, *Horae Apocalypticae*, p. 1874. 参见 Beckwith, *The Apocalypse of John*, pp. 335ff.

会,虽然以后有许多地方的教会未能站得住。启示录既然是全教会的历史,为什么只讲一部分教会的事呢?

第三,如果启示录是讲教会未来的历史,当时教会的人如何能明白? 如果七号筒的灾害是指西罗马帝国将要受到摧毁,对当时的教会有什么意义呢? 启示录第一章三节说:"读这书上预言的人,和那些听见这预言并且遵守书中记载的人,都是有福的。"如果本书的内容只是讲未来教会的历史,对当时读者而言很难遵守。

(III)"未来派"的解释法(Futurist View)

约翰在开始看见了人子的异象以后,主对他说:"你要把所看见的,现在的和今后将要发生的事都写下来"。[34] 主吩咐约翰将他所看见的事写出来。他所看见的分为两方面:现在的和今后要发生的。未来派的看法就是按此经文,将启示录的内容分成两部分:讲"现在的事"的部分,及讲"今后将要发生的事"的部分。"现在的事"就是约翰当时的事,"今后将要发生的事"就是约翰以后、将来要发生的事。而约翰当时的事,就是七封书信所讲的事;将来要发生的事,就是教会以后要发生的事。第四章一节的"以后",就是第三章以前所讲的事之后。未来派的看法,认为启示录第一至三章是讲现在的事,即教会时代的事。第四章至本书的末了是讲将来要发生的事,即主再来时所要发生的事。

这样,未来派的解释基本上是一个很合理的解经原则。但因着神学立场的不同,也分成两个主要不同的观点。两个观点都同意第二、三章的七封书信是讲主再来以前的教会时代;第四章至末了是讲主再来时才开始的情况。但有很多未来派的解经家对第二、三章经文采用了历史派的解释法,把这七个教会的书信解释作七个接续的教会时代的情况;另外的未来派解经家则将这七个教会解释作整个教会的情况。

首先将七个教会解释作七个时代的人,多数认为在末日的时代开

---

[34] 第一章十九节。此句的意义和用法参见该节经文之注释。

始以前，教会已经从地上被提。他们认为第四章一节的"以后"，是说在
教会时代以后；所以在启示录第四章以后，就再也见不到"教会"一词
了。第四章一节的"你上这里来"，是指约翰代表教会被提到天上去，[35]
所以地上不再有教会，教会也不会经历地上的灾难。这样的解释可能
符合一些解经家的理论，但实际上很勉强。这节经文用的"以后"，是指
前面经文所讲的事情以后，没有必要解释作教会时代以后。下文的"你
上这里来"，是上帝对约翰的呼召，在异象中上帝叫他到天上去，把他将
要领受的下一个异象赐给他，并不是叫整个教会到往天上去。如果上
帝叫约翰上到天上去，就表示教会被提，那么第十七章三节说上帝带领
约翰到旷野去，又将如何解释呢？

将七教会的书信看为教会的七个时代的解经家，似乎有一种很好
的解释，他们解释说，七教会所代表的历史如下：[36]

以弗所的教会是使徒时代的教会，信仰和行为都不错，但失去了灵
里的热忱。

士每拿教会是初期受逼迫的教会，在压力底下，仍然对主至死
忠心。

别迦摩教会是与世界妥协的教会，如君士坦丁前后时代的教会。

推雅推拉教会是个离经背道的教会，容忍罪恶和错误教训。如中
世纪天主教的教会。

撒狄教会是个有名无实的教会，如宗教改革时期的教会。

非拉铁非教会是个灵里坚贞、生命活泼的教会，如弟兄会一类的
教会。

老底嘉教会是个不冷不热，注重外表的教会，正如今天的末世
教会。

乍看起来，这样的解释似乎很有道理，而且这七个教会的特性与历
史上教会发展的情况、教会的表现，似乎配合得很巧妙。但实际地解释
起来，则有很多困难。按历史的事实来看第二、三章经文，无法将教会
的历史分成这样的几个阶段。而且，就算能做一些划分，教会历史的时

代也是一个一个地接续发生，而不是同时存在。这七个教会却是当时真实存在的教会；每一个教会有她自己的特性；是长处，是短处；是好，是坏，都是当时真实教会的情况。

其次，如果用这些教会的属灵情况作为整个教会的代表，那么她们所代表的是整个教会的横切面。她们不是处于不同的时代，乃是在同一个时代、不同形态的教会。如果用属灵的情况来形容这些教会，可以这样划分：

以弗所教会是个对行为热心的教会，虽有好的行为表现，内心却失掉了对主的爱，一切都是外表的行动。

士每拿教会是个为主的名受逼迫的教会，在困苦中仍对主忠心。

别迦摩教会是个贪爱世界、受环境影响、向世界妥协的教会。

推雅推拉教会是个有外表的仪式和行为，内里却充满错误教训、容忍罪恶的教会。

撒狄教会是个空有名义而没有生命的教会，所作所为都没有属灵的价值。

非拉铁非教会是看起来不大、也不多被世人看重的教会，但对主忠心，不追求表面。

老底嘉教会是个有名望、有金钱，外表上很成功的教会，但对属灵的事漠不关心，灵里不冷不热。

这七个教会可以说是代表七种不同的追求态度，或不同的属灵程度的教会。这些类型的教会在任何的教会时代都有，这些教会合起来就是整个教会的情况。主再来以前，任何一个时代都有以弗所型的教会，或非拉铁非型的教会，或老底嘉型的教会。在某些时代，上帝的恩典更多显明的时候，也许非拉铁非型的教会多些，在另外一些时代，也许老底嘉型的教会多些。教会历史中，没有一个时代只有一种类型的教会。这样的解释困难比较少。

不过在解释这立场的时候，仍然有一个问题需要思想：上帝整个的启示，本书第二十二章的终点很容易厘定，就是在新天新地的出现、现今世界的末了；本书的起点也容易厘定，是约翰领受启示的日子。但第四章一节所代表的起点是在什么时候呢？前面已经说过，第二、三章所讲的七教会的书信，是讲教会时代的情形。教会时代过去以后，上帝才使未来的启示应验。现在我们的教会仍然是在教会时代,所以第四章以后,有关主再来时要发生的事还没有应验。这样就让我们解释第四章以后的材料时有了一个范围,也帮助我们对启示录的内容有一种更合乎字义的解释。

(Ⅳ)"灵意派"的解释法(Idealistic View)

根据此派的解释,启示录所要表达的就是善恶相争的道理。在此相争的过程中,上帝当然是站在善的一边,最终善必定得胜。书中所描写的情节,在某一个时代,也许被认为更适合某一种情况;在约翰时代的教会,可能认为书中的信息适合他们的时代;今天的教会可能认为经文更适合现今的情况。但书中所表达的,其实是永恒的真理,不受时间或环境的限制,只是用来表达属灵原则。书中用的图画没有任何历史背景,表达的属灵原则,如同约翰・班扬(John Bunyan)撰写的《天路历程》(*The Pilgrim's Progress*)一样,其中所描写的,可以适用于任何人、任何地方、任何时间的经验。[⑰] 福音派解经家都同意这种解释法的基本目的:世上的情况是善恶相争,最终上帝一定得胜。只不过若按这样的解释,启示录就失掉了预言的成分。

以上提及解释启示录的四种方法,[⑱]各有它的贡献,也各有它的困难。但整体来说,未来派的解释困难最少,且比较最合乎圣经的字义,对于经文中象征材料的用法,也最合乎作者的原意。

[⑰] 参见 Raymond Calkins, *The Social Message of the Book of Revelation* (New York: Womans Press, 1920). 滕慕理(Tenney)归纳卡尔金斯(Calkins)的立论,说启示录的目的是呼召人在压力底下过勇敢的生活,参见 Tenney, *Interpreting Revelation*, pp. 143. 沃尔(Wall)说俄利根(Origen)和法勒(Farrer)解释启示录的方法就属于这一种方法,参见 Robert W. Wall, *Revelation*, NIBC (Peabody, Massachusetts: Hendrickson Publishers, 1991), p. 35.

[⑱] 沃尔曾提到另一种解释的方法,他称之为正典批评法(Canonical Critical),参见 Wall, *Revelation*, pp. 36f. 但解释此方法时,沃尔自己说这样的解经实际上是批评性的研究方法,没有直接向教会讲话,离开了启示录作者的目的,不再是一个解释圣经的合宜方法,参见 Wall, *Revelation*, pp. 36ff.

陆　启示录的结构

　　初看起来,启示录好像是一本内容奇异、组织松散的书。其实,若仔细探讨、捉摸、分析,就可以发现它是一本用语严谨、组织精密的书。包衡在他的巨著一开始就说启示录是一本学术精湛、极富艺术性的文学创作。[39] 书中内容复杂,内中的图画和异象好像互不关联,但是我们如果能够仔细分析,就能看出这些不同的、个别的形象之间,有着相连的关系。若经过仔细思想分析,就能看出作者为什么把这些形象放在他安置的地方,也能看出作者这样写的目的和计划,并容易看出他要表达的意思。作者在写一本书以前,他一定先有一些构想,要写的是什么,用什么方式,或用什么次序,可以把他的思想写得清楚,叫读者更容易明白。如果我们能够知道作者这方面的思想,当然就容易明白他的写作目的了。作者在表达他的思想时,通常会用上一些暗示的词句;譬如讲一件重要的事情时,他或许会说:“首先……再者……或者另一方面……”有的时候作者会重复使用同一个词句,或用一些相对的话语、比较的话语;很多时候我们从这一类的用语,可以看出作者思想发展的方向。

　　当然不是每一个用语都可以决定文章的组织记号,特别是圣经所用的文字,经翻译成中文,或别样的文字,分析时我们就要格外小心。但在分析中注意到这样的用语记号以后,再分析一下它们所带进的内容,很多时候可以看出作者思路的发展。启示录有几句不时重复的话,常常显出下面内容的性质,或作者思想的表达;作者将这几句话用得特别明显,好像是要叫我们从中得到一些亮光。其中一个最值得注意的语句是:“我被圣灵感动”。此语在本书中出现了四次:“有一个主日,我在灵里,听见在我后边有一个大声音”(一 10);“立刻,我在灵里,就看见有一个宝座,设立在天上”(四 2);“我在灵里被天使带到旷野去”(十七 3);“我在灵里被那天使带到一座高大的山上”(二十一 10)。

　　这里值得注意的,是“我被圣灵感动”(吕振中用“我在灵境中”)一

---

[39] Bauckham, *The Climax of Prophecy*, p. ix.

语的构造和意义。此语在新约中译本出现了十多次，而绝大多数的用
法在希腊文其他的新约书卷都和启示录的用法不一样。其他地方的用
字多半有"工作""感动""运行"等意思。启示录四次所用的字眼，前两
次为表达"是"的字，可译作"我是在灵里"，该动词也可译作"变成"或
"进入"。[40] 第三、四次出现的经文则只是用"在灵里"，没有表达动词的
字。所以每次他说"在灵里"的时候，所表达的是"他进入了在灵里的境
况"，变成了在灵里的境况。一个人进入了"在灵里"的情况，他的知觉
就不是在原来肉体中的情况了；他的思想、感觉也完全不同了。保罗见
异象的经验或者就是这里所讲的情况，他整个人进入了另一个境界，他
说他被提到天上去，"是带着身体被提的呢？我不知道，是离开了身体
呢？我也不知道"（林后十二 2f.）。约翰在启示录所讲的，大概就是这
种情况，他一进入"在灵里"，或变成"在灵里"时，他就进入了一个完全
不同的境界，他进入了异象之中，要领受上帝在此异象中给他的启示。
一个异象向他显现完了，上帝又使他再一次进入灵里，再进入另一个异
象，领受另一个启示。全卷启示录中，约翰四次进入灵里，看见了四个
异象，领受了四个启示。每一次约翰进入灵里，他就"在灵里"去到一个
不同的地方，在那里进入一个不同的异象。

　　全书中约翰四次"进到灵里"，或说"在灵里"，就表示他四次进入了
不同的异象，也就是全书讲到的约翰在四个异象中领受的启示。启示
录开始就说，这是"耶稣基督的启示"（一 1），而此启示的内容就在这四
个异象中显示出来了，因此，这四个异象就是主的启示，就是整本启示
录的内容。[41]

　　这四个异象是约翰在四个不同的地点领受的；他领受异象的地点，
和该异象的内容完全配合。

　　第一个异象是在拔摩海岛，大概是为主的名受磨炼的时候领受的。
他看见人子在七个金灯台中间行走。七个金灯台代表七个教会。教会

---

[40] 第一章十节和第四章二节都是用 ἐγενόμην，而不是 ἤμην 或 ἦν。γίνομαι 的主要意思，也是
字典列出的第一个意思，是"come to be"或"become"，参见 BAGD, p. 158.

[41] 虽然别的学者也有提到"在灵里"和"异象"的用法，但解释得最清楚和最全面的是滕慕理。
本书所取用的四个异象的标题，也是如滕慕理的著作所提示的，参见 Tenney,
Interpreting Revelation, pp. 32f.

当时也正经受磨炼,内有软弱,外有压力;但人子却在他们中间。此异象的启示是:基督在受磨炼的教会中。

第二个异象是约翰被召到天上去,从天上观看地上所要发生的事。地上的一切都好像照常运作,世人感觉不到将要有非常的事情发生;但天上已预备好了,被造之物在敬拜赞美上帝,羔羊得着了权柄,要在地上执行他的旨意。世人在背叛中任意而行,刚硬的心不肯悔改;羔羊要按计划施行他的刑罚。这些刑罚很严厉,不过仍属管教性质;但人始终不肯悔改,上帝只有逐步加重刑罚,直到不可挽回的地步。此异象的启示是:基督在全世界中,他是审判的主。

第三个异象是约翰被带到旷野去领受的。在第二个异象的审判过程中,人子用了极大的忍耐。虽然他用了不同层面、不同形式、不同程度的刑罚,但都只是管教性的,而不是毁灭性的。人坚持不肯悔改。人既然如此顽梗,上帝只有任由他们被毁灭。最终那奇异的兽,坐在兽上的大淫妇,世人所尊崇的巴比伦大城都要被毁灭。最后,撒但的使者、撒但自己和他的一切代表,都要被抛在硫磺火湖里。一切不肯顺服主的人,也要被判永刑。那时,被造之物中一切不顺服主的都要被除掉,基督将要胜过一切。此异象的启示是:基督的得胜。

第四个异象可以说是显明了整本启示录的目的,或说上帝在整个宇宙中的目的。上帝最初所创造的都是好的,后来人犯了罪,远离了上帝。基督降世,为人完成了救赎。但是人却不肯接受基督的救恩。最终上帝要施行审判,刑罚罪人。但一切不顺服上帝的力量都被除掉了,以后又如何呢?上帝最终的目的就是得胜,并除掉一切抵挡、反对他的力量吗?这不是他最终的目的。他最终的目的是要让"上帝的国"在地上真正成立,属上帝的人能够完全享受与上帝同在的喜乐,而上帝的旨意可以在地上自由地运行。这是上帝计划中的"新天新地,有公义在那里居住"(彼后三 13),"使上帝在万有之上"(林前十五 28)。这是上帝最终的目的,也是教会的盼望。第四个异象的启示是:基督工作的完成。

从上面的分析,我们可以大致看出这本书的结构。开始的时候讲到,这本书的主题是耶稣基督的启示,然后讲到此启示的内容、性质、启示的方法和启示的对象。接着就讲述启示的详细内容,就是这四个异象。最后是主给人的呼召，以及人对此启示当有的反应。将此内容罗列如下，就可以作为本书的简单大纲：

引言：耶稣基督的启示（一 1～8）

第一个异象：基督在教会中（一 9～三 22）

第二个异象：基督在世界中（四 1～十六 21）

第三个异象：基督的得胜（十七 1～二十一 8）

第四个异象：基督工作的完成（二十一 9～二十二 5）

结论：基督最后的呼召（二十二 6～21）

从上面的分析，我们可以看出约翰写启示录时，思想中大概的计划如何。如果将整本书的内容都罗列出来，读者就可以更清楚地看出全本启示录的构造与每一部分、每一个细节和全体的关系。如此内容就不会显得混乱了，参见下文全卷书的结构。

当然不同的学者有不同的分段方法，不过，笔者觉得以下的分析法应该是最合乎约翰原先的写作计划。不论是文字体裁、思想方式和内容发展，都是最合适的分析法和解释法。根据此分析，我们得出下面的大纲（另参附录一）：

I 引言：全书主题（一 1～8）

II 第一个异象：基督在教会中（一 9～三 22）

    A 基督的显现（一 9～20）

    B 给七个教会的书信（二 1～三 22）

III 第二个异象：基督在世界中（四 1～十六 21）

    A 天上的宝座和羔羊（四 1～五 14）

      被杀的羔羊已预备好（五 1～14）

    B 七印的审判（六 1～八 1）

      蒙恩得保守的人（七 1～17）

    C 七号筒的审判（八 2～十一 19）

      小书卷的异象（十 1～11）

      两个见证人的异象（十一 1～14）

    D 七人物的异象（十二 1～十四 20）

      天使的信息（十四 6～13）

      收割地上的庄稼（十四 14～20）

注释

壹　引言:耶稣基督的启示 (一 1～8)

　　从一方面来看,启示录前三章的七封书信,可以说是整本书的引言。从整本书的构造来说,七教会的情况是书的背景。因教会身处这样的情况,有这样的需要,上帝才按着他的计划,施行他的审判和救赎。所以第二、三章是整本书写作的原因,也是全本书的引言。但是按文字的结构来看,第一个异象是从第一章九节开始,所以将第一章一至八节看作全书的引言最为适合,以下的材料都是启示的内容。

　　这一段引言主要是讲述启示录的主题:耶稣基督的启示。首先讲此启示的性质,然后讲赐下启示的方法,最后讲启示的对象。

　　一 1　"耶稣基督的启示,就是上帝赐给他,叫他把快要发生的事指示他的众仆人。他就差派天使显示给他的仆人约翰。"

　　"耶稣基督的启示"　"启示"是句子的开始。"启示"是全本书的第一个字,如此可以看出作者的着重点——本书的内容是一本"启示录"或"启示"。① 作者用此字的重点,是在讲此启示的内容,而不是强调这卷书的文学体裁,好像宣布此书是一本"启示文学"(参见绪论第壹节)。"启示"一词基本的意义是将一些隐藏或遮盖的事显露出来;有时是指将上帝的奥秘显示出来。② 此语按文法的构造,可以有两种意义:第一,可以解释作耶稣基督自己赐下来的启示;第二,解释作有关耶稣基

---

① ἀποκαλύψις.

② 参见 LST, BAGD, MM. 米利根(Milligan)称 ἀποκαλύψις 与 μυστήριον 在新约中的用法是相对的; W. Milligan, *St. Paul's Epistles to the Thessalonians* (London: Macmillan, 1908), pp.149f. 把字词当作一种文学体裁的用法,只是新约时代前后的一种现象。包衡虽看重此字所含的文学体裁的意义,但他更看重此语所表达的内容,他最后只称本书为"天启预言",参见 Richard J. Bauckham, *The Theology of the Book of Revelation* (Cambridge: Cambridge University Press, 1993), p.3.

督的启示。③ 但在此处两种解释基本的分别不大，都是以基督为启示的中心，④只是行动的重点有些分别。

"就是上帝赐给他" 耶稣基督的启示是上帝赐给他的。主耶稣既然也是上帝，是三位一体的第二位，而且他现在已经复活升天，坐在荣耀里，为什么还要从上帝领受启示，而不是自己将启示给人呢？虽然他是三位一体的第二位，但他现在仍是以基督的身份，来完成地上的工作。当他最初答应道成肉身，作人类的弥赛亚，完成人类的救赎时，他就甘心放下全能上帝的地位，作个谦卑的仆人。从那时候开始，他所做的一切，都是按着上帝的旨意而行。所以在全部救赎完成以前，基督仍然在遵行上帝的旨意。在这里上帝给基督启示，叫他去传给众仆人。基督开始施行审判时，要从上帝手中取过被七印封着的书卷；巴比伦毁灭时，有使者从天上传来命令。最后，坐在宝座上的那一位说："看哪，我把一切都更新了"（二十一5）。一切主权都在上帝的手里，基督要按着上帝的旨意，完成他的计划，让上帝显为万有之主。

"叫他把快要发生的事指示他的众仆人" 基督耶稣所领受的启示，就是"快要发生的事"。这里的"快要"不是单单时间性的将要发生，在"发生"一词前面的"要"，⑤是表示必须性或必然性，不是单指将来的时候。此必须性可能是出于人内心的感觉、自然定律或环境的限制，但这里是因为上帝的旨意。上帝所定好的，一定会按着他的计划发生。⑥

此启示是"快"要发生的。这里所用的"快"，是指没有拦阻、不延迟⑦和快速等意思。上帝所启示的事，到了他所定的时候，会立刻发生，绝不迟延。当然这启示中有些事在约翰时代就发生了，"那些听见这预言并且遵守书中记载的人，都是有福的！因为时候近了"（一3）。

---

③ 如同"上帝的爱"，可以指上帝对人的爱（主语属格，subjective genitive）或人对上帝的爱（宾语属格，objective genitive）。

④ 毕尔（Beale）称之为一般属格（general genitive），即两方面的性质都有，参见 G. K. Beale, *The Book of Revelation*，NIGTC（Grand Rapids：Eerdmans，1999），p. 184.

⑤ δεῖ.

⑥ BAGD, δεῖ, 1.

⑦ BAGD, ταχέως, 1a.

如果所启示的事一点都没有应验,这样的话就没有意义了。另外还有许多启示中的事,要等将来才能应验,但都是按着上帝的旨意"快要"发生的事。我们不能按自己所经过时日的长短,来定是快还是慢。

"他就差派天使显示给他的仆人约翰" 这里约翰不单讲出主耶稣从上帝领受启示,也讲出此启示传递的过程。上帝将启示赐给了主耶稣,主就差遣使者向约翰显示,约翰就将启示指示给他的众仆人,就是教会中的信徒。这样传递的方法,跟旧约时先知领受预言的过程很相似。旧约时代,上帝差遣天使向人传递信息,有时人不能分辨是天使,还是上帝自己(如创十八章,或士六章的情况)。第二十二章八至九节的记载,很可能显出约翰有时也分辨不清。

在解释天使将启示传给约翰时,所用的字非常重要,主差遣天使"显示"给他的仆人约翰。"显示"一词在新约中,除了使徒行传第十一章二十八节、第二十五章二十七节以外,只在约翰的著作中用过四次(一 1;约十二 33,十八 32,二十一 19)。这词在福音书和使徒行传的用法,都显明是指用一个记号来表达一个思想。[8] 这词原来的字义,是用"记号"一词改为动词,意思是用记号表达一个思想。[9] 但近代多位学者都只将这词译作"显明"或"叫……知道"。[10] 但如果只将这词解释作"叫……知道",我们就会失去、甚至剥夺了约翰所要表达的一部分意义。

---

[8] "显示"一词,和合本译作"晓谕",吕振中译作"用表号指示",英译本 AV 用"signify"。多位比较早期的解经家,也是用"signify"。

[9] σημαίνω是从σῆμα来的,意思是表达一个看得见的记号,参见 Rengstorf, σημαίνω, TDNT, vol. VII, pp. 262ff. LSJ 列出的第一个意义是"show by a sign",第二个意义是"give a sign or signal"。BAGD 列出的第一个意义是"make known",第二个意义是"signify"。查理士、遂特等都强调此字是约翰特别喜欢用的字,参见 Charles, *Revelation* 和 Swete, *The Apocalypse of St. John*. 既然此字是约翰专用的字,此处就应该用约翰最喜欢的用法来解释。在约翰福音的几处用法,都是用记号来表达一个思想。所以在这里也应该用同样的方法来解释。因此,霍特(Hort)和孟斯(Mounce)都解作"to make known by some sort of sign",参见 F. J. A. Hort, *The Apocalypse of St. John I - III* (London: Macmillan, 1908); Robert H. Mounce, *The Book of Revelation*, NICNT (Grand Rapids: Eerdmans).

[10] 鲁奥(Louw)和尼达(Nida)肯定地说,此字的意思是"To make known clearly",参见 GELNT,但他们却没有举出圣经以外的例证,来支持他们的看法。

如果按着前面所说的理由,将这词解释作"用记号来表明",[11]会使我们对整个启示录的看法有新的亮光,又直接影响我们对启示录的解释。一个记号在某一个指定的情况之下,因着它的环境、背景、指定的安排等条件,可以代表一件事。但是那些环境、背景等条件如果有变化,或者看的人对这些条件有误解,它可能就不代表原来指定的事了,甚至代表了别的事。记号不等于它所代表的事,然而在一切条件的配合下,它就将所要代表的事表明出来了。例如一个图画放在商品的包装、广告或商标上,有一个意义;如果放在艺术展览中,就有不同的意义了。

主耶稣降生的时候,天使对牧羊人说,在大卫的城里,为你们生了救主,"你们要找到一个婴孩,包着布,卧在马槽里,那就是记号了"(路二12)。一个婴孩包着布,不等于就是救主。婴孩卧在马槽里,也不等于他就是救主。但是在天使所讲的那些情况之下,牧羊人看见了此婴孩,就知道他是救主了。牧羊人所要寻找的,不是包着布的婴孩,也不是卧在马槽里的婴孩;这些是记号,在当时的情况如此发生,就表明这婴孩就是为他们而生的救主。在启示录,上帝用记号将快要发生的事显明出来;上帝赐下来的是记号,但上帝要约翰,或说要我们知道的,是这些记号所代表的事。当基督要施行七印的审判时,他揭开第一印,就出现一匹白马。白马不等于某种审判,但白马是一个记号,代表上帝的一种审判。在末日的时候,也许不会有白马出现,但白马所代表的审判要出现。我们解释启示录,要按当时的人对白马的了解,去明白上帝的审判。这样在解释启示录时,我们要寻求的不是将来要有白马出现,乃是白马应该代表的是什么,那才是将要发生的事。所以,这里约翰的用语,可能给我们对启示录的解释有一些亮光,因为天使是用记号把要发生的事显明给约翰看,我们解释时就应按记号来解释。

一2 "约翰把上帝的道,和耶稣基督的见证,凡是自己所看见的,都见证出来了。"

---

[11] "To signify".

"约翰把上帝的道，和耶稣基督的见证" 这里约翰把启示的内容范围划分得更清楚，是"上帝的道，和耶稣基督的见证"。此句子的文法构造和第一节的"耶稣基督的启示"完全一样，故此解释的方法也一样。多数解经家都把"上帝"和"耶稣"当作主语，意思为：从上帝和耶稣而来的道和见证。但同时也可以将"上帝"和"耶稣"当作宾语，意思则为：有关"上帝"的道和有关"耶稣"的见证。若将此节的用法和第九节的用法比较(那里说，约翰"为了上帝的道和耶稣的见证"，曾在拔摩岛上)，那么，把"上帝"和"耶稣"作宾语的解释，似乎更适合。

这里约翰将上帝的道和耶稣的见证完全平行使用，将两词看作完全相等，此启示是上帝的道，也是耶稣的见证。启示录是上帝的道，就是上帝在基督身上所成就的一切。

"凡是自己所看见的，都见证出来了" 这句话虽然在位置上好像跟第一节末的话距离较远，但两者在意义上是相连的。耶稣基督叫天使将他的启示显示给约翰，约翰就把凡他所看见的，都见证出来了。这就是启示录的内容。

一 3 "读这书上预言的人，和那些听见这预言并且遵守书中记载的人，都是有福的！因为时候近了。"

"读这书上预言的人，和那些听见这预言并且遵守书中记载的人" 这是作者第一次称书的内容为"预言"。有些学者将"预言"与"启示"分得很清楚，甚至放在对立的地位。他们认为启示是将奥秘，或纯属未来的事揭露出来；预言则主要是讲现今的事，将上帝的心意宣布出来，并要求人作出正确的选择和顺服。[12] 这样的划分过分严格，甚至不自然。这里作者明显是将两个字看作同义而交换使用。两者同有一个重要的特性：预言和启示都是从上帝来的。人应该要听从上帝的启示，并有责任去遵守。约翰领受的启示要写成书，在聚会时有人朗读，其他人要听。读的人和听的人都要遵守，如此遵守的人要在主面前蒙福。

"都是有福的" "有福的"在原文是这一节的第一个字，站在加重语气的位置。这是本节经文的目的：上帝要叫属他的人顺服他而蒙福；

---

⑫ 参见 Beale, *The Book of Revelation*, pp. 184f.

这也是整本书的目的。教会在地上要面对压力和逼迫，人处于这样的情况，应该怎么办呢？现在上帝将他的心意显明了，人应当选择遵行上帝的旨意。不论世上的环境如何，遵行上帝旨意的人就必蒙福。"有福的"一词在本书出现了七次（除本节外，还有十四 13，十六 15，十九 9，二十 6，二十二 7、14），全部的用法都是指着一个方向：不论遇到什么情况，遵守主的旨意就会蒙福。

"**因为时候近了**" 这句话在思想上应该和第一节连接起来。基督给约翰的启示关乎快要发生的事。怎样快法？现在时候已经近了，基督所启示的事就快要发生了。[13] 因此我们应当听从和遵守这预言。

整个启示是用一封书信的形式写成，是约翰代表上帝写给教会的。教会里面又有不同属灵的情况和属灵的需要，所以信的前一部分是按人的需要写给各个不同的教会。写完这些针对不同需要的信以后，接着就写了针对全教会的需要的信。按个别需要写给各教会的信共有七封，就是第二、三章内的七教会的书信。第四章直到末了的内容，是写给全教会的信。在书信的开始，先有对教会问安的话，这是全书引言的一部分。

一 4 "**约翰写信给在亚西亚的七个教会。愿恩惠平安，从那位今在、昔在、以后要来的上帝，从他宝座前的七灵，**"

这是当时通用的写信格式："某人写信给某人，愿你们平安，或喜乐。"此处信的内容是耶稣基督的启示，但执笔的人是约翰，所以约翰成为写信的人。收信人是亚西亚的七个教会，就是第十一节所讲的教会。问安的话虽然也是按通用的格式，但内容却像圣经其他书信的用法，加上许多在主里问安的词句，正如保罗书信多处的用法一样。

"**约翰写信给在亚西亚的七个教会**" 启示录所讲的七个教会，当然是指在约翰时代真实存在的七个教会。但当时在小亚西亚，还有很多别的教会，为什么单单选择这七个教会呢？显然是因为作者约翰特别喜欢用"七"这个字，从本书的大纲就可以一目了然。在旧约的用法

---

[13] 参见第一章一节"快"一词的注释。

及犹太人的思想中，"七"常是代表完全的数字。上帝创造天地只需六天就完成了，第七天上帝就安息了。利未记记述以色列人献祭时，要用祭牲的血向会幕弹七次(利四 17)；百姓犯罪若不悔改，上帝要为他们的罪加七倍惩罚他们(利二十六 18)。犹太人认为如果弟兄得罪他，他可饶恕他到七次。所以根据这样的背景，和约翰常使用的用法来看，这里用的"七"，是个代表性的数目。

在许多可以供选择的教会中，约翰选了这七个教会，来代表所有的教会。也许这七个教会的属灵情况可以代表全教会；也许这些教会的需要可以代表全教会的需要；又或者因这些教会的地理位置构成一个不规则的圈子。约翰在晚年事奉的时候，曾常常巡回探望这些教会，所以特别熟悉他们，知道他们的软弱、需要等，可以作全教会的代表。这些教会既是全教会的代表，主耶稣向任何一个教会所说的话，就等于向全教会说的。主向任何教会发出的责备，或者勉励，或者安慰、教导等，必然对属灵生命有益，所有的教会都应当听。因此，七封书信的末尾都有一句命令或挑战："圣灵向众教会所说的话，有耳的就应当听"。此"信"的话是向众教会说的。

"愿恩惠平安"　这里的问安语虽然是当时极普遍通用的格式，但内容却很不同。通常的用法："某人写信给某人，平安或者喜乐"，都只是表达写信者的愿望(我愿你有平安，愿你有喜乐)。但圣经上的用法，特别在这里的用法，有祝福和祈求的意思：愿上帝赐你平安，平安从上帝临到你。而且这里所求的是"恩惠"和"平安"。恩惠或恩典只能从上帝而来，上帝赐下恩典，人才能有平安。这恩典由上帝赐下来，而且这位赐恩典的上帝是三位一体的上帝。

"从那位今在、昔在、以后要来的上帝"　此语反映出第三章十四节的用法，说出上帝的永存和他永不改变的本性。这句话的文法构造很特别，[14]但意义很清楚，上帝是永存的。

"从他宝座前的七灵"　在新约书信中，讲问安祝福的话，都是说从父上帝和主耶稣基督来的，有时单单说从主耶稣来的，但从来没有包括圣灵在内。而且出现的次序也比较特别，不是父上帝、主耶稣和圣灵，

---

[14] 详细的解释参见绪论第壹节。

而是父上帝、圣灵和主耶稣。

　　有人将此处的"七灵"解释作七个天使,如同吹号筒的七个天使;或根据犹太的传统,如以诺壹书第二十章一节及以下经文所讲的天使。但这样具体的解释,还把犹太传统的思想带进来,似乎很不自然。[15] 虽然孟斯也认为称呼上帝时,用天父、天使、基督的次序,把"天使"放在父与子的中间不太自然,但他还列举其他书卷用法的例子,可以把天使和上帝或主耶稣并列,如路加福音第九章二十六节和提摩太前书第五章二十一节,[16]所以他认为这里的"七灵"不是指圣灵,可能是指天使。但以上两处经文的用法和这里不同,而且那里也没有把天使放在主耶稣前面。在第一章二十节和第三章一节都提到"七星"是教会的使者,没有讲"七灵";孟斯认为第三章一节的"七灵"和"七星"中间的"和"字,可作为"解释"的用法;[17]这样,意思就是"七灵就是七星"。至于第四章五节和第五章六节的"七灵",孟斯认为约翰所指的,都是"七位使者"。所以,他认为第一章四节的"七灵",可能是指随从基督的使者。[18] 这个解释似乎很新颖,而历史上的确有许多学者这样解释,例如布鲁斯(F. F. Bruce)[19]和贝克威思,[20]都提到有此解释的可能,但没有像孟斯的看法这样强。

　　一般来说,许多希腊教父和一些犹太学者,主张把"七灵"解释作"天使";多数的拉丁教父都将"七灵"解释作"圣灵"。[21]孟斯虽然举出一些例子证明有时圣经将天使与上帝的名并列提及,但路加福音和保罗书信都只是讲"基督和他的使者"一类的话,而不是采取"父、子、天使"这样的用法;而且那些都不是祝福语。在父与子之间加上使者,且

[15]　参见 Beale，*The Book of Revelation*，p. 189.

[16]　Mounce，*The Book of Revelation*，p. 69.

[17]　Epexegetical.

[18]　Mounce，*The Book of Revelation*，p. 70.

[19]　F. F. Bruce，"The Spirit in the Apocalypse," in *Christ and Spirit in the New Testament*，ed. B. Linders and S. S. Smalley (Cambridge：Cambridge University Press，1974)，pp. 336ff.

[20]　Beckwith，*The Apocalypse of John*.

[21]　参见 D. E. Aune，*Revelation*，WBC，vol. 52a（Dallas & Nashville：Word Books Publishers & Nelson Publishers，1997 - 1998）.

将使者放在子的前面，就更加少见了。毕尔根据另一位学者的研究，认为这里用象征的数字来形容圣灵的功能，这样与上帝和基督同列，成为新约中常被接纳的格式。[22] 如将圣灵换作使者，就没有别的例证可援。如果又将使者放在基督前面，就更难明白了。当然，按现在的安排，将圣灵放在基督前面，我们也看不出作者的用意。所以整体来说，将"七灵"解释作圣灵，是教会中较多学者接纳的传统，仍是较恰当的解释。

这里约翰用的"七灵"，可能是根据以赛亚书第十一章二节，当中提到耶和华的灵的各种功能。虽然有人觉得约翰在此段经文没有提到以赛亚的思想，但不能就此证明约翰不知道或者不能引用此思想。以赛亚所讲的，确实没有列出圣灵有七样功能；但如果这里约翰用的是象征性的数字，加上他在本书中特别多用"七"字，于是就称圣灵为在"宝座前的七灵"，这样的用法应该不难理解。

一 5a　"又从那信实的见证人、死人中首先复生的、地上众君王的统治者耶稣基督临到你们。"

约翰对教会的问候或祝福语中，他说恩惠平安是从三位一体的上帝，就是永在的上帝、他宝座前的七灵和耶稣基督而来的。上文已经解释过父上帝和圣灵，现在要讲"耶稣基督"。解释基督耶稣时，约翰也讲到三件事。这三件事都是主耶稣完成弥赛亚工作过程中所经历的。约翰记载基督完成人类的救赎时要经过这些事，为的是要鼓励那些凭信心要经历压迫的教会。

"那信实的见证人"　这是耶稣基督完成的第一件事。耶稣基督整个道成肉身的生活，就是"要为真理作见证"(约十八 37)。他的见证是"信实"的，绝对忠于他所见证的事，不多、不少，不更改、不妥协，结果他要为此付上生命。"见证"一词的原文跟中文的"殉道"是同一个字。虽然在约翰时代，"殉道"还不是此字的主要意思，但正如孟斯所说，在全本的启示录，此字都意味着，为主忠心的见证人就可能会走上殉道

㉒ Beale，*The Book of Revelation*，p. 189；参见该书 n. 29，他根据 Brütsch，Clarté 的调查。

之路。㉓

"死人中首先复生的" 这是基督完成的第二件事。这句话的意思不是单单说在时间上他是首先复生的。最主要的意思乃是说明他的使命和他的独特性。因为他胜过了死亡,从死人中首先复生,他才能完成人类的救赎,使人有了出路。此语也用于歌罗西书第一章十八节。㉔因为基督是第一个胜过死亡、从死人中复生的,于是就成了跟随他的人的保证。忠心为主的人有可能失去生命,成为殉道者,但不用惧怕,因为主已从死人中复生。

"地上众君王的统治者" 这是基督要完成的第三件事。这里的词句和诗篇第八十九篇二十七节的"立他为……最高的君王",基本上意义相同。诗篇的话是向大卫和他的后裔说的,所以这篇诗被称为弥赛亚诗篇。作者称基督为地上君王的统治者。这句话是讲基督和那些被征服、抵挡主的君王。㉕ 启示录中"地上的君王"一语,常指地上反对上帝的势力(比较六 15,十七 2,十八 3,十九 19 等的用法)。这些抵挡上帝的势力,将来都要被主统治。现今虽受到他们逼迫,只不过是上帝暂时准许他们有此权柄,有一天基督要显明为"万王之王、万主之主"(十九 16)。想到这里,约翰就向上帝发出本节末尾的赞美。

一 5b　"他爱我们,用自己的血把我们从我们的罪中释放出来,"
现在约翰讲到主耶稣和属他之人的关系。

"他爱我们……把我们从我们的罪中释放出来" 这里的构造是用一个冠词和两个分词来形容基督,他是"那位"㉖爱我们,又把我们释放出来的。"爱"和"释放"这两个分词在文法上是不同的时态,㉗他对我们的爱持续不断;他把我们释放,是一次就完成了的行动。"释放"一词

㉓　Mounce, *The Book of Revelation*, p.70;另参 Alison Trites,"Μάρτυς and Martyrdom in The Apocalypse," *NovT* 15(1973), pp.72 – 80.

㉔　参见鲍会园:《歌罗西书》,香港:天道书楼,1999 年,相关章节的注释。

㉕　参见 Beale, *The Book of Revelation*, p.191.

㉖　τῷ.

㉗　ἀγαπῶντι("爱")是现在分词(present participle);λούσαντι("释放")是不定过去时分词(aorist participle).

也可能有"洗净"的意思，它们在原文的分别只是一个字母之差。^㉘ 但无论如何，用基督的血释放我们，都是表示付代价赎出的意思。^㉙

一 6a　"又使我们成为国度，作他父上帝的祭司。"

主基督因着作了信实的见证人，借着死亡、流血，又从死里复活，就成了君王的统治者（或说君王的君王）和大祭司；但是不单他自己有了如此的成就，他使所有相信他的人和他一同成了"国度"和"祭司"，因为相信他的人已经与他联合成为一体。相信他的人不单要在他的国度里有份，而且要和他一同作王，和他一同成为祭司。虽然今天不一定完全享受到这样属灵的权柄和福气，但这仍是属灵的事实。

这里用的"使……成为"一语是过去时态，^㉚表示是已经成就的事。在出埃及记第十九章五至六节，上帝给以色列人的应许是："现在你们若是实在听我的话，遵守我的约……你们要归我作君尊的祭司和圣洁的国民"，那里用的是将来时态；现在是应许的实现，用的是过去时态，"我已经使你们成为"。今天的信徒是上帝的百姓，是属灵的以色列人。

这里用的"国度"和"祭司"，是两个独立的名词，代表两件独立的事："权柄和尊贵"及"圣洁和责任"，因此将两者结合，将其中一个改为形容词，译作"君尊的祭司"，不太适合。^㉛

一 6b　"愿荣耀权能都归给他，直到永永远远。阿们。"

因着基督这样的地位和作为，约翰就发出称颂上帝的赞美。

㉘ λύσαντι是"释放"或"脱离"的意思，λούσαντι则是"洗净"的意思。按照经文版本的见证，λούσαντι的读法比较强；加上有些人可能以为"耶稣的血洗净我们的罪"比"耶稣的血使我们脱离罪"更合理，但按经文版本考证的原则，较难解释的读法正确的可能性较高。因为抄写的人容易将一个较少用的字，改成一个更通用的字。因此这里原来用的是λύσαντι的可能性较大。参见 Bruce M. Metzger, *A Textual Commentary on the Greek New Testament* (New York: United Bible Society, 1971), p.731.

㉙ 正如孟斯所说，这种赎回的思想是希伯来人的思想，参见 Mounce, *The Book of Revelation*, p.71.

㉚ ἐποίησεν.

㉛ 如格尔敦(Gelston)的看法，他解释作"The Royal Priesthood"，参见 A. Gelston, "Royal Priesthood (exegesis of Rev. 1:6; 5:10; 20:6)," *Evangelical Quarterly* 31 (1959), pp.152-163.

一7 "看哪,他驾着云降临,每一个人都要看见他,连那些刺过他的人也要看见他,地上的万族都要因他哀号,这是必定的,阿们。

8 主上帝说:'我是阿拉法,我是俄梅格;我是今在、昔在、以后要来,全能的上帝。'"

这两节经文可以说是第四至六节这一段引言的结论。第六节是对主的称颂,而这两节经文是讲到因为主是那样的一位主,属主之人所看见的盼望是肯定的。这两节经文在文法的构造上不是分开的,而且和第四节一样,都是用"今在、昔在、以后要来的上帝"三重的称颂来见证上帝,好像是前后呼应的,写出他完全的赞美。

"他驾着云降临,每一个人㉜都要看见他,连那些刺过他的人也要看见他" 这两个思想分别引自但以理书第七章十三节和撒迦利亚书第十二章十节。但本节在用词和上下文的应用稍有改变。但以理书讲到人子驾着云降临,从上帝那里得着权柄和荣耀;撒迦利亚书则讲到在末日,上帝要向他的百姓施恩;他们为自己的罪愁苦难过,要仰望主而悔改。在这里约翰讲到主的降临,没有提及他的权柄和荣耀。

"地上的万族" 这是约翰提到上帝的百姓时所用的字眼,当然也是指悔改相信的"万族"。㉝

"都要因他哀号" 约翰预告,或者赞美主,说:主再来的时候,世上属主的万人都要看见主带着权柄和荣耀降临,并要带着悲痛的心仰望他们曾拒绝的主。这是旧约预言的应验。

"这是必定的,阿们" "这是必定的"表示肯定的回答或回应,甚至有时可表达愿望。此语和"阿们"并用,就表示更强的肯定。第二十二章二十节末了的句子,也是采取这样的用法。

"主上帝说" 启示录中只有两处经文明说是上帝亲自讲话(本节和二十一6)。

"我是阿拉法,我是俄梅格" 此语在启示录以几种类似的形式共出现过五次或六次:阿拉法,俄梅格(一8);首先的,末后的(一17,二

㉜ "每一个人"原文直译"众目"($\pi \hat{\alpha}\varsigma \ \dot{o}\phi\theta\alpha\lambda\mu\dot{o}\varsigma$)。

㉝ 此处的"万族",原来用的是$\phi\nu\lambda\alpha\acute{\iota}$,通常指以色列的"支派"(tribes)。在新约有时是指"众族",即各种民族。

8)；阿拉法，俄梅格；创始的，成终的(二十一 6)；阿拉法，俄梅格；首先的，末后的；创始的，成终的(二十二 13)。

另外，有些版本在第一章十一节开始时，有"我是阿拉法，我是俄梅格；是首先的，是末后的"。但因为版本的见证较弱，新约的编辑几乎都不接纳这种读法。

上述几种形式的称呼，基本的意思都差不多。"阿拉法"和"俄梅格"是希腊文的第一个和最后一个字母。有了最初的和最末的，就表示一切都包括在其中了。本格尔(Bengel)引用一句希腊文成语说："船头和船尾就等于是船的一切。"[34] 启示录的几次用法，有的是上帝说的，有的是主基督说的，意思都一样。我们的上帝掌管一切，不论是人类的历史、宇宙的历史或救赎的历史，都在上帝的掌管之下，世界的前途当然也由他掌管。

"今在、昔在、以后要来"　在此约翰再用前面他曾用过的对上帝的三重称呼。无论现在、过去或未来的历史，都由上帝掌管。

"全能的上帝"　全能或无所不能的本性，当然单单属于上帝。但这里的重点在于他超越一切的尊贵、权柄和地位，[35] 现在他显明了他的大能。

---

[34] J. A. Bengel，*New Testament Commentary*，vol. II (Grand Rapids：Kragel)，p. 847.

[35] 参见第十一章十七节的用法。

贰　第一个异象：
基督在教会中
（一 9～三 22）

（Ⅰ）基督的显现（一 9～20）

　　这段落开始的三节经文（第 9～11 节），可说是全段的引言，讲出约翰领受异象的情况，和上帝吩咐他将整个异象写出来，寄给七个教会的命令。

　　一 9a　"我约翰，就是你们的弟兄，"
　　"我约翰"　作者只说他是约翰，而没有说他是使徒。不过在福音书中，他连自己的名字都没有提过；但本书是属于启示文学的书，所以按当时这种著作通用的习惯，作者写出自己的名字（参见但七 15、28，八 1、15、27，九 2，十 2，十二 5 等处的用法）。

　　一 9b　"在耶稣里跟你们一同分享患难、国度和忍耐的，为了上帝的道和耶稣的见证，曾经在那名叫拔摩的海岛上。"
　　"在耶稣里"　此语表明约翰和收信人都是弟兄的关系。此语和保罗书信常用的"在基督里"（参见罗三 24，六 11、23，八 1、2、39 等处经文）意义差不多。
　　"跟你们一同分享"　表示在主里的人同为一体，所以真正成了弟兄。①
　　"患难、国度和忍耐"　约翰和众弟兄一同分享的，或说和他作同伴

---

① 在原文，"一同分享……的"（συγκοινωνός）是一个名词，可以译作"伙伴"；而且"弟兄"和"伙伴"合用一个冠词，表明约翰与收信人，同时"在耶稣里"又是弟兄，又是伙伴。

的，是在患难、国度和忍耐上。这三个名词也是采用同一个冠词，表明三者有密切的关联，所表明的属同一件事，或说是彼此相连、不可分开的事。主耶稣是那位从死里首先复活的，又是地上众君王的统治者，我们与主联合成为一体的人，同样享有他的君王统治权柄。主耶稣统治的王权虽然在这世界还没有完全彰显出来，但他的确已经享有王权。照样，我们这些属主的人也已同他一起享有王权。即使今天我们和主同享王权的事还不明显，但与主同享王权不是将来才有的事；虽然完全明显的实现要等到将来他再来时，但现在仍是一个事实。这样与主联合，是今世信徒需要经验患难和忍受苦难的原因，也是我们能够在苦难中站立得住的盼望；只要我们遵守主忍耐的道，他就必保守我们(参见三 10)。

"为了上帝的道和耶稣的见证" "为了"一语可以解作原因，意思是"因为"传讲上帝的道和给耶稣作见证，约翰受罚而被囚禁。或者可解作"目的"，如此意思则是"为了"要传扬上帝的道，和"为了"要给耶稣作见证，约翰主动到偏僻的地方去。单按意思来看，这两种解释都有可能；但是这里约翰用的词句，明显是指原因说的。[2] 启示录另有两处地方差不多以同样的用法出现(六 9，二十 4)，都是作"原因"的用法，所以这里的用法也不应解释作"目的"。

"曾经在那名叫拔摩的海岛上" 拔摩岛是爱琴海中的一个小岛，在以弗所西南约六十五英里，撒摩岛的西南偏南约二十八英里；南北长约十英里，东西长约六英里。地质多矿物，地形起伏险峻，不适合耕种。罗马政府常将囚犯流放于此岛，可能有不少基督徒也被流放于此。

一 10 "有一个主日，我在灵里，听见在我后边有一个大声音，好像号筒的响声。"

"有一个主日" 这语句的重点是在此事发生的日期——"主日"，而不是在星期一、星期二或任何别的日子，所以译作"在"一个主日，可能更好。"主日"一语的"主"字，在新约中只出现过两次(除本节外，还有林前十一 20"主的"晚餐)，"主的晚餐"是记念主的死，"主日"是记念主的复活。这两件事都有一层特别的意义，两者都是属乎主的，是别人

---

② 原文用的是 διὰ τὸν λόγον. διά + accusative，意为"because of"。

不可分享的(这里的用法跟帖前五 2 的"主的日子"完全不同)。

"我在灵里" "在"有表达动作的意思,故此,"我在灵里"可理解为"我变成在灵里",或"我进入灵里"。进入灵里就是说他的意识不在肉体之中了,他的意识生活进入了一个完全不同的境界,他生活在灵里,进入异象之中。

"听见在我后边有一个大声音,好像号筒的响声" 这时约翰听见后面有一个大声音,如同号筒的声音,向他说话。这情况如同摩西领受律法时的情况一样(出十九 16、19、20),摩西听到的是角声,约翰听到的是如同号筒的响声。这是严肃的宣告,表示有重要的事要告诉他们。

一 11 "说:'你所看见的,要写在书上,也要寄给以弗所、士每拿、别迦摩、推雅推拉、撒狄、非拉铁非、老底嘉七个教会。'"

"说"③ 上一节提到约翰所听到像号筒的声音向他发命令,这声音是谁的呢? 因为这里的响声是像号筒的声音,而第十五节说人子的声音"好像众水的声音",所以有人认为这里的声音大概是一个天使的声音,而不是人子的声音。但约翰用的"号筒的响声"和"众水的声音"都是形容词,各有自己的着重点;而且这段经文没有提到有天使出现,吩咐约翰写信的又是主,所以这里说话的应该是主自己。

"你所看见的,要写在书上" 主吩咐约翰将他所看见的写在书上,因为他所得的启示是异象,所以说"所看见的"。然后再将所写的传达给下文提及的七个教会。

"以弗所、士每拿、别迦摩、推雅推拉、撒狄、非拉铁非、老底嘉" 这七个教会是整个教会的代表,主所要启示的关乎所有的教会。④ 当时有不少教会存在,为什么单讲出这七个教会来? 正如兰赛(Ramsay)和查理士所指出,⑤这七间教会的所在地是当时亚西亚省西部交通的重

---

③ 按照文法的构造,这里的"说",是一个分词($\lambda\epsilon\gamma o\acute{u}\sigma\eta\varsigma$),用来形容上一节的"号筒"($\sigma\acute{a}\lambda\pi\iota\gamma\gamma o\varsigma$),而不是形容"声音"($\phi\omega\nu\acute{\eta}\nu$)。

④ 参见第一章四节的注释。

⑤ W. M. Ramsay, *The Letters to the Seven Churches of Asia*, *and Their Place in the Plan of the Apocalypse* (London: Hodder & Stoughton, 1904), pp. 191ff.; Charles, *Revelation*, vol. I, pp. 20f.

要城市。每一个城市有它自己的特点。按位置来说，从以弗所，经过士每拿、别迦摩等，来到老底嘉，再回到以弗所，可以说走遍了围绕亚西亚省的一圈。每一个地方的教会也有它特别的个性和需要，七个教会合在一起就代表全教会的需要。如此整本启示录就是主给全教会的一封书信，教会中的人、事，或者各地方的情况和需要可能不同，但主的启示适合教会任何方面的需要。

"七"　这个数目和各书信安排的次序，只是基于本书的构造、选择的代表性和交通路线的位置，而不是按教会的性质和它们在历史上出现的时代。书中所写的适用于任何时代、任何教会，只要教会有同样性质的软弱和需要。

一 12　"我转过身来要看看那跟我说话的声音是谁发的；一转过来，就看见七个金灯台。

13　灯台中间有一位好像人子的，身上穿着直垂到脚的长衣，胸间束着金带。"

这一段主显现的经文(一 12～20)，反映出旧约先知看见异象时普遍的情形：先有异象的出现(一 12～16)，然后是看见异象之人的反应(一 17a)，最后是对异象的解释(一 17b～20)。而这里描述人子的整个形象，都印证了人子的尊贵、权柄和地位。

"我转过身来要看看那跟我说话的声音是谁发的"　原文的用法，只是说"要看看那跟我说话的声音"；因为怕被误会，新译本加上"是谁发的"，让语意更为清楚。用一部分来代表全人的用法很普遍，正如中文的量词用"头"代表牲畜、用"口"代表人(两头牛、两口人)，是很常见的。

"一转过来，就看见七个金灯台。灯台中间有一位好像人子的"　约翰看见人子站在七个金灯台中间，这幅图画是出于旧约的背景(出二十五 31～37，三十七 17～24；亚四 1～3 等)，这些经文都讲到金灯台，或者一个金灯台有七盏灯。灯台放在会幕或放在圣殿内点着，在上帝面前发出光来，表明上帝的同在，使他的百姓能够为上帝发光。启示录中的金灯台在人子面前，要为上帝发光，照样教会作为新以色列人，也要为上帝发光。

"身上穿着直垂到脚的长衣，胸间束着金带"　这位吩咐约翰要把信息传给众教会的，是那位满有权柄、荣耀和尊贵的人子。他从亘古常在者面前得了权柄、荣耀和国度(但七 13～14)；他穿上大祭司所穿的"直垂到脚的长衣"。他"胸间束着金带"，这不是祭司的装束，而是君王的形象，因为他是地上众君王的统治者，一切的权柄、荣耀和尊贵都是属他的。

　　讲完表明主的身份的两点特性之后，接下来约翰又讲出几样表明主的形象的特性。上述表明了主是有君尊的人子，下文要说明他的特性和职权。这些形容的话都是比喻性的；这些比喻性的话使我们对这位人子有一个深刻的印象，但又不能知道他的具体样式。他的眼睛像火焰，声音像众水的声音，脸像烈日放光，这类的形容词不能说明他真正的样子。整幅图画都表明约翰使用人的话语，来形容一个非人的话语所能形容的形象。但是读了这些话语，我们自然会感觉到这位人子是一位荣耀、尊贵、威严的主。

　　一 14　"他的头与头发像白羊毛、像雪一样洁白，他的眼睛好像火焰，"

　　"白"　白色一方面可以代表年纪与智慧，特别是白发，另一方面可以代表圣洁。在这位完全充满智慧、完全圣洁的主面前，一切都显得渺小和污秽。

　　"眼睛好像火焰"　这语句表明他的眼光能够看透一切。耶和华的眼目遍察全地(亚四 10)。罪恶在他面前不能隐藏。

　　一 15a　"他的两脚好像在炉中精炼过的发光的铜，"

　　"发光的铜"　只出现于本节和第二章十八节，它的字义很难断定。⑥ 和合本译作"光明的铜"，是合理的译法，⑦意思显然是表明金属坚硬稳固。⑧

---

⑥　海莫尔(Hemer)的讨论，参见 C. J. Hemer，*The Letters to the Seven Churches of Asia in Their Local Setting*，Biblical Resource Series (Grand Rapids：Eerdmans，2001)，pp. 111 - 117. 多数学者都同意它是指一种特别的金属或合金，参见 Ibid.，p. 111.

⑦　原文在第二章十八节用的是同一个字(χαλκολιβάνῳ)，新译本译作"光铜"。

⑧　参见 Mounce，*The Book of Revelation*. 滕慕理认为"发光"是表明人子审判的脚要临到教会，参见 Tenney，*Interpreting Revelation*，p. 52.

一 15b "他的声音好像众水的声音。"

圣经常用水的声音来形容上帝的声音(诗二十九 3；结四十三 2)。"众水的声音"如同大瀑布的声音，它的威力惊人，没有任何声音能盖过它的声音，听到的人不能不被它的威力慑服。

一 16a "他的右手拿着七星，"

"拿着" 这词与第二章一节所用的原文不一样，这里应该译作"有"，⑨和下一句的构造一样，只是表明"星"的位置是在主手里，因为它属于主。

"七星" 第二十节说明这"七星"是七个教会的使者。七个教会是指收信的七个教会。星是代表教会的使者，或是教会的领导人，也就是代表教会。星的数目是七个，因为教会是七个。在此不必把七的数目和第一章二十节的"奥秘"连在一起。⑩ 教会的使者就是教会的领导人，也是整个教会的代表。有学者将"使者"解作"天上的使者"，但对整段经文的表达和用法，似乎都不大适合。虽然在许多经文中，特别是先知书和预言，此字常是指着天使说的；但同样有许多经文的用法明显是指人所差遣的使者说的。雅各书第二章二十五节称约书亚所差遣的探子为使者(书七 22，两处经文参见和合本修订版)。使者有时是指上帝所差遣的人，如祭司(玛二 7)；弥赛亚的先锋(可一 2)；主耶稣在早期传道时，也曾差遣使者出去(可一 2)；这些使者都是人。把这里所讲的"教会的使者"看作教会的领导人最为合适(详细解释参见一 20 的注释)。

一 16b "有一把两刃的利剑从他口中吐出来；"

"剑"⑪ 启示录有几次都用到此字，表示基督口中的剑要带着能力和权柄来执行审判(二 12、16，六 8，十九 15、21)。此思想当然在旧

---

⑨ ἔχων；第二章一节：κρατῶν.

⑩ 布朗(Brown)在他的著作，将第一章二十节的奥秘与但以理书第二章的用法连在一起，是非常牵强的做法，参见 R. E. Brown, *The Semitic Background of the Term "Mystery" in the New Testament* (Philadelphia：Fortress, 1968)，pp.36f.

⑪ ῥομφαία.

约中早已存在(赛四十九 2)。希伯来书更将上帝的话与此审判的权柄相联系(来四 12)。所以这里形容人子的形象时,用口中的利剑来比喻主的权柄和能力,表明他要执行的审判是无可抗拒的。

一 16c　"他的脸发光好像正午的烈日。"

"他的脸发光"　这里译作"脸"的字,[12]圣经使用的次数不多,新约只出现三次。约翰福音第七章二十四节的用法是指人整个外貌的表现;约翰福音第十一章四十四节的用法大概应该是指"脸"。这里的用法就要按上下文来决定了。在这段形容主显现的经文里,开始时先讲到主的形象的各部分样式:他穿的衣服、他的头与发、他的眼睛、他的脚、他的声音等。然后形容他手中和口里有的东西。最后讲的如果是指他的面貌,则似乎应该放在他有的物件以前。现在放在全段经文的末尾,则应该是对整段形容的话的总结。所以,将译作"面貌"或"脸"的字改为"外貌"更适合:人子整个外貌发光,如同正午的烈日。

"正午的烈日"　日头的光辉是人的肉眼不可以直接正视的。人子的形象就会发出这样令人目眩的强光。

一 17a　"我看见了他,就仆倒在他脚前,像死了一样。"

"我看见了他,就仆倒在他脚前"　约翰见了主的形象,就仆倒在地,因为他被主的荣耀、威严、权柄所慑服,心中又惊讶,又惧怕,不由自主地仆倒在主的面前。无需把这样的仆倒看成任何有意,或有目的的行动。[13]

"像死了一样"　这词句表达了约翰惊怕的程度,他的行动是身不由己的反应,如同但以理看见天使时的情形一样(但十 10)。

---

[12]　ὄψις.

[13]　毕尔认为这是根据但以理书第八章和第十章所记载的,是先知看见异象时,按固定的四重反应模式而行:见到异象,惊惶仆倒,被显现者用手抚摸而得力,再从显现者得到启示,参见 Beale, *The Book of Revelation*, p.213.孟斯则认为约翰看见此异象太过超然、伟大,如果站着领受,好像把自己放在与显现者平等的地位,则是近乎亵渎的行动,参见 Mounce, *The Book of Revelation*, p.80.这些立论都太过用理智来分析约翰的行动了。

一 17b　"他用右手按着我,说:'不要怕! 我是首先的,我是末后的,'"

"用右手按着我"　这里人子对约翰的鼓励和旧约中天使对但以理的鼓励一样。按手在他们身上,表示对他们的安慰并加力。

"不要怕"　此异象太突然了,约翰担当不住;约翰曾不止一次听过主安慰他"不要怕",但此时主的声音对约翰一定有了新的意义。

"我是首先的,我是末后的"　此语和第八节所用的词句"我是阿拉法,我是俄梅格"虽然不同,但基本的意义没有分别。他是始,他是终,就表示他是掌管一切的上帝,而且他是唯一的真神。以赛亚书第四十四章六节同样记载耶和华这样说:"我是首先的,我是末后的",然后又说:"除我以外,再没有真神"。

一 18　"又是永活的;我曾经死过,看哪,现在又活着,直活到永永远远,并且拿着死亡和阴间的钥匙。"

"又是永活的"　这语句的"又"字,表示下文所讲的话是解释十七节末的话,和合本及新译本的标点都将此意义完全地表达出来了。[14]人子是首先的,是末后的,就表明他是"永活"的上帝。

"我曾经死过,看哪,现在又活着,直活到永永远远"　虽然他曾死过,[15]"看哪",他现在活着,且活到永永远远。如此就强调了"他是活着"的真理。

"并且拿着死亡和阴间的钥匙"　"阴间"不是地狱,乃是暂时拘留已经离世之人的处所。因为人子曾死去,又活过来,证明他已经胜过死亡,有权掌管死亡和阴间。

一 19　"所以,你要把所看见的,现在的,和今后将要发生的事都写下来。"

---

[14] 这样理解此语的构造,比查理士和毕尔的看法好,将"又是永活的"与"直活到永永远远"连在一起,因为中间有"我曾经死过,看哪,现在又活着"将两句话隔开了,参见 Charles, *Revelation*, vol. I, p. 31;Beale, *The Book of Revelation*, p. 214.

[15] 参见 Mounce, *The Book of Revelation*, p. 81.

因为人子是这样一位曾死过，又活着，而且是永活的基督，他能够吩咐人把他要启示的写下来。对于主吩咐约翰要写的内容，解经家有不同的解释。根据和合本的翻译："你要把所看见的，和现在的事，并将来必成的事，都写出来"，就清楚地指明，要写的是三方面的事：所看见的、现在的事和将来必成的事。这样，"所看见的"，应该是第一章所记主显现的异象。"现在的事"应该是第二、三章所记七教会的事，因为七教会是约翰当时所知道的事。"将来必成的事"则应该是指第四章至末尾所记末日要发生的事。这是教会中很多人一向接纳的看法。但这样的解释，使三者在内容上的分配很不平均，例如约翰看见主的异象的篇幅太少了。如果按照第一章一节所写的，基督给约翰的启示是由天使"显示"给他的，即是给他看一些"记号"，那么，启示中大多数的内容都是约翰所"看见"的。而如果将新译本"所看见的"与"现在的"两词中间的"和"取消，就有可能将主吩咐约翰要写的看成两方面的事了。

本节开始的"你要把所看见的"与"现在的"，原文中间的确有一个字可译作"和"。但有时此字可用作解释的意思，可译作"就是"一类的意思。第一章十八节的开始就有此字，和合本译作"又是"，新译本也译作"又是"，⑯那么，这节经文可译作："你要把所看见的，就是现在的，和今后将要发生的事都写下来"。这是整本启示录的内容：约翰时代所发生的事和约翰以后将要发生的事，即第四章至末尾的事。⑰

一 20　"你所看见在我右手中的七星和七个金灯台的奥秘就是这样：七星是七个教会的使者，七灯台是七个教会。"

"你所看见在我右手中的七星和七个金灯台的奥秘就是这样"　这节经文开始的一句话构造不是太清楚，但和合本与新译本的译法都正确地将原意表明出来了；和合本在句子的开始加上"论到"，新译本在句

---

⑯　孟斯称第一章十八节开始的καί，是作为 epexegetical 的用法，参见 Mounce, *The Book of Revelation*, p. 81；第一章十九节的καί，也应作同样的解释。

⑰　参见 G. E. Ladd, *A Commentary on the Revelation of John*（Grand Rapids：Eerdmans, 1972）, pp. 12f.

子的末尾加上"就是这样"。[18]

　　"奥秘"　这是圣经常见的词汇,意思不是指神秘难明的事,乃是指在上帝的计划中隐藏的事;人凭自己的智慧不能明白,只有上帝将它启示出来,人才可以知道。这词在旧约但以理书第二章出现的次数最多(尼布甲尼撒梦见的异象)。新约则除了保罗书信以外,多见于启示录。这词在本节的用法,与但以理书第二章的用法相似,上帝要把有关他百姓的奥秘启示给他的仆人。

　　"七星是七个教会的使者"　这句话引起许多解经家辩论,原文所用的"使者"可以是指作为使者的人,也可以是指天使。圣经指人的用法,如约书亚记第七章二十二节、马太福音第十一章十节、马可福音第一章二节、路加福音第七章二十七节等。指天使的用法就更多了,特别在启示录中。[19] 因此很多人主张此处的用法是指天使。但在第二、三章的用法,主用很多责备的话,都包括"教会的使者"在内,这是很特别的事:主自己责备天使。无论他们是教会的代表,还是教会的护卫使者,他们竟然犯这样的罪,仍能为主使用,这在圣经上是没有先例的,正如何赓诗说:"如果教会的使者是指天使,这些使者不应该受责备,说他们在教会的罪上有份。"[20]毕尔认为这些使者是代表教会的天使,如今教会犯了罪,这些天使就犯了疏忽或失职的罪。[21] 贝克威思认为这里的"使者"是指"天使",或者包括"天上的使者"。[22] 这一切立论都没法找到圣经的根据。而且正如海莫尔所说:"我们很难相信人子要吩咐一个属世的人,将他自己的话,去传给一个天使。"[23]因此,从上述的分析

---

[18] 孟斯和毕尔都认为此句的开始加上"as for"最为适合,参见 Mounce, *The Book of Revelation*, p. 82; Beale, *The Book of Revelation*, p. 216.

[19] 在启示录,ἄγγελος 出现了约六十次;除了第一至第三章与七教会有关的用法外,其他的用法大都是指天使。因此,毕尔等认为这里是指天使说的,参见 Beale, *The Book of Revelation*, pp. 217 - 219. 约翰逊(Johnson)认为这里是指上帝所安排,特别保护教会的天使(Guardian Angels),参见 A. F. Johnson, *Revelation* (Grand Rapids: Zondervan, 1983). 贝克威思则认为"使者"在这里是指对教会普遍精神的人格化的称呼,参见 Beckwith, *The Apocalypse of John*, pp. 445f.

[20] 参见何赓诗:《耶稣基督的启示》,页 47。

[21] 参见 Beale, *The Book of Revelation*, pp. 217f.

[22] Beckwith, *The Apocalypse of John*, pp. 445f.

[23] Hemer, *The Letters to the Seven Churches of Asia in Their Local Setting*, p. 33.

来看，将教会的使者看作天使，都是很难令人满意的解释。所以，将本节的"使者"解释作教会的领导人，应该是最适合的。若一定要用不大具体的表达法，则可将这词解释作在教会中有领导性的"监督"或"长老"等职位的人。[24]

"七灯台是七个教会"　教会的使者和教会都在主的手里。

(II) 给七个教会的书信(二 1～三 22)

这七封书信的内容确实有历史的根据，表明这七个教会是当时真实存在的教会。这一点已被普遍接纳，[25]连查理士都未曾否认。[26] 这些教会是真实存在的七个教会，在小亚西亚的西部，属于当时罗马帝国的亚西亚省，是罗马本土以外最繁华重要的一个地方。此时耶路撒冷已被毁，罗马还未能建立成为教会的中心地，分散了的犹太人，特别是基督徒，一定有不少人集中在这一带地方。外邦人的教会也兴旺起来，所以，这里的教会较大规模地与希腊罗马文化接触，因而引起许多新的冲突和考验：拜皇帝的问题、拜偶像的问题、世俗的人生观等。罗马政府的势力渐渐强大，冲突自然就演变成压力和逼迫。教会需要预备面对这些问题，而且教会的问题渐渐不单从外面的社会而来，内部的腐化和罪恶显得更为严重。这些书信就是给教会提出他们需要的提醒、警告，以及他们应有的出路。

七封书信是第一个异象的一部分，实际上第一章提到主显现的异象，是为第二章书信内容而预备的。每封书信的开始都先介绍这位吩咐约翰写信的主。而介绍主的词句都是取自第一章形容这位显现的主的话。每一封信介绍主的词句都不同，都显出主某方面的本性；而这方

---

[24] Henry Alford, *The Greek Testament*, vol. 4 (Boston: Lee & Shepard, 1881).

[25] 兰赛和海莫尔两本差不多同名的书，已将这一点显明了，参见 Ramsay, *The Letters to the Seven Churches of Asia and Their Place in the Plan of the Apocalypse*；Hemer, *The Letters to the Seven Churches of Asia in Their Local Setting*.虽然遂特认为这些信不是真正的"书信"，只是要传给这些教会的信息，但这些信息的目的仍是要传给这些具体的教会，参见 Swete, *The Apocalypse of St. John*, p. xi.

[26] 参见 Charles, *Revelation*, vol. I, pp. xcivff.

面的本性就适合这个教会的需要，能应对这个教会的困难。这七封书信介绍主所用的词句，合起来就是第一章形容主的完全的形象。这位主能够补足七个教会的各种软弱，应对这个教会的一切困难。这位显现的人子就是所有教会一切需要的满足。主选择这七个教会的原因，是这七个教会能够代表当时的全教会(参见一 11 的注释)。

这七封书信构造严谨，每封书信的构造都相同。整体来说，每封书信都可以分成七段：第一，吩咐写信，将命令传给一个具体的教会的使者；第二，介绍这位发命令的主；第三，主称赞教会的话；第四，主责备教会的话；第五，吩咐教会改正的方法；第六，主的呼召("圣灵向众教会所说的话，有耳的就应当听")；第七，对得胜者的应许。七封书信的构造差不多同样完整。只是在给撒狄教会和老底嘉教会的信中，没有称赞的话；给士每拿和非拉铁非教会的信中，没有责备的话；从推雅推拉教会开始，以后的四封书信的第六、七段(主的呼召和主的应许)次序调转，先有给得胜者的应许，然后以主的呼召作结。

(i) 给以弗所教会的书信(二 1～7)

此异象虽然记载着主给七教会的信，但实际上这段经文与第一章是分不开的，主给七个教会的话，并不单单是第二、三章经文有该教会名字的那一段经文，乃是由该段经文而引进的整本启示录。

以弗所位于小亚西亚西边，即新约时代罗马的亚西亚省的西海岸，在凯斯特河(Cayster River)河口。它本是一个不错的海港，但到新约时代，已被河流冲来的淤泥填塞，只剩下一个较窄的水路供船只驶入爱琴海，但它仍然是亚西亚最重要的城市和海港。从亚西亚东边来的大路都汇合在这里，所有的货物可以从这地方转海路运往罗马和欧洲其他大城，所以此城成为亚洲和欧洲交通和商业的中心。

以弗所在公元前 1000 年左右已经建立，中间经历几次政治变革，到新约时代已成了亚西亚重要的希腊文化中心，所以保罗在海外布道时，曾在此城停留三年之久(徒二十 31)。当时此地人口约有二十余万人。从保罗的以弗所书可以看出，保罗在这里已建立了一个根基稳固的教会。

不单以弗所是全省交通商业经济的中心，在宗教上也受希罗文化很大的影响。虽然以弗所不是指定的全省敬拜皇帝的中心，但城内也有革老丢等几个罗马皇帝的庙，而最受注意的是希腊女神亚底米的庙。此神庙建筑极其雄伟辉煌，为古代世界七景之一。福音在以弗所传开的时候，就被敬拜亚底米的人反对（徒十九23f.）。保罗最初和以弗所人稍有接触就离开了，以后有百基拉和亚居拉在此工作，跟着又有亚波罗来工作，然后保罗才再次回来工作。教会的根基建立起来以后，提摩太曾长时间在此牧养。根据教会传统，使徒约翰晚年曾在以弗所居住很长时间，最后在此离世。[27] 很可能在这段时间，约翰常循着连接这些城市的路线，去探望这些教会。

二1 "你要写信给以弗所教会的使者，说：'那右手拿着七星，在七个金灯台中间行走的，这样说：'"

"写信给以弗所教会的使者" 即以弗所教会的领导人或负责人。作为亚洲和欧洲商业文化往来的中心，以弗所教会有良好的根基。主耶稣在这里写信给此教会，应该是很自然的事。

"右手拿着七星" 这里译作"拿着"的字，是一个很有力的字。[28]主是教会的主，他在掌管他的教会。[29]

"在七个金灯台中间行走" 他在教会中间行走，表示他关注、监督教会所有的行动、作为、困难、软弱等。所以他"知道"教会的一切。这位主对教会说了以下的话。[30]

---

[27] 参见 ABD，vol. III，pp. 885f.

[28] κρατέω 有"掌握""紧握"的意思；参见 BAGD.

[29] 参见第一章二十节的注释。

[30] "这样说"(τάδε λέγει)一语的构造，与旧约先知书常见的一句话(τάδε λέγει κύριος)构造极其相似。在许多古代宗教文学中，都用这样的词句讲他们的神或一种别的权威人士讲的话。奥恩(Aune)认为这里的用法就显明基督的话有上帝预言的权威，参见 Aune, *Revelation*，vol. I, pp. 141f. 毕尔更用旧约先知书中的τάδε λέγει κύριος παντοκράτωρ（这是万军之耶和华说的），来比较这里的用法；他因此认为约翰这句用语是有意显出基督就是旧约的耶和华，而这里的七封书信就是预言，而不只是书信，参见 Beale, *The Book of Revelation*，p. 229. 这些书信的经文是预言，是毋庸置疑的，但约翰是否有意用这样的词句来表达此意义，是另一回事。实际上，这样的写法是最自然的，而且其他经文随时都把约翰对主的话的看法表达得很清楚。

二2 "我知道你的行为、你的劳苦、你的忍耐,也知道你不能容忍恶人。你也曾经试验那些自称是使徒,而其实不是使徒的人,看出他们是假的。"

这节经文显示以弗所人不论在生活或信仰上,都有很好的见证。

"劳苦" 指他们为主作工。

"忍耐" 表示他们为主的缘故,对压力、甚至逼迫的忍受。

"不能容忍恶人" 大概是指他们对那些假使徒的态度。

"你也曾经试验那些自称是使徒,而其实不是使徒的人,看出他们是假的" 假使徒也要装作使徒的样式来骗人,因为连撒但都可以装作光明的天使(林后十一13～14)。如此,要能分辨出真假使徒,他们就必须有真理的知识,知道试验的标准。

以弗所的基督徒不论在工作上的努力、忍受重担和分辨真理上都有好的表现,他们所做的这一切,主都知道。

二3 "你有忍耐,曾为我的名的缘故忍受一切,并不困倦。"

这里的几个思想都是回应,或加强上一节所讲的。

"忍耐" 他们面对极大的压力,因着"忍耐",所以能站立得稳,没有被摇动。

"曾为我的名的缘故忍受一切" 他们不能"容忍"恶人,却为主"忍受"这一切。

"并不困倦" 他们为主"劳苦",却不"因劳苦而困倦"。他们所做的这一切,主都知道。

二4 "然而有一件事我要责备你,就是你已经离弃了你起初的爱。"

"起初的爱" 此语句所指的意义,解经家看法不一。有人认为是指对主的爱,[31]也有人认为是指弟兄之间彼此相爱。[32]

---

[31] 韦默思(Weymouth)译作"you no longer love me",参见 R. F. Weymouth, *The New Testament in Modern Speech* (New York: Harper & Brothers, 1943).

[32] 莫法特(Moffatt)译作"you have given up loving one another",参见 J. Moffatt, *The New Testament: A New Translation* (New York: Harper and Row, 1964).

　　毕尔则根据马太福音第二十四章十二至十四节主耶稣的话，说："在末世，人的爱心要渐渐冷淡，那些忍耐到底的人要将天国的福音传开"，所以他认为这里所指的离弃起初的爱，不是失去一般爱主的心，而是人因失去对主的爱，失去了向世人传福音的心。[33]

　　这些解释似乎都犯了过分偏倚一方面的重点的毛病。这里所指的，应该是针对以弗所的基督徒，他们在行为和工作的表现上，在真理的持守上，都非常认真，慢慢地就以这些代替了刚信主时那种爱主爱人火热的心。以弗所基督徒的整个生活只成了一种外表的工作，不再有生命的表现。

　　二5　"*所以，你应当回想你是从哪里坠落的，并且要悔改，作起初所作的事。你若不悔改，我就要来到你那里，把你的灯台从原处移去。*"

　　要改正以弗所教会的这种情况，主提醒他们要做几件事。

　　"*你应当回想你是从哪里坠落的*"　属灵生命的冷淡、坠落，很多时候都是从对属灵的事不谨慎，在不知不觉间跌落下去，回想事情发生的情况和过程，是恢复的重要一步。

　　"*要悔改*"　前面用的"回想"一词，是现在时态的动词，表达一种持续的行动；"悔改"一词的文法形态，是表达一种决定性的具体行动。[34]悔改不是慢慢做，好像养成一种习惯就可以了。悔改乃是知道犯了错，就下决心，用坚决的行动纠正过来。这是第二步。

　　"*作起初所作的事*"　就是他们因起初的爱心所做的事。这是第三步。单有决心，没有实际的行动，不是真正的悔改。

　　"*你若不悔改，我就要来到你那里*"　以弗所人是否真正悔改，就是决定主是否要来挪去他们教会灯台的先决条件。这里说的"主来"，不是指主最后完成他弥赛亚工作的再来，乃是为审判教会，是"要来挪去他们的灯台"的"来"。主会不会做这一件事，是要看以弗所人会否悔改。主最后要不要再来这件事，不受人的任何条件所限制，完全是按他自己的计划。

---

[33] Beale, *The Book of Revelation*, p. 230.
[34] μετάνοησον，不定过去时。

"把你的灯台从原处移去" "灯台"是指教会为主发光的见证,这里主说以弗所教会若不悔改,他就要来把他们的灯台从"原处移去"。孟斯根据伊格拿丢所写以弗所书信的引言,认为以弗所教会接受了主的警告。[35] 兰赛认为这里所说的,是指以弗所的人要被迁移。[36] 按这里所用的词句,主只是说他们若不悔改,他要把他们的灯台移去。前面我们已经提过,教会作为灯台,是要作为上帝发光的见证。[37] 主要把灯台迁移,不是要迁移整个城市或教会,只是移去教会的见证。以弗所教会的见证的确已被迁移。

二6 "不过你有这一个优点,就是你恨恶尼哥拉党的作为,那也是我所恨恶的。"

责备了他们以后,主又称赞他们一个特别的长处。

"尼哥拉党" 此名在别迦摩的书信也曾出现,但两处都没有提供更清楚的资料来说明他们是什么人。有解经家认为此党"肯定"是第二节所说的假使徒。[38] 又有人认为此党起源于安提阿人尼哥拉,他是最初耶路撒冷教会的七位执事之一(徒六5)。[39]

这些立论大多是猜测,有些看法只可看作有此可能。实际上在圣经以外,早期的历史资料中,完全没有关于此党的具体资料。唯一可能的资料,大概只能从本章第十四、十五节推论出来,这些人生活放纵,又吃祭偶像之物,又行淫乱的事。[40]

二7 "圣灵向众教会所说的话,有耳的就应当听。得胜的,我必定把上帝乐园里生命树的果子赐给他吃。"

"圣灵向众教会所说的话,有耳的就应当听" 开始的这句话,在这

---

[35] Mounce, *The Book of Revelation*, p.89.

[36] Ramsay, *The Letters to the Seven Churches of Asia and Their Place in the Plan of the Apocalypse*, p.244.

[37] 参见第一章十二节的注释。

[38] 张永信:《启示录注释》,香港:宣道出版社,1990 年。

[39] 奥恩对此问题较详细的讨论,参见 Aune, *Revelation*, vol. I, pp.148f.

[40] 参见第二章十五节的注释。

七封书信内都有出现,这样的话,人都应当听从。主耶稣曾在福音书用不同的方式,讲过类似的话(太十一 15;可四 9;路八 8 等)。心里刚硬的人,有耳也听不见,听是听了,却不明白(太十三 13、15;路八 10)。圣灵向教会说的话,就是主所说的话;主吩咐他的教会对他所说的话要听而遵行。

"得胜的,我必定把上帝乐园里生命树的果子赐给他吃" 这里所说的得胜,不是指在世界上得胜,乃是持守主的道,对主至死忠心的得胜。孟斯将信徒的得胜和主在十字架上的得胜相比。[41] 所有如此得胜、能进入永生的人,都得享生命树的果子,也就是得享与上帝永远同在的福气。

"生命树" 出于创世记中上帝在伊甸园里的预备。上帝在园里造了生命树,人吃了就可以永远活着(创三 22)。亚当夏娃犯了罪,失去了得享这种福气的可能。如今基督完成了救赎;将来,在基督里持守的人,就可以得享这种福气了。将来我们要得享的福气,就是在伊甸园生命树所代表的福气,永远活在上帝面前。[42]

(ii) 给士每拿教会的书信(二 8～11)

士每拿位于以弗所的正北稍偏西一点,距离以弗所约三十六英里。按当时的交通情况,从以弗所徒步行走到士每拿,大概要十个小时以上。此城大概在公元前 1000 年左右建立,是个不错的海港,所以也成了亚西亚与希腊之间的重要交通中心。最初它是一个古希腊城邦,在公元前六世纪初期曾被吕底亚王破坏;后来大概由亚历山大大帝重建。传统上有不少希腊文人都与此城有关,诗人荷马是其中的一个,也有说他在此城出生。士每拿与罗马有特别亲密的关系。在公元前三世纪中期,罗马开始兴旺,在与北非的迦太基王国争霸的过程中,士每拿站在罗马一边。结果罗马得胜,渐渐强大,士每拿就被视为极受宠爱的城

---

[41] Mounce, *The Book of Revelation*, p. 90.

[42] 海莫尔根据"树"在新约的用法,将"生命树"解释作十字架,参见 Hemer, *The Letters to the Seven Churches of Asia in Their Local Settings*, pp. 41ff. 另参第二十二章十四节。

市。士每拿是亚西亚第一个有罗马皇帝庙的城。公元 23 年,皇帝提庇留(Tiberius)特许在士每拿建立了奥古斯都(Augustus)的庙,过了几年又将"皇帝庙的看守者"美誉给了士每拿(正如以弗所是"亚底米神庙的看守者")。整体来说,士每拿人对拜偶像,特别是拜罗马皇帝,都看作理所当然的事。在此时期,因交通和商业的发展,已有很多犹太人迁居此城,这些犹太人对于拜偶像也渐取了开放的态度。教会当然一向反对敬拜任何偶像,所以这时当地的士每拿人和犹太人,都对教会存着敌对的态度,特别因为基督徒不肯敬拜皇帝,使他们明显成了逼迫的对象。士每拿的主教波利卡普(Polycarp),因不肯称凯撒为主而被烧死,成了当时最被称道的殉道者。

二 8 "你要写信给在士每拿教会的使者,说:'那首先的、末后的、曾经死去而又活过来的,这样说:'"

"你要写信给在士每拿教会的使者" 这里主称呼教会的话,参见第二章一节的注释。

"那首先的、末后的、曾经死去而又活过来的" 主称呼自己的话,参见第一章十七节的注释。

二 9 "我知道你的患难和贫穷,但你却是富足的,我也知道那些自称是犹太人所说毁谤的话,其实他们不是犹太人,而是撒但的党徒。"

"患难" 通常是指从外面环境来的困难,[43]所以有时可称作"迫害"或"逼迫""苦难"等。

"贫穷" 指物质上的缺乏,因为下文说"你却是富足的"。他们在物质上贫穷,在灵里或说在主里是富足的。

把"患难"和"贫穷"两词连在一起使用,可能是表明这两件事有连带关系。有人认为当时士每拿教会的人多出于下层社会,所以贫穷;但这看法没有任何事实根据;[44]哥林多前书第一章二十六节和雅各书第

---

[43] θλῖψις,参见 BAGD.

[44] 奥恩引用 Grant 和 Mulherbe 等人的观点,说初期基督教有当时整个社会各阶层人士的参与,而非只限于下层社会,参见 Aune, *Revelation*, vol. I, p. 166.

二章五节,都不支持这种看法。还有人认为当时社会和犹太人不接纳他们,许多基督徒的财产曾被破坏、抢掠或充公;这种看法完全没有事实记录可以证明。至于说当时的基督徒过于慷慨地奉献、捐助,以致自己不能自给,这种情况也未曾在教会的历史记录中看见过。士每拿教会贫穷,最可能的原因,大概是在那样一个被拒绝、受歧视的社会中,基督徒很难找到正常的工作或就业的机会。在一个充满拜偶像风气的社会中,特别那样热衷于敬拜皇帝,这些在信仰上不肯妥协的基督徒,当然生活艰难。这也是多数解经家所接纳的看法。

"我也知道那些自称是犹太人所说毁谤的话" 犹太人反对基督徒,是初期教会常见的现象。使徒保罗信主以前对教会的逼迫,可以作为一个很好的例子。犹太教不承认基督是弥赛亚,所以基督徒就是异端;同时在士每拿那样的地方,很多外邦人和犹太人信主,也可能引起犹太教的嫉妒。所以在这里教会遇到犹太人的反对一定更加厉害。在波利卡普殉道的事上,犹太人就曾敦促罗马官方要定他的死罪。[45]

"他们不是犹太人,而是撒但的党徒" 犹太人这样做,自以为是对上帝的热心,但实际上这样只显明"他们不是犹太人",因为"表面上作犹太人的并不是犹太人……唯有在内心作犹太人的才是犹太人"(罗二28~29)。这样的人是"撒但的党徒"。按字面的意思,这里可译作"撒但会堂的人"。并不是说他们有一个撒但党,或撒但会堂的组织;只不过是说他们跟随撒但,有意无意地遵行了撒但的旨意。

二 10a   "你不要怕你将要受的苦。"

"不要怕"[46]   这语句的用法比较特别,可以译作"没有任何事是你要怕的",是一个加强的语句。而"任何事"所指的是,"你将要受的苦"。这些苦都是从迫害来的。故此,所要受的苦也许意想不到或极其厉害,不论是什么,他们都不要怕。

二 10b   "看哪! 魔鬼将要把你们中间几个人下在监里,叫你们受

---

[45] *Martyrdom of Polycarp*, xii, xiii.
[46] μηδὲν φοβοῦ.

试炼，"

这些苦都是从魔鬼来的。虽然表面上可能从犹太人而来，或是从罗马人而来，但真正的原因是魔鬼用这些苦来试验他们，或者说来试探他们。魔鬼要借此来看他们在受苦的时候是否仍对主忠心。试炼和试探的分别在于导致痛苦的动机或目的；试验或试炼是要看我们在考验底下，是否仍对主忠心，或者经过考验以后，对主的心更坚定。试探的目的是试探者要叫我们在痛苦和压力底下否认主。波利卡普的考验是面对被火烧死的刑罚时，他愿不愿意称凯撒为主。士每拿教会需要面对魔鬼要把他们中间一些人下在监里。在当时的社会，坐监是最后判刑前的一个过程；然后经过审判，就会被判刑。这里的词句所表明的，大概是这些基督徒坐监以后，多数会判处死刑。[47]

二 10c　"你们要受患难十天，"

"十天"　明显是一个象征性数字。在末日以前对主忠心的教会要受考验十天，不是永久的，但要接受完全的考验。

二 10d　"你要忠心至死，我就把那生命的冠冕赐给你。"

"冠冕"　不是指皇帝或君王的冠冕，乃是指在运动或战争中胜利者所得的冠冕，平常是用鲜花或别的植物制作。主耶稣在此应许给那些在生命中得胜的人，要得这样的冠冕，作为进入永世的荣耀。[48]

二 11　"圣灵向众教会所说的话，有耳的就应当听。得胜的，决不会受第二次死的害。"

"圣灵向众教会所说的话，有耳的就应当听"　这里主对士每拿教

---

[47] 参见 Ramsay，*The Letters to the Seven Churches of Asia and Their Place in the Plan of the Apocalypse*，p.273；Hemer，*The Letters to the Seven Churches of Asia in Their Local Setting*，p.68；Beale，*The Book of Revelation*，p.242。

[48] 奥恩在此特别提出，主耶稣要赐的生命冠冕，是给那些对主至死忠心的人，是在今生以后才赐予的。但在当时的社会，这种胜利的冠冕从来没有在人死后才颁发。如今主应许给那些生命中得胜的人；将生命的冠冕颁给已死的人，是一个很特殊的做法，参见 Aune，*Revelation*，vol. I，p.167。但事实上，在圣经中，特别是启示录，并没有把今生和来生分得那么清楚。所以没有必要在此强调此赏赐是在肉体的"生前"或"死后"颁发的。

会的呼召,基本上跟他对以弗所教会的呼召一样,[49]只是对得胜者的奖赏有不同的用词。

"得胜的,决不会受第二次死的害" 前面主答应那些对主至死忠心的人,给他们生命的冠冕,这里主给他们另一个应许;这两段说话的意义基本上应该相同。"第二次死"一语也出现于第二十章六、十四节及第二十一章八节。这几处经文的用法表明得很清楚了,不受第二次的死就是得到永生,这是主应许给那些对他忠心之人的赏赐。

(iii) 给别迦摩教会的书信(二 12~17)

别迦摩位于士每拿北部偏东。按当时的通行路线,从士每拿向北行,到爱琴海的一个海湾处,转向东北偏北,全程约有五十五英里,为较轻松的两天路程。此城位于丰沃的该加斯(Caieus)河谷旁的一座山上,海拔约一千英尺。山顶上是一个宙斯(Zeus)祭坛,整个城的形状雄伟壮丽,是一个很特殊的城市。

在政治方面,此城虽然有悠久的历史,但一直不是座重要的城。直到亚历山大大帝死后,他的继承人得了掌管此地区的权柄。在公元前第三世纪成立了独立的别迦摩王国,影响力渐大。别迦摩一向是罗马的友好国,到公元前 133 年正式归属罗马,成为罗马在亚西亚的第一个省份。当时亚历山大城是东方的希腊文化中心,有最大的图书馆。别迦摩的图书馆藏书二十余万卷,可以和亚历山大城媲美。由此可显出别迦摩的文化影响力。

此城最值得注意的特点,是它的宗教色彩。除了建筑雄伟的宙斯祭坛以外,城中有好几个重要的希腊神庙。其中有被称为别迦摩之神的阿斯克勒庇俄斯(Asclepius)神庙,常吸引世界各地的游客参观。此神是希腊人的医治之神,以蛇为标记;今天很多与医学有关的组织仍用此标记。但最重要的是,此城是第一个在亚西亚省由罗马批准建有敬拜皇帝的庙。在公元前 29 年,凯撒奥古斯都正式批准在此给他建庙。

---

[49] 参见第二章七节的注释。

如此,在此城内的教会和基督徒当然会面对更大的挑战。

二12 "你要写信给别迦摩教会的使者,说:'那有一把两刃利剑的,这样说:'"

"那有一把两刃利剑的" 这里主耶稣照样用第一章形容他其中一方面的形象来介绍自己,他是那位口中有"一把两刃利剑的"(此语的意义,参见一16的注释),他拥有绝对的权柄。别迦摩是"撒但王座所在之处",撒但似乎在此拥有王权,但真正掌权的是主耶稣。

二13 "我知道你居住的地方,就是撒但王座所在的地方。当我忠心的见证人安提帕在你们那里,就是在撒但居住的地方被杀的那些日子,你还持守我的名,没有否认对我的信仰。"

"居住的地方" 指长期居住的地方、自己的家、自己所属的地方。

"撒但王座" 指国王的宝座,坐在上面的是一国的统治者。在这样的情况下,别迦摩教会的处境当然十分困难,此事主都知道。对"王座"一语所指的意义,解经家有许多不同的看法。有人认为是指宙斯的祭坛,[50]或城内阿斯克勒庇俄斯神庙,[51]或罗马皇帝奥古斯都的庙,[52]也有人认为此语是表明别迦摩是严厉逼迫教会的中心,[53]另外还有人有其他观点。[54]在众多不同的解释中,奥恩的看法可能最接近真义。既然本书的用语基本是要用记号来表达灵意,这里大概也不例外。"王座"是权柄的所在,撒但的王座就是撒但掌权的表达。任何一个抵挡主的势力,都由撒但掌权,不必拘限于一个有形的个体。别迦摩是撒但掌权的一个地方,他的王位在这里,他在这里作王。

"忠心的见证人" 别迦摩是罗马在亚西亚省的首都,也是亚西亚

[50] 参见 G. A. Deissmann, *Light from the Ancient East* (New York: Hodder & Stoughton, 1908).

[51] 如 Swete; Wilhelm Bousset, *Die Offenbarung Johannis* (Gotingen: Vandenhoeck & Ruprecht, 1906).

[52] Zahn, Mounce, 张永信。

[53] 如 Aune, Eichorn 等。

[54] 参见 Aune, *Revelation*, vol. I, pp. 182ff.

第一个敬拜罗马皇帝的庙宇所在,是敬拜皇帝的中心,在这里对主忠心,一定是格外不容易的事,最终只会被处死。安提帕可以说是第一个为主殉道的人。这里用的"见证人"的希腊文,后来就演变成英文"殉道者"的意思,即以生命来见证他信仰的意义,就是从这里开始的。当时罗马政府对待那些不肯敬拜皇帝的人,特别是基督徒,手段非常严厉、残忍。⑤

"安提帕"   主耶稣称"安提帕"是他"忠心的见证人",这安提帕是什么人呢?曾有人认为此名是个寓意的字,意思是"抵挡一切",或"反对一切"。别迦摩教会对主忠心的人,自然会反对一切拒绝主的人,这样的人要被逼迫至死。⑤ 安提帕显然是个对主忠心的人,似乎没有必要用寓意的方法来解释此名。

"撒但居住的地方"   "居住"一词是指在家里"居住",或永久居住的地方,这里意思和前面所说的"王座所在的地方"基本上相同。

"你还持守我的名,没有否认对我的信仰"   主这样称赞别迦摩教会极其宝贵,对教会是极大的安慰。在"没有否认对我的信仰"一语中的"信仰"一词,在较早翻译的中文译本中,⑤皆作"道";在较近的译本中,⑤皆译作"信仰"。按此字的用法,当没有讲出相信的对象的时候,译作"信仰"是没有问题的;但应注意的是,在这里此语的重点不是单单指着在道理或真理上的正确,而是因整个基督徒"信仰"的内容是基督自己,所以有这信仰的人,就要有基督徒应有的生命和生活。

二 14   "然而有几件事我要责备你,因为在你那里有些人持守巴

---

⑤ 一些有关的传统中,讲到当时基督徒受虐待残忍的例子,参见 W. Horbury & B. McNeil, eds, *Suffering and Martyrdom in the New Testament* (Cambridge: Cambridge University Press, 1981).

⑤ 何赓诗解释说:"'安提'原文是ἀντί-(反对),'帕'就是πᾶς(一切)。'安提帕'就是'勇敢为基督的缘故反对一切'。"参见何赓诗:《耶稣基督的启示》,页 77 及以下。但实际上此名应该是当时一个常见的人名'Αντίπατρος的简写。遂特认为原本的简写的写法是'Αντίπα,后来有意无意地误写为'Αντιπᾶς,或被认为是属格;如此书写,可能因为此名前后的两个字的字尾都是希腊文;参见 Swete, *The Apocalypse of St. John*, p.36.

⑤ 如和合本、文理本等。

⑤ 如思高本、吕振中译本等。

兰的教训。这巴兰曾经教导巴勒把绊脚石放在以色列人面前,叫他们吃祭过偶像的食物,并且行淫乱。"

虽然别迦摩的信徒在大逼迫底下仍然对主忠心,但他们却在生活、行动上犯了错误。

"有几件事"　此语原文有"几件小事"的意思。当然我们不能强调此"小"事的重要,但明显别迦摩教会的错不是他们单注重信仰的内容,和行为的表现,而忽略了生命的素质;他们的问题是有真实的生命,却在教会生活和个人行为上疏忽或妥协,甚至容忍错误和异端的教训。

"有些人持守巴兰的教训"　他们真心对主,但可能为了人的关系,有人接受了"巴兰的教训"。民数记第二十二至二十五章记载巴兰的事迹。巴兰并没有公开违背上帝的命令,但他却用各种方法表面上顺服上帝,实际却达成自己的目的;利用借口妥协自己的属灵立场,这可以说是巴兰的标记。他的这种行为在别迦摩教会,现在成了一些固定的标准,成了可以用来教导人的教训。[59]　教导人在为了方便自己的情况之下,可以作一些妥协、让步。按当时别迦摩的环境,追求和平共存,不要过分坚持自己的信仰,可能是很受欢迎的教训。但巴兰的教训在以色列人中造成了极严重的后果,民数记第二十五章和第三十一章十六节,就显明了这一点。

"叫他们吃祭过偶像的食物,并且行淫乱"　巴兰所做的,是用欺骗或隐藏的手法陷害以色列人,叫巴勒引诱以色列人吃祭偶像之物,行淫乱的事。这两件事在圣经上经常连在一起,一件引入另外一件,最终是叫人离开上帝。

二15　"同样,你也有些人持守尼哥拉党的教训。"

"同样"　这节经文的开始和末了有两个差不多意义相同的字,都

---

[59] διδαχή可以是指教导的动作,也可以作被动的用法,指一些固定的教训,参见 BAGD, 2. 孟斯认为这里的用法显然不是一些固定的教义,参见 Mounce, *The Book of Revelation*, p. 97. 然后在注脚 42 他指出此字作被动用法的例子,暗指他认为此处是作主动的用法,指教导的动作。但这里用的διδαχή,不单是一个固定的名词,而且是宾格,作为"持守"一词的宾语,就算不是指一套"教义",肯定是指一些固定的教训。

可译作"同样""照样";⑥如此双重的用法是要加重语气，同时也是在解释这句话：尼哥拉党人的教训和巴兰的教训是相同的。

"你也有些人持守尼哥拉党的教训"　有人主张此处的"也"字是与以弗所教会比较。⑥ 以弗所人抵挡了尼哥拉党人的作为，但别迦摩却有人持守了他们的教训，这成了有意义的对比。

二 16　"所以，你应当悔改；如果不悔改，我就很快地来到你那里，用我口中的剑跟他们作战。"

"你应当悔改"　这里悔改的呼召是给教会的，虽然只是"有些人"遵守了巴兰的教训和尼哥拉党的教训，但是教会容忍这些遵守错误教训的人存在，他们也犯了错，需要悔改。教会整体来说，有责任保守自己的属灵见证，中间若有人犯了罪，教会有责任去处理。若教会有罪而不处理，整个教会和其中所有的人都要受亏损。

"我就很快地来到你那里"　这句话是指主耶稣要来审判别迦摩教会的罪。在启示录的末了，几次用到主必"快来"一词，显然都是指着主末日再来说的；但在七封书信中，这里和第三章十一节的"快来"，应该是指主因应教会个别的罪，要来审判他们。

"用我口中的剑跟他们作战"　这句话是根据第一章十六节和第二章十二节而来的。主自己的话要带着绝对的权柄来审判那些背道的教会。

二 17　"圣灵向众教会所说的话，有耳的就应当听。得胜的，我必定把那隐藏的吗哪赐给他，并且赐他一块白石，石上写着新的名字，这名字除了那领受的人以外，是没有人能知道的。"

"得胜的，我必定把那隐藏的吗哪赐给他"　"吗哪"是以色列人在旷野时，上帝从天上赐给他们的食物。上帝吩咐摩西要将一俄梅珥吗哪放在一个罐子里，存放在耶和华面前的法柜中，作永远的记念。"隐藏的吗哪"可能就是指藏在法柜中的吗哪。此吗哪又称为天上的粮食，

---

⑥ οὕτως ... ὁμοίως.
⑥ Aune，*Revelation*.

和天使的食物(诗七十八 24f.)。主耶稣将自己比作此天上的粮,又称之为生命的粮(约六 48~51),因为只有主才能使人在灵里得着饱足。如此,这里的吗哪作象征用法的意思就很明显了。不论在今生或永世,叫人得满足的不是遵守尼哥拉党的教训,或吃祭偶像之物这一类的行动,乃是吃主所赐的"隐藏的吗哪"。

"并且赐他一块白石"　解经家对此"白石"一词有多种不同的看法,[62]有人认为是法庭上陪审团表决时,用"白石"定为无罪,黑石定为有罪;或认为在古罗马的竞技场上,斗士得"白石"表示得胜;或在选举时投"白石"为表示赞成票;或有些迷信的做法,用某种"白石"作护身符;再或有人认为是参加某些特殊场合的门票,如参加宴会,或戏剧表演等。总之,"白色"是表示"好""合格""被接纳"一类的意思。在末日,主对那些灵里得胜的信徒,就要给这样的赏赐。

"石上写着新的名字,这名字除了那领受的人以外,是没有人能知道的"　这里所说的新名字,是谁的名字?是得胜信徒的名字,还是主的名字?解经家对此意见分歧。[63]其实两种解释都合乎圣经的教训,但因着第三章十二节的话:"得胜的……我也要把我上帝的名,和我上帝的城的名……以及我的新名,都写在他身上",此处的新名解释作基督的名,比较适合。当然从某个角度看,基督的名不是新名,此名也不应是隐藏的。但从另一个角度看,一个经过考验而得胜的基督徒,他一定对基督的名表达出基督本性的意义,有了新的认识、新的领受,是别人不能知道的。

(iv) 给推雅推拉教会的书信(二 18~29)

别迦摩位于该加斯河的北岸,该加斯河成了一个东西走向的山谷,在山谷南边有一更长的赫玛斯河(Hermus River,现称为"盖迪兹河"

---

[62] 参见 Hemer, *The Letters to the Seven Churches of Asia in Their Local Setting*, pp. 96 - 105.

[63] Beckwith, Mounce, Hemer, Morris 等认为是得胜者的名字;Aune, Charles 等则主张此名是基督的名字。

〔Gediz River〕)山谷，两山谷平行。在别迦摩东边约三十余英里处有一南北走向的山谷，将两河的山谷连起来，推雅推拉位于此山谷的中部，在别迦摩的东南偏东约有四十英里。推雅推拉属于吕底亚（Lydia）的城市，位于每西亚（Mysia）省的境内。最早是马其顿的城，后为亚历山大大帝其中一位继承人西流基一世（Seleucus I）重建，为一座防守城。在公元前 190 年落入罗马帝国手中，成了别迦摩省的城市。

因着它的地理位置处于几个山谷中央，推雅推拉成了几条要道的交通中心。因该区的地质含丰富的矿物质，所以紫色的颜料成了有名的特产。保罗在腓立比遇到卖紫色布的吕底亚，就是推雅推拉人（徒十六 14f.）。又因为交通发达，各种人士来往方便，手工业也兴旺，在推雅推拉各种工会的组织都很盛行。[64] 一般来说，那时的工会都有自己的保护神。这样的风气对当时的教会造成很大的压力。

二 18 "你要写信给在推雅推拉教会的使者，说：‘上帝的儿子，那眼睛像火焰、两脚像光铜的，这样说：’"

"上帝的儿子" 这词句在启示录只在这里出现。在第一章形容基督显现的话语中，也没有此名称。有人认为如此用法，是要抗衡当时人们尊太阳神为此城的保护神；教会所敬拜的真神是主耶稣。[65] 也有人认为当时罗马皇帝称自己为神的儿子，[66] 这里要说明主才是上帝的儿子。但最重要的原因是在本段经文的末了，主自己曾引用诗篇第二篇的话，形容他自己的权柄（二 27 引用诗二 9）。诗篇第二篇七节讲到上帝亲自对他拣选的弥赛亚说："你是我的儿子，我今日生了你。"所以，在此主自然把这两个思想连在一起，借此说明不论人怎样称呼或敬拜，主耶稣才是"上帝的儿子"。

"眼睛像火焰" 表示主洞察一切。

"两脚像光铜的" 表示坚固廉明。他公正的审判要临到（参见一

[64] Ramsay，*The Letters to the Seven Churches of Asia and Their Place in the Plan of the Apocalypse*，pp. 325ff.

[65] 参见 Mounce，*The Book of Revelation*，p. 102.

[66] 参见 Aune，*Revelation*，vol. I，p. 202.

15 的注释)。

　　二 19　"我知道你的行为,你的爱心、信心、服侍和忍耐,也知道你后来所作的比先前的还要多。"

　　基督对教会的审判是严厉公正的,他要责备教会的软弱,也决不会忽视教会的长处。

　　"我知道你的行为,你的爱心、信心、服侍和忍耐"　这里讲到推雅推拉教会好的表现,共有五样。从词句上看,这五样好的表现像是完全平行的,每个名词之间都有一个联系词,可译作"和"字。但是按照上文约翰的用法,第一与第二个名词中间的联系词可作解释的用法,[67]如此这句话的意思是:我知道你的行为,就是爱心、信心、服侍和忍耐。所有那些好处都是好行为的内容。下一句的"你……所做的",和这里的"你的行为"是相同的字,[68]所以这样的解释应该很合理。主知道他们的好行为,这可能成了他们整个生活的重点。这里译作"服侍"的字,在新约出现了三十多次,都是用在与教会有关的"服侍"上,也就是今天常用的"事奉"。他们好像以弗所的教会一般,用教会事工的表现来代替生命的真实。

　　"你后来所作的比先前的还要多"　他们后来的好行为比先前的更多。用行为代替了生命和真理上的追求,可能是教会经常面对的试探。

　　二 20　"然而有一件事我要责备你,就是你容让那自称是先知的妇人耶洗别,教导和引诱我的众仆人行淫乱,吃祭过偶像的食物。"

　　"容让那自称是先知的妇人耶洗别"　主在这里特别提到推雅推拉教会"容让"耶洗别在他们中间存在作恶。当然有时这样的人是"混进来的假弟兄"(加二 4;和合本译作"偷着引进来的假弟兄"),但知道了他是"假弟兄"而不处理,教会就要负责任了。

　　推雅推拉教会的困难,主要是来自一个自称为"先知",名叫"耶

---

[67]　Epexegetical;可译作"就是"。

[68]　ἔργα.

洗别"的妇人。⑲ 根据旧约的记载,耶洗别是迦南人推罗西顿王的女儿,她的父亲也是迦南神明巴力的祭司。北国的以色列王亚哈为政治和军事的利益娶她为妻,娶来以后,准许她在皇宫敬拜巴力,于是就把公开拜巴力的罪行带进了以色列(她的事迹主要记载在王上十六~十八章)。耶洗别利用各种机会和她的诡计,引诱以色列人向外邦宗教妥协,违背了耶和华的命令。耶洗别的名字在此是象征性的用法。

"行淫乱,吃祭过偶像的食物" 这些字眼也可以是象征性的。"吃祭过偶像的食物"在当时也许是一个真实的问题,为了讨好某些人,在明知不应做的事上,贪一时的方便,也照样做。今天照样一些引诱人妥协的事,也可以成为教会的陷阱。或者一些基督徒个人如果属于某一工会或别的会社,有些迷信的行动是会员需要做的;属主之人如何选择,可能是一个极严肃的问题。现今的社会也是如此,基督徒要做一个积极、负责任的"会员",同时坚守基督徒的生活原则,决不妥协。在必要时,也许为了原则需要做出一些牺牲。

二 21 "我曾给她时间,让她悔改,她却不肯为她的淫行悔改。"

"我曾给她时间,让她悔改" "耶洗别"在教会一定已经有一段时间了,在此以前主曾给她机会悔改,叫她离开她的淫行。

"不肯为她的淫行悔改" "不肯"的意思是"不愿意",她自己没有这样的愿望,不是有外在的拦阻。这里所说的"淫行",当然也是指象征性的淫乱,或说属灵的不忠实。推雅推拉教会的"耶洗别"就是如此,她的本性就是不忠实的,她不愿意离开她的不忠实。

二 22 "看哪,我要把她抛在大患难的床上;那些跟她行淫乱的人,如果不为她的行为悔改,我也要把他们抛在大患难中。"

---

⑲ 有些版本在"妇人"一词后面有一个字σοῦ,意思是"你的",因此这句话可译作"那自称是先知的、你的妻子耶洗别",意思可能指推雅推拉教会的"使者",或领导人的妻子是此犯罪的女人;但看实际情形大概不是如此。而且按版本的见证,支持有"你的"字眼的,只是一些小写的蒲草纸本;而没有此字的版本见证强得多,包括א、C、P及许多小写的版本。

"抛在……上"　是"卧病在床"的意思。⑦

"大患难"　这词句只在本节经文末尾出现一次，但在这里多加一次，译作"大患难的床上"是正确的，因为她要被抛在床上，是受上帝的刑罚，她自己不能够起来。

"那些跟她行淫乱的人，如果不为她的行为悔改，我也要把他们抛在大患难中"　"耶洗别"本人已经决定不悔改了，所以这里的警告主要是为那些和她一同犯罪的人。主在呼召他们悔改，如果他们不悔改，也要被"抛在大患难中"。"抛"在原文中没有重复，一个动词，两个宾语：耶洗别和那些与她行淫乱的人要同样被"抛"在患难中，意谓同样受到刑罚。

二 23a　"我必以死亡击杀她的儿女："

如果"耶洗别"一名是用作象征的意义，指的是那些作假先知工作的人，教导人行淫乱，吃祭过偶像的食物，那么，"她的儿女"当然是指听从她的教训、跟随她行的人。她不是一个具体的女人，她的儿女也不是真正肉身的儿女。这些儿女如不悔改，基督要用"死亡击杀"他们。耶洗别的刑罚只是被抛在病床上，她的儿女却要被处死，好像比她受的刑罚还重。但是"耶洗别"不是一个具体的人，只是撒但用来引诱人犯罪的一个代表，是撒但的一个工具，是服事撒但的假先知。⑦ 假先知的命运最终是被投入硫磺的火湖里；在末日以前，假先知的工作不会完全被除灭。但在教会中的人如果坚持走错误道路而不肯悔改，他可能受刑罚，甚至被击杀。不过我们不要把这里说的被击杀，与是否永远得救联系在一起，今生死亡的人不一定要受第二次的死，今生不受刑罚的人也不是一定有永生。

二 23b　"众教会就都知道我是察验人肺腑心肠的，我要照着你们的行为报应你们各人。"

---

⑦　参见 Charles, *Revelation*, vol. I, pp. 71f. 出埃及记第二十一章十八节的"躺在床上"，原文可译作"falls into a bed"，指"伤重倒在床上"。

⑦　参见第十六章十三节、第十九章二十节等讲到的假先知。

借着这样的审判,主再一次提醒众教会,他是无所不知的。正如第十八节所讲,他的眼睛像火焰,洞察一切。

"察验人肺腑心肠的" 表示他知道人心深处的一切意念。⑫ 没有任何事可以向他隐瞒,他必会公正地按照人的行为报应他们。

　　二 24a "至于你们其余在推雅推拉的人,就是不跟从那教训,不认识所谓撒但深奥的事的人,"

"你们其余在推雅推拉的人" 这封书信是写给整个推雅推拉教会的。第二十三节末说:"我要照着你们的行为报应你们各人","你们"是指那些跟随耶洗别而不肯悔改的人。而这里的"你们"是指那些不跟随耶洗别的人。这些人不认识"所谓撒但深奥的事"。

"所谓撒但深奥的事" 有人认为此语句可能是指当时一些诺斯替派(Gnostics)的教训,他们认为自己有特别的智慧,知道深奥的事。⑬ 耶洗别的教训是教导人吃祭过偶像的食物,行淫乱的事,这些和尼哥拉党人的教训相似,尼哥拉党就属于诺斯替派。所以这里"所谓撒但深奥的事",就是指着这些行为说的。这样解释没有太多问题,只是没有具体的根据。

圣经别的地方没有讲过"撒但深奥的事",却有讲到上帝深奥的事(罗十一 33;林前二 10;弗三 18 等)。这些跟随耶洗别教训的人或者认为有些时候,为了环境方便就作一些妥协是大智慧,但是主说这不是上帝的智慧,只是"撒但深奥的事"。

　　二 24b "我告诉你们,我不会把别的重担放在你们身上。"

这是主对那些不跟从耶洗别的人说的。这句话如同使徒行传第十五章的记载,使徒和长老带领的大会决定:在必要遵守的真理以外,上帝不要求我们肩负任何额外的担子。上帝清楚的教训以外的任何规

---

⑫ 原文的用字是"他察验人的肾脏和心脏"(ὁ ἐραυνῶν νεφροὺς καὶ καρδίας),这样的用法可以说是一个成语,意思就等于中文的"肺腑心肠"。早期犹太思想中,他们认为人的思想是在肾中,感觉是在心中,情感却是在肠子里,参见 BAGD.

⑬ 参见 Aune, *Revelation*, vol. I, pp.207f.

条、教义等,都是额外的担子,是不必要的。

二 25 "不过,你们要持守已经得着的,直到我来。"

"你们要持守已经得着的" 他们已经得着的,是他们已经知道的真理。不要追求那些不合乎圣经,却是人以为深奥的教训,要持守那些主所教导的真道。

"直到我来" 这是七封书信第一次讲到主的再来。不论主什么时候再来,也不论他来以前有什么事情发生,或环境有什么改变,属主之人要持守他的真道,永远也不改变。

二 26a "得胜的,又遵守我的旨意到底的,"

"旨意" 和合本译作"命令"。原文所用的字是"工作"或"作为"的意思。[74] 思高本译作"坚守我'事业'的人"。遵守一个人的命令容易解释,但如何遵守一个人的"工作"或"作为"呢?因此奥恩认为这句话极有问题。[75] 但实际上把"主的作为"解释作"主所命定"或"主所喜悦"的事,是很合理的解释。

"到底" 这个字眼是本句最重要的词汇。遵行主的旨意,不受外界事物的引诱,不向任何环境妥协,这样的态度,不是只在方便的时候持守,乃是要在任何情况下坚守到底。对这样得胜的人,主要赐给他们与他一同掌王权。

二 26b "我必把统治列国的权柄赐给他,

27a 他必用铁杖治理他们,好像打碎陶器一样粉碎他们,"

这两节经文是按意思引自诗篇第二篇八、九两节。这篇诗篇一向被称为"弥赛亚诗篇"。诗篇第二篇七节讲到基督作弥赛亚,要作上帝的儿子。作为上帝的儿子,他要有权柄统治列国,最后他要用他的王权粉碎一切抵挡他的势力。在本书信的开始(二 18),主特别讲到他是上帝的儿子。作为上帝的儿子,他有权统治世界。那些跟从他,遵守他道

---

[74] ἔργα.

[75] "extremely problematic",参见 Aune, *Revelation*, vol. I, p. 209.

的人，如果对他忠心到底，他将来也要将此王权赐给他们，正如父将此王权给了作为弥赛亚的他一样。

二 27b～28 "好像我从父领受了权柄一样；我还要把晨星赐给他。"

到末日，对主忠心的人不单要与基督分享他作弥赛亚的王权，而且基督要"把晨星赐给他"。

"晨星" 是指什么说的？解经家有许多不同的意见。有人认为是指被称为"明亮之星，清晨之子"的堕落天使（赛十四 12）；或那"将要发光如星的"义人（但十二 3）。[76] 不过这些经文并没有用过"晨星"一词。而本书最后一章（二十二 16），主说他自己是"明亮的晨星"。所以这里的"晨星"是指主自己，应该是最好的解释。到末日，基督要将他自己赐给忠心到底的人。有了他就表示有了一切，这是最好的奖赏。

二 29 "圣灵向众教会所说的话，有耳的就应当听。"

主最后的呼召跟其他六间教会书信的用语相同，参见前面的注释。

从这封书信开始，主对教会的呼召，"圣灵向众教会所说的话，有耳的就应当听"，和他对教会的应许——得胜的，要如何祝福他们——这两者先后的次序掉转过来了；先有应许，后有呼召。下面的几封书信都是一样。

(v) 给撒狄教会的书信(三 1～6)

从推雅推拉沿着两河间的山谷向南行，稍微偏东，过了赫玛斯河，就到了撒狄。此路程约有四十英里。撒狄也可说是位于士每拿的正东方向，约四十五英里。此城在亚西亚中部几条重要的商业大路占着中心的位置，再加上附近出产黄金，又有知名的羊毛织品，所以它很早就非常富有。在公元前六世纪，它是吕底亚王国的首都，是这一带地方的

---

[76] 海莫尔对这些立论有较详细的讨论，参见 Hemer, *The Letters to the Seven Churches of Asia in Their Local Setting*, pp. 125f.

重要大城。在公元前六世纪中叶，波斯统治了这里；直到公元前300多年，亚历山大大帝征服了亚西亚，从此就开始受希腊文化影响。到了公元前190年，罗马才征服了亚西亚省。撒狄城市早期的建设本来很宏伟，公元17年的大地震将城破坏得很厉害，所以很多早期的建筑遗迹，多数已经不见了。后经罗马资助，重建此城。有一些或可辨认的遗迹，包括极有名的亚底米神庙、一个可能是敬拜罗马皇帝的庙宇和一个极大的犹太人会堂。从这些遗迹可以看出此城过去的一些辉煌。

三 1a **"你要写信给在撒狄教会的使者，说：'那有上帝七灵和七星的这样说：'"**

主称呼撒狄教会的话和他称呼其他教会的话没有分别，但下面的话就很不同了。

"那有上帝七灵和七星的这样说" 主"有"上帝的"七灵和七星"；凭他弥赛亚的身份，上帝的灵和七星是在他的权下。关于"七灵"的意义，可参见第一章四节的注释。句中的"和"字，的确有时可作"解释"的用法，可译作"就是"，于是句子就变成"七灵就是七星"。⑦ 但在这里如此解释就不大自然，所以还是解释作"和"较好。"灵"和"星"都在主的权下，按他的意思来完成他的工作。"灵"是指上帝的灵，"星"是指教会的使者，代表全教会。

三 1b **"我知道你的行为，你有名声，说你是活着的，其实你是死的。"**

这是极严厉的责备。他们的生活或工作表现主也知道，但他所知道的不是他们有任何优点。撒狄教会有好的"名声"，外人看见它外在的表现、工作，听见它所讲的话，都说它是个好教会、活泼的教会。但其实它是"死的"，没有属灵生命的记号。这是主给七个教会中最厉害的责备。撒狄教会可以说是处境最好的教会，他们没有其他教会所面对的压力、试探或逼迫，但是他们却没有一点属灵生命的表现，情况多么可怜。

---

⑦ 如同 Aune 和 Mounce 的解释。

三 2a "你要警醒,把那些剩下来将要死的坚强起来。"

撒狄的基督徒过去在属灵的事上没有知觉,如同已死的一样。

"警醒""坚强" 在原文,这两个动词放在句子前头;"警醒"是进行时态的命令式,表示他们过去一向是"不警醒"的,现在要改变态度了,"要警醒"。"(使)坚强"是简单过去时态的命令式,他们过去没有做的,现在要开始使剩下来的"坚强起来"。⑱

"把那些剩下来将要死的坚强起来" 指撒狄教会中,有些软弱的基督徒。虽然整体来看,撒狄教会在属灵生命上是死的,但他们中间仍然有生命的,不过却很软弱。教会的"使者"——领导人——有责任使他们"坚强起来"。

三 2b "因为我见你的行为在我上帝面前是不完全的。"

"行为" 复数,指他们所做的各种各样的"工作"。

"在我上帝面前" 他们所行的也许满足了人的要求,被人接纳了,所以他们"有名声,说你是活的"(三 1b);但他们所行的不能满足上帝的要求,达不到上帝的标准,不被上帝接纳,所以"其实你是死的"(三 1b)。

"完全" 指"满足"或"成全"。"行为"或"工作"是复数,指各种工作或行为。但撒狄教会所做的各种工作都没有达到"完全"的地步。和合本把这句译作"你的行为……没有一样是完全的",也许有些过分强调了这一点,但这一点的意思基本上存在。

撒狄教会不一定做了错事,主没有责备他们犯了什么公开羞辱主名的罪,或接受了什么错误,或异端的教训;但他们的行为不完全,就成了死的教会。

三 3a "所以,你应当回想你是怎样领受、怎样听见的;应该遵守,也应该悔改。"

"应当回想" 我们对撒狄教会的历史不大清楚。从他们听闻福音相信主,到写此书信的时候,也许像以弗所教会一样,已经过了一代的

---

⑱ γίνου("要")是现在时祈使语气(present imperative);στήρισον("坚强")是不定过去时祈使语气(aorist imperative)。

时间。他们渐渐离开了当初所领受的真理，现在他们要回想，重新想起他们所领受的，照着遵行。

"怎样领受" "怎样"[79]的确是个副词，可以指领受的方式，译作"怎样""如何"。

"应该遵守" 他们应该遵守的大概不是领受的方式，而是领受的内容。[80]

"也应该悔改" 主呼召撒狄的基督徒要悔改，回转遵行他们最初听见又领受了的真理。

三 3b "你若不警醒，我就要像贼来到一样。我什么时候来到你那里，你决不能知道。"

如果撒狄的基督徒不悔改，主就会降临审判他们。他什么时候来，他们不能知道。这里的用语跟马太福音第二十四章四十一至四十二节差不多，不过这两处经文所指的主的降临似乎不一样。这里讲到主会否为审判撒狄教会而来，要由撒狄教会肯不肯悔改来决定。如果撒狄教会肯悔改，主就不会这样到来。主最末后的再来，不受任何条件所影响。启示录几次讲到主来到的用语，都不能清楚地辨明是指他的哪一次来临：是对一个教会的审判而来，还是他最后的再来。[81]

三 4a "然而在撒狄你还有几名是未曾玷污自己衣服的，"

"还有几名" 虽然主称撒狄教会是"死的"，但他们中间仍然有些对主忠心的人，可能这样的人不多，只有"几名"，或者就是第二节所说"剩下来"的人。

"是未曾玷污自己衣服的" 意指他们的生命是被洁净的，不是单

---

[79] πῶς.

[80] 近代的英文译本，如 RSV、NEB、NASB、NIV 等，都译作"what you have received and heard"这一类的句子。贝克威思更引用哥林多前书第十五章十一节所用的同字根οὕτως，说明πῶς在这样的句子中是作代名词用，参见 Beckwith, *The Apocalypse of John*, p.474.

[81] 毕尔认为启示录的作者有可能是故意让此模糊不清的印象存在，参见 Beale, *The Book of Revelation*, p.276.

指他们外表的表现。

三 4b "他们要身穿白衣与我同行;因为他们是配得上的。"

"他们要身穿白衣" "白衣"乃象征属灵生命的洁净。当然在当时的文化背景中,白色是表示胜利或者纯洁,但这里主要是讲属灵生命的素质,正如下文第七章十四节所说,那些穿白袍的人,是"他们用羔羊的血,把自己的衣袍洗洁白了"。用血把衣服洗洁白,只是象征主的宝血洁净了他们的生命。

"与我同行" 表示与主有亲密的交通,正如以诺(创五 22)和挪亚(创六 9)与上帝同行,他们是与上帝同心,与上帝能交通的,因为"二人如果没有约定,怎会同行呢?"(摩三 3)

"他们是配得上的" 他们保持洁净的生命,所以配与主同行。

三 5 "得胜的,也必这样身穿白衣,我决不从生命册上涂抹他的名,我还要在我父和他的众天使面前,承认他的名。"

"得胜的" 就是那些遵守所领受的教训、愿意警醒、肯悔改的人,主应许给他们三样奖赏。

"身穿白衣" 这是第一样奖赏。"白衣"指洁净、光荣。旧约的祭司进到上帝面前执行职务的时候,要穿白衣(出二十八 4;利十六 4,他们要穿纯色的衣服,一定是指白衣)。主耶稣在山上在荣耀中向门徒显现的时候,他的衣服"洁白像光"(太十七 2)。主复活后,天使在坟墓向门徒显现时,他们的"衣服洁白如雪"(太二十八 3)。启示录也显出天上的二十四位长老"身穿白衣"(四 4);弥赛亚最后征服敌人时,随从他的天军也穿白衣(十九 14);主劝老底嘉的信徒要用白衣遮盖他们的羞耻(三 18);得胜的信徒要在上帝面前穿白衣(七 13)。这里得胜的信徒得穿白衣,表明他们要照样蒙上帝悦纳,得上帝所赐的荣耀。

"我决不从生命册上涂抹他的名" 这是第二样奖赏。生命册上有名的人,就是得救的人;被涂了名的人,就是不得救的人。情况如同摩西为以色列人认罪祷告的时候所说的,他求上帝赦免以色列人;如果必要的话,他宁愿自己失去救恩,也求上帝赦免百姓的罪(参见出三十二 32)。

"我还要在我父和他的众天使面前,承认他的名" 这是第三样奖赏。主应许得胜者，他会在父和天使面前承认他的名。这语句令人想起马太福音第十章三十二节。忠心、持守信仰的人，将来所得着的赏赐是无法估量的。

　　三 6　"圣灵向众教会所说的话，有耳的就应当听。"
　　参见第二章七节的注释。

(vi) 给非拉铁非教会的书信(三 7～13)

　　非拉铁非位于撒狄东南偏东约三十英里。从非拉铁非往正西约六十英里可到达士每拿城边的海岸。城建立在东西走向河谷低地的南岸高地上。沿着河谷的低地是一条交通大道，东通弗吕家，西达每西亚，是商业交通的要道，是从特罗亚往小亚西亚中部交通的必经之路，也是罗马政府的主要驿站，所以被称为东方的大门，或是弗吕家的大门。因为交通发达、商业兴旺，非拉铁非成了一个相当繁华的城。

　　非拉铁非大概是七个城市中最晚建成的，早期是吕底亚王国的一部分；大概在公元前 190 年左右，统治权落入别迦摩王国的手中。当时掌权的两兄弟，优曼尼斯(Eumenes)及阿特勒斯(Attalus)彼此相爱的故事，一时成为美谈。[82] 起初优曼尼斯作王，后来谣传他被暗杀，他弟弟阿特勒斯接续他作了王。等到优曼尼斯从欧洲回来，证明谣言错了，阿特勒斯即刻主动退位，让他哥哥作王，因此这城得了非拉铁非(意谓"弟兄相爱")的名字。此城大概就是在公元前 189 年优曼尼斯登位作王后不久建成的。

　　这一带是火山区，公元 17 年的大地震破坏力非常强大，非拉铁非的损毁尤其惨重，后来在罗马政府的资助下得以重建。城中有很多外邦神庙，习俗中也有不少其他宗教节期的活动。这里寄居的犹太人不多。教会的存在一定面对很多的压力；在这样的环境下，非拉铁非的教会能持守美好的见证，特别宝贵。在七封书信中，只有士每拿教会的书

---

[82] 参见 Hemer, *The Letters to the Seven Churches of Asia in Their Local Setting*, pp. 354ff.

信和本书信,获主对他们称赞,完全没有责备。

　　三 7 "你要写信给非拉铁非教会的使者,说:'那圣洁的、真实的,拿着大卫的钥匙,开了就没有人能关,关了就没有人能开的,这样说:'"

　　第一章形容人子的那些字句都用完了,主又选了一些词句来表明他的身份。

　　"那圣洁的、真实的" 这两个词都是把形容词当作名词来用。旧约以赛亚书第四十章二十五节和哈巴谷书第三章三节,称上帝为"圣者",就是这样的用法。"真实的"基本意义是指"真实",与"假的"相对。当时非拉铁非有人冒名称自己是犹太人,但他们不是真犹太人(参见三9);他们称自己的地方是"会堂",是犹太人聚集和敬拜上帝的地方(三9作撒但的一"党"),但都是假的。这一切显出他们也在敬拜一个自称的弥赛亚,但那是假的;只有基督才是真实的弥赛亚。[83]

　　"拿着大卫的钥匙,开了就没有人能关,关了就没有人能开的" 下文是从以赛亚书第二十二章十五至二十五节按意义引用来的。第一章十八节说,复活的主拿着死亡和阴间的钥匙,表示他掌管着生命和死亡。这里说他拿着"大卫的钥匙",就表明他有绝对的王权,没有他的许可,没有人可以进入属灵的王国;没有他的许可,也没有人会从王国被赶出去。希西家作王的时候,为王掌管银库的家宰舍伯那因为高举自己,为自己的身后事安排,以赛亚先知说预言责备他说,王要把他作家宰的权夺去,把掌管皇宫府库的钥匙交给以利亚敬。以利亚敬有了大卫家的钥匙,就有权掌管一切。这里指弥赛亚的预言现在就应验在主耶稣身上。他有权让人进上帝的国,没有人能拦阻。撒但一党的人不能叫人进上帝的国。忠心跟从主的人也许要面对被赶出犹太人会堂的威胁,[84]但没有人能把他们从上帝的国赶出去。

---

[83] 有解经家将ἀληθινός解作"信实",表明他是可靠的,参见 Charles, *Revelation*, vol. I, p.85.但此字基本的意义是"真的";圣经称主是"真光"(约一 9);主的晚餐是真粮(约六 32)。而且在第三章十四节和第十九章十一节等处,此字都与"忠信",或"可靠"(πιστός)合在一起用,译作"忠信真实"或"诚信真实"。所以这里解释作"真实"最正确。

[84] 参见 Beckwith, *The Apocalypse of John*, p.479.

三 8　"我知道你的行为,看哪! 我已经在你面前给你一道开着的门,是没有人能关的;因为你有一点点力量,也遵守我的道,没有否认我的名。"

不同中文圣经译本对这节经文的译法和内容的次序稍有不同。和合本将"看哪! 我在你面前给你一个敞开的门,是无人能关的",放在全节经文的末了;新译本的安排是按着原文的次序。把次序倒转也许令解释稍为容易,但实际上是没有必要的。按着原文的次序,圣经的编者㉟和译者都有不同的用法。思高本基本上和新译本的译法差不多,只是没有下一句"因为"一词。吕振中译本将"看哪! ……没有人能关的"整句话放在括弧里,也没有下面"因为"一词。如果按吕振中译本的用法,意思就是把下文"你有一点点力量,也遵守我的道……"作为前面"我知道你的行为"的内容。㊱ 如果按新译本的译法,则下文"你有一点点力量"应解释作主给他们"一道开着的门"的原因,所以这里译作"因为"较好。整句话的意思是:主知道非拉铁非教会的行为,所以主给他们一个开着的门,因为他们虽然力量不多,却仍对主忠心。

"我已经在你面前给你一道开着的门"　这门是指什么说的呢? 保罗书信也曾用过类似的话(如林前十六 9;林后二 12),那些经文都是指传福音的机会。但这里的用法,有些解经家就认为是指末日进入基督王国的门。㊲

"也遵守我的道,没有否认我的名"　忠心顺服主的人,也许会被人从会堂中赶出去,但基督王国的门却至终为他们开着,没有人能关上。这是因为他们遵守主的道,没有否认主的名。

三 9　"看哪! 从撒但的一党,就是自称是犹太人,其实不是犹太

㉟ 联合圣经公会 1975 年希腊文新约版本在"看哪!"之前及"没有人能关的"之后,各加上一条横线,如此就有括弧的作用。Nestle-Aland 1993 年第二十七版的希腊文新约,写法和新译本的次序一样,没有用括弧。

㊱ 希腊文ὅτι可解释作"that"(作为引进客词句子的代名词)或"因为"。至于如何分别,要看句子的构造。

㊲ 参见 Beckwith, *The Apocalypse of John*, p. 480;Mounce, *The Book of Revelation*, p. 117.

人，而是说谎的人中，我使他们一些人来在你脚前下拜，并且知道我已经爱了你。"

　　这节经文的译法不容易将原文的重点表达出来，较直接的翻译可以这样写："看哪，我要使撒但党的一些人，来在你脚前下拜，并且知道我已经爱了你，就是自称……"[88]

　　"要使撒但党的一些人" "要使"一词是将来式，如此就显出这应是指将来的事。"撒但党的一些人"一语，在第二章九节也用过类似的语句。[89]

　　"自称是犹太人" 犹太人以他们肉身的始祖是上帝的选民夸口；但其实他们是抵挡上帝的，是撒但一党的人。

　　"来在你脚前下拜" 这语句也引起一些不同的解释。有人将此语与第七节"开了就没有人能关"的门的意思连在一起，认为"开着的门"是当时一个成语，是指着外邦人接受福音说的，[90]正如保罗在哥林多书信的用法一样（参见上一节的注释）。但如前面指出，"要使"一词是将来式的动词；而且上帝要使那些在信徒面前下拜的人，是"撒但党"的犹太人，不是指当时面对的外邦人；[91]所以这里所说的，应该是指末日，主向百姓施行救恩的时候，他要使一切抵挡他的人，都屈服在他面前（参见赛四十五1、14）。

　　三 10 "你既然遵守了我忍耐的道，我也必定保守你脱离那试炼的时候；这就是那将要临到普天下，来试炼住在地上的人的时候。"

　　"遵守了我忍耐的道" 主在此称赞非拉铁非的信徒。这句话可能有两个不同的意思：第一，可以解释作基督所讲的关于忍耐的教训；[92]第二，有关基督自己的忍耐的道理。[93] 整体来看，这里解释作基督讲过

---

[88] 这里将δίδωμι, διδῶ解释作"叫"或"使"人做一些事，是旧约和古典希腊文都有的用法；参见 LSJ, II, 5；ἐδόθη αὐτοῖς ἵνα δίδωμι = orders were given them that.

[89] 详细可参见该处的注释。

[90] 参见 GELNT，§71. 9；Ramsay，*The Letters to the Seven Churches of Asia and Their Place in the Plan of the Apocalypse*，p. 404.

[91] 参见 Mounce，*The Book of Revelation*；Aune，*Revelation*.

[92] Bruce，*Revelation*，p. 640.

[93] Beale，*The Book of Revelation*，p. 289.

有关忍耐的教训，最合乎此段经文的重点。因为他们遵守了主的话，就能在考验中忍耐。

"我也必定保守你脱离那试炼的时候" 这里用的"保守"一词，跟上一句的"遵守"是同一字根，[94]此字通常有这两方面的意思。"脱离"一语是很难翻译的字，原文不是一个动词，只是一个介系词，[95]所表达的意思是"从里面出来"。整个片语"保守……脱离"的意思是保守他们经过，然后又出来。[96] 这句话的意思不是"保守他们远离"，而是指他们不受影响。

新约还有一处地方是用这样的构造，该节经文讲到主离开世界前为门徒祷告说："我不求你使他们离开世界，只求你保守他们脱离那恶者"（约十七 15）。这里用的"保守……脱离"，跟第三章十节所用的字眼完全一样。[97] 主在祷告中用的词句，当然不是说求上帝保守门徒完全不受撒但的逼迫；乃是说求上帝保守门徒，就算受到逼迫，也不受到致命的伤害而远离主。这里主给非拉铁非信徒的应许也是一样，主不是应许他们不受"试炼"，乃是要保守他们经过试炼而不至于最终失落。

"这就是那将要临到普天下，来试炼住在地上的人的时候" 这是上一句所提到的"试炼的时候"，也就是基督要来在地上掌权以前，上帝要审判在地上悖逆之人的时候，这是第二个异象所讲的那些审判。这样的审判临到时，上帝没有应许要叫属主之人离开世界，不经过试炼；而是应许保守他们，不会经历他们担当不了的、过分的试炼，正如第七章一节及以下经文所应许的。在这些大试炼中，属主之人有可能失去生命，如同第六章十一节、第七章十四节等处经文所预料的；但他们在属灵的事上，不会失落。

这节经文被那些主张"教会要在灾难前被提"的神学家认为是极有力的支持。他们认为主再来以前，地上要有大灾难。但灾难未到之先，教会要被提到天上去，因为主要保守信徒脱离那试炼。但实际上此节

---

[94] τηρήσω（"保守"）；ἐτήρησας（"遵守"）。

[95] ἐκ.

[96] τηρήσω ἐκ，参见 BAGD；"under"乃ἐκ的基本意义，参见 H. E. Dana and J. R. Mantey, *A Manual Grammar of the Greek New Testament*（New York：Macmillan，1927），p. 102.

[97] τηρήσῃς αὐτοὺς ἐκ τοῦ...（约十七 15）。

经文和整本启示录的经文都不支持此解释。

　　三 11　"我必快来！你要持守你所有的，不要让人拿走你的冠冕。"

　　"我必快来"　指主随时就要来，他末日的来临是即将发生的事，并非我们用年日可以计算得出来的。主的再来对那些不悔改的教会是一种威胁，因为他要带来审判；但主的再来对非拉铁非教会是一种鼓励和盼望，因为主再来就要结束他们受试炼的日子。因为他们遵守了主的道，他们已经得着奖赏。

　　"冠冕"　指运动员比赛胜利时所得的花冠。未来在试炼中的竞赛可能更激烈，他们不可松懈，以免失掉他们的冠冕。

　　三 12　"得胜的，我要叫他在我上帝的圣所里作柱子，他决不再出去，我也要把我上帝的名，和我上帝城的名，就是那从天上、从我上帝那里降下来的新耶路撒冷，以及我的新名，都写在他身上。"

　　"得胜的"　就是指上一节"持守住所有的，不失去他们的冠冕的人"。

　　"我要叫他在我上帝的圣所里作柱子"　"柱子"是圣经多次用过的象征性词句。雅各、矶法和约翰被誉为耶路撒冷教会的柱石（加二 9）；教会被称为真理的柱石和根基（提前三 15）。此词所表达的思想，是坚固和持久不变。

　　"他决不再出去"　这里主还应许非拉铁非的信徒，他们决不再从主的圣所出去，要永远享受在圣所中的福气。

　　"我也要把我上帝的名，和我上帝城的名，就是那从天上、从我上帝那里降下来的新耶路撒冷，以及我的新名，都写在他身上"　他们身上也有"上帝的名"，表明他们是属上帝的，上帝在他们身上有主权。他们身上也有"新耶路撒冷"的名，表示他们是属新耶路撒冷的，是天国的公民（参见一 6，五 10 等，上帝要使我们成为"国度"；腓三 20，"天上的公民"）。他们身上还要写上主的"新名"。古时犹太人或圣经的用法，名字代表人的个性、身份、生命等；名字改变，就表示他的身份、关系、生命等的改变。如同亚伯兰改名亚伯拉罕，雅各改名以色列，矶法改名彼得等。将来救主要有一个"新名"，过去信徒知道他是我们的救主，是我们的主，是教会的元首；但将来他要成为荣耀的君王，是万王之王、万主之主；主这样的身份是过去信徒在经验中未曾知道的。

三 13　"圣灵向众教会所说的话，有耳的就应当听。"
参见第二章七节的注释。

（vii）给老底嘉教会的书信（三 14～21）

老底嘉位于非拉铁非的东南约四十五英里，在迈安德河（Meander River，现称为"大门德雷斯河"［Büyük Menderes River］）的上游，吕迦河（Lycus River）的南岸。它的地理位置在河谷的高地上，距离西边的以弗所约一百英里，东边的歌罗西约十英里；隔着吕迦河在北边约六英里是希拉波立（西四 13）。地点适中，位于两条东西向商业交通大道的交汇处。从亚洲来的交通路线可往西达以弗所，经海路可往亚该亚、罗马等地；往北经过非拉铁非等几个城到别迦摩，可通往马其顿。此城位于商业交通的中心，故商业发达，所以成为一个很繁华富有的城市。老底嘉在公元前三世纪，马其顿王安提阿二世建造为东方的重要隘口。公元前二世纪初曾受别迦摩的统治；到公元前第二世纪末归入了罗马的统治。到了主前第一世纪，它成了极发达富有的城市。公元 17 年，此城市曾受地震破坏，后经提庇留皇帝资助重建。但在公元 60 年，此城再受地震毁坏的时候，当地的人却能拒绝皇帝的资助，而将城市重建起来，[98]由此足见他们的富足。

老底嘉的医学很发达，他们城中曾有医学院。根据兰赛的研究，本地的医生制成的两种药膏颇为知名，可以医治耳朵和眼睛，这一切使他们对自己的成就更有信心。[99] 老底嘉的一个缺点是该城的水源不足。

---

[98] 参见 Aune, *Revelation*, vol. I, p. 249 引用 Cornelius Tacitus, *The Annals of Imperial Rome*, trans. Michael Grant, rev.（Harmondsworth：Penguin Books，1971），pp. 14，27.

[99] Ramsay, *The Letters to the Seven Churches of Asia and Their Place in the Plan of the Apocalypse*, pp. 418f.

因为该城市是位于河谷的高地上，没有别的天然水源，所以用水要靠大石凿成的水管，从城南边六七英里外的但尼里城（Denizli）引入。如此，水源自然会常受拦阻；在这样的环境下，正如柏来克（Blaiklock）所说，人自然变成容易在行事上迁就别人，避免冲突。[100] 大概是为此缘故，兰赛的著作讲到老底嘉的一章的标题称为"老底嘉：妥协的城"，[101] 又加上他们的用水是在地面上引来的，水的温度不冷不热，饮用乏味，基督用此来形容他们的属灵状况。这些天然的背景都成了老底嘉人个性的一些记号。

老底嘉区，包括附近的市镇，在约翰时代大概有七千多户犹太人，但这些犹太人贪爱财富和享乐多过追求属上帝的事。公元二世纪末，老底嘉被罗马选为其中一个"宗教中心"城市，在城中建立各种庙宇。老底嘉的教会可能和歌罗西的教会来往较亲密，在保罗给歌罗西的书信中多次提到老底嘉的教会（西二1，四13、15、16）。保罗曾写过一封信给老底嘉，不过那封书信失存了。虽然保罗很关心这两间教会，但大概这两间教会都不是保罗建立的（西二1）。

三14 "你要写信给在老底嘉教会的使者，说：'那位阿们的，忠信真实的见证人，上帝创造万有的根源，这样说：'"

这里讲到主耶稣时，用语特殊而有力。

"阿们" 包含"真实""可靠""对的""是的"等意思；此词最初来自希伯来文，后音译入希腊文。这词在圣经多次出现，但这样独立的用法，作为专有名词来称呼基督，只有这一次。

"真实" 第一章五节和旧约以赛亚书第六十五章十六节两处的用法和这里差不多，但那两处经文仍然是有形容词的意思，这里就直接地称主为"真实"，我们可以译作那"真实"说。

"忠信……见证人" "忠信"和"见证"两词是用来解释这位"真实"

---

[100] E. M. Blaiklock, *The Seven Churches* (London: Marshall, Morgan & Scott, 1951), p. 75. 参见 NBD, ABD, both under "Laodicea".

[101] Chapter XXIX: "Laodicea: City of Compromise;" Ramsay, *The Letters to the Seven Churches of Asia and Their Place in the Plan of the Apocalypse*, pp. 413 – 430.

的主。他跟老底嘉人的自负、妥协刚好相反。

"上帝创造万有的根源" 他如果是创造的根源,他就是创造主,而不是受造物。歌罗西书第一章十五至十八节讲到关乎主耶稣的真理,可以作这一句话的解释。

三 15 "我知道你的行为,你不冷也不热;我巴不得你或冷或热。

16 因为你好像温水,不热也不冷,所以我要把你从我口中吐出去。"

这两节经文大概的方向,大多数解经家都可以看出,但详细的解释又不能太肯定。大致说来可以有三个不同取向。

第一,有认为这里所说的冷热,是用水的温度代表老底嘉教会的属灵状况。老底嘉的水源如果是从希拉波立的温泉而来,那么,流到老底嘉已成温水。老底嘉人的属灵状况就是这样:他们已经失掉他们应有的火热的心,已经变成不冷不热,如同温水一样。[102] 要是这样,主当然盼望他们的心再重新火热起来;但是下文主说,他巴不得他们或冷或热,为什么主巴不得他们是冷的呢? 难道冷的比温的还好吗? 虽然特仁赤(Trench)用很多篇幅解释"冷"的好处,[103]但似乎很难令人满意。

第二,是根据当时的环境来看。老底嘉北边希拉波立温泉的水温高,矿物质的含量也高,所以有很大的医疗功效;老底嘉东南部歌罗西的泉水却清凉可口,叫路人饮了,可以精神焕发。老底嘉的水既不能使人提神解渴,又没有医疗的功效,这样的温水没有效用。

第三,这里的温水不是代表老底嘉教会属灵生命的温度,而是代表他们工作的果效。他们在属灵的工作表现上完全没有果效。[104] 这样的解释免去了对主盼望老底嘉人"或冷"的困难。

我们也可以从伦理的角度来看整个句子的含义。冷水或热水都有

---

[102] 参见 Beckwith, *The Apocalypse of John*; R. C. Trench, *Commentary on the Epistles to the Seven Churches in Asia*(London: Macmillan, 1890).

[103] Trench, *Commentary on the Epistles to the Seven Churches in Asia*.

[104] 这是鲁威克(Rudwick)和格林(Green)所取的立场,参见 M. J. S. Rudwick, and E. M. B. Green, "The Laodicean Lukewarmness," *Expository Times* 69(1957–1958), p. 178.

值得喜爱的地方,但温水没有什么特别的好处。不冷不热好像是把冷热混合起来,不再有任何一方面的特色,好像是个没有立场的人,两者皆可以当时的方便来作选择,这样的人不能清楚地决定他的取向。在主面前,或在属灵的事上,我们必须要下决心,表明我们的立场,不能过模棱两可的生活。奥恩引用马太福音的话,"一个人不能服事两个主人"(太六24),"不站在我这一边的就是反对我的"(太十二30),以上说明这样的人都是主所不喜悦的。⑯ 整体来说,第二、三两种解释都有可能,而且比第一种解释可取。

三17 "你说:我是富足的,已经发了财,毫无缺乏。却不知你是困苦的、可怜的、贫穷的、瞎眼的、赤身的。"

"我是富足的,已经发了财,毫无缺乏" 老底嘉人自以为富足了,什么都不缺乏了;因为他们在物质方面发了财,他们就觉得满足了。世人常是这样判断,物质丰富就表示一个人的成功。教会里面很多时候也持这种看法。一个教会人数多,经济丰裕,设备豪华,表现出色,就是一个成功的教会,甚至说是"蒙福"的教会。但物质的丰富不能代表灵里兴旺,也不一定是在上帝面前蒙福。何西阿先知责备以法莲人说:"以法莲说:'我成了富翁,我为自己发了财;在我所有的收益中,人不能找出我有什么罪孽,可算为罪恶的。'"(何十二8)但他们的财富是用不义的方法得来的(何十二7),他们还不认为自己有什么不义。凭着自己的能力建立了属世的成就,且在其中自满自足,以为有了一切,什么都不缺了,这是一个极危险的态度。

"困苦的、可怜的、贫穷的、瞎眼的、赤身的" 这里作者用了五个形容词来形容老底嘉人真实的情况。最可悲的是,他们觉察不到所处的悲凉境况。

三18 "我劝你向我买精炼的金子,使你富足;又买白衣穿上,使你赤身的羞耻不会显露出来;也买眼药膏抹你的眼睛,使你可以看见。"

老底嘉人所靠着夸口的,是他们的财富。城被地震毁坏以后,他们

---

⑯ Aune, *Revelation*, vol. I, p.248.

可以无需皇帝的帮助,而能自己重建;他们名贵的羊毛织品闻名世界;他们拥有属于自己医学发明的眼药膏。但这些东西都不能满足他们属灵的需要。现在主劝他们向他买属灵的金子、属灵的衣服、属灵的眼药膏。就在这"购买"的命令上,给他们一个特别的、属灵的挑战。前一节主已经说过,在属灵的事上他们是困苦贫穷的,在属灵的财产上他们一无所有,他们所倚靠的都是虚空。既然如此,他们用什么去买金子、白衣和眼药膏呢? 当然是在下一节所说的,他们听到了主的劝告,就要悔改。

他们要向主买"精炼的金子",有经得起考验的属灵价值(参见林前三12f.)。"白衣"可以遮盖他们的罪恶和羞耻,是上帝所悦纳的正义。启示录曾多次用过此词(特别参见七13f.)。他们过去的眼睛瞎了,看不见真正的属灵价值,现在要主来开他们属灵的眼睛。

三19 "凡是我所爱的,我就责备管教;所以你要发热心,也要悔改。"[10]

老底嘉教会犯了许多错误,属灵状况很差,但他们仍然是主所爱的,仍然是主的教会。只要他们肯悔改,恢复对主的爱、对属灵之事的热心,他们仍然能恢复和主亲密的交通。

三20 "看哪! 我站在门外敲门;如果有人听见我的声音就开门的,我要进到他那里去,我要跟他在一起,他也要跟我在一起吃饭。"

"我站在门外敲门" 在此讲到主站在门外敲门的比方似乎很突然,解经家都想办法解释此思想的来源。常见的是将路加福音第十二章三十五节及以下经文(主人从婚筵上回来的比喻),或雅歌第五章二节及以下经文(新郎来新娘家叩门),解作此经文的背景。路加福音和雅歌的用法主当然知道,但主在这里的用语没有必要受那些

---

⑩ 兰赛将第三章十九至二十二节看成启示录的第二个异象,是全部七封书信的一个结论或后记,参见 Ramsay, *The Letters to the Seven Churches of Asia and Their Place in the Plan of the Apocalypse*, pp. 431–433. 但在文字的构造上,这段经文清楚显示这是老底嘉教会书信完整的一部分,包括主指示他们对错误改正的方法、最后的呼召、对得胜者的应许等。所以应当看作是老底嘉书信的一部分,而非全部书信异象的结论。

经文的影响。而且福音书和雅歌的故事背景的细节,和启示录都不一样。

另一方面,有许多人将此处的"敲门"解释作福音性的呼召。主站在人的心门外叩门,人若打开心门,接受主就必得救。这样的解释在真理上和教义上都没有问题;只是若按这里上下文的用法,却不大适合(虽然传福音时,可以用这节经文当作信耶稣的呼召,但这只是一种应用)。老底嘉的教会是一个由信徒组成的教会,不过因着看重世界的物质,向世界妥协,失去了对主的热心。在第十九节主呼召他们悔改;他们若不悔改,主要把他们吐出去(三 16),完全放弃他们。他们并不是没有得救的人。

"如果有人听见我的声音就开门的,我要进到他那里去,我要跟他在一起,他也要跟我在一起吃饭" 主这里的呼召是向那些灵命不冷不热的人发出的,而且是一个普遍的呼召;不论什么人,只要听见主的呼召就悔改的,主就要进到他那里去,与他一起吃饭。"一起吃饭"就表示有亲密的交通。

不论什么人接受主的"悔改"的呼召,肯开门让主进来,就可以享受和主一起吃饭的福气,与主有亲密的交通。

三 21 "得胜的,我必定赐他和我一同坐在我的宝座上,正像我得了胜和我父一同坐在他的宝座上一样。"

这样的应许一定要在末日才能应验。有人按这一节经文就对第二十节的"主站在门外敲门"有两种不同的解释。第一,将它解释作今日的事,因为老底嘉是在当时就存在的教会,他们变成不冷不热,就需要悔改。他们的情况就代表今日的教会。跌倒的就应当悔改。第二,将此事解释作末日的事,因为"得胜的"要与主一同坐在他的宝座上。

事实上,也许不应将这两件事分得那么清楚。与主一同坐在他的宝座上,当然是在末日主再来时信徒才能享受的福气。但是今日肯接受主的呼召,为罪悔改的人,他们就是那些将来在末日有资格与主一同坐在他宝座上的人。这并不是说今日悔改了,不论他们以后的生活如何,就保证他们将来定必得奖赏,乃是表明一个肯为罪悔改的人,将来见主面以前,如果再犯罪,他仍是肯悔改,就要再接受主的呼召,为罪悔改。得胜的人不是没有犯过罪，或者没有失败过的人，乃是犯过罪，蒙主光照以后肯为罪悔改的人。这样的人就有资格在主将来降临时，与主一同坐在他的宝座上，和他一同享荣耀。

三 22 "圣灵向众教会所说的话，有耳的就应当听。"
参见第二章七节的注释。

叁　第二个异象：
基督在世界中
（四 1～十六 21）

（I）天上的宝座和羔羊（四 1～五 14）

第一个异象讲到主在他自己的教会对教会的评价、勉励、应许、呼召、警告等。对教会直接的信息讲完以后，主带领约翰进入另一个异象（"我在灵里"，四 2），给他看见主将要在世界施行的审判。

领受第一个异象的时候，约翰在灵里和主一起在教会中；领受第二个异象的时候，他在灵里、在异象中，被召到天上去；他要从天上的角度来见证主的审判。

第一个异象的七个教会（以弗所、士每拿、别迦摩、推雅推拉、撒狄、非拉铁非、老底嘉），是真实存在的教会，可以说是教会时代的事，是现在的事；第二个异象的启示是尚未发生的事，"我要把以后必定发生的事指示你"（四 1）。约翰要写的，是他"所看见的，现在的，和今后将要发生的事"（一 19）。

第二个异象所包括的内容占了全本启示录的一大部分，下次约翰要"进入灵里"，领受新的异象是在第十七章三节，所以从第四章一节至第十六章的启示，都是属于第二个异象，都是上帝对此不信的世界的审判，这一段时间可能就是传统上称为大灾难的时候，但没有方法证明。

（i）天上的宝座（四 1～11）

四 1a　"这些事以后，我观看，见天上有一道门开着。"

"这些事以后"　是表达叙述先后次序的词，约翰先领受七封书信的启示，在书信的异象以后，他看见了天上宝座的异象。按次序，他下面所记的异象是在前面的异象以后才发生的,但没有必要将约翰这句话解释作一定是指着从讲话时,直到世界末了一切所要发生的事,因为此语在本节经文前后都出现过(如一 19,译作"今后",七 9 等处)。只不过这里用的语气较重。

"我观看"　按原文,此词句后有一个惊叹语"看哪",所以中文在这里不容易表达。在意义上,"看哪"是要表达约翰对天上宝座和坐宝座的那一位的伟大、庄严的惊奇。约翰接着要看见的,使他更加惊奇。

"天上有一道门开着"　旧约中,以西结先知曾看见天开了(结一1),但该处经文的天开了,是上帝要向以西结显现,如同司提反的经验一样(徒七 56)。这里天上的门开了,是要迎接约翰进去。

四 1b　"并且有我第一次听见的那个好像号筒的声音,对我说:'你上这里来! 我要把以后必定发生的事指示你。'"

第一章约翰所听到的声音,是那位要显现的人子的声音,这里也是基督呼召他上到天上去。上帝呼召约翰上到天上去,是要他从天上的角度来看羔羊在地上要施行的审判。因为基督将要启示给约翰的,是一个完全新的异象,内容和性质与前面的异象很不同,约翰需要在一个特别的情况下预备自己来领受,以便将新异象的内容传给教会。基督呼召约翰到天上去,是为领受下一个异象。上到天上去的,自然是约翰自己,而不是代表整个教会都和他一同被提到天上去。[1] 此异象的内容是约翰领受此启示以后要发生的事,所以是未来的事。

四 2　"立刻,我在灵里,就看见有一个宝座,设立在天上,有一位坐在宝座上。"

"我在灵里"　或作我进入灵里。第一个异象的启示已经结束了,

---

[1] 很多解经家认为这节经文是支持"教会要在灾前被提"的教义上很重要的一节经文。华伍德(Walvoord)认为,这节经文表明在第四章的事发生以前,教会就已经被提了;J. F. Walvoord, *The Revelation of Jesus Christ* (London: Marshall, Morgan and Scott, 1966), p. 103. 参见该书引言,页 30 的解释。

约翰又进入灵里,看见第二个异象,领受新的启示。②

"就看见有一个宝座,设立在天上" "宝座"一词是指君王的宝座,代表君王的尊贵和权威,启示录多次用此语来形容上帝在天上的尊严。

"有一位坐在宝座上" 因为只有上帝才有资格坐在宝座上,这句话就成了形容上帝,或者称呼上帝的专有名词(如四 10,五 1、7,六 16 等)。

四 3 "那位坐着的,看来好像碧玉和红宝石,又有彩虹围绕着宝座,看来好像绿宝石。"

"那位坐着的" 约翰只能用上一些耀眼色彩的词汇来形容上帝,这就如同第一章十三节及以下的经文。约翰要形容那位荣耀的人子,但是不可能;他只能用人的话来形容一个无法形容的形象。这里也是一样,他所能形容的,只是荣光耀眼的色彩。

"碧玉" "碧玉"是指一种颜色缤纷的宝石,有时也可能只是一种颜色。"碧玉"的色彩可能最适合代表上帝的荣光。在新耶路撒冷,上帝的荣耀就好像"碧玉";新耶路撒冷的城墙是用"碧玉"造的,城墙的第一座根基也是"碧玉"(二十一 11、18、19)。

"红宝石" 红色大概是代表上帝的公义和审判。③

"又有彩虹围绕着宝座" 彩虹可能是指洪水以后出现的彩虹,表示上帝慈悲的应许。

"绿宝石" 这个颜色应该是代表上帝的慈悲和仁爱。

整个形象好像是要表示上帝在审判时,要彰显他的荣耀和公义,同时也要显出他的慈悲。

四 4 "宝座的周围有二十四个座位,上面坐着二十四位长老,身穿白衣,头戴金冠。"

"宝座的周围有二十四个座位" "座位"一词的原文跟"宝座"的原

---

② 参见第一章十节的注释。这里所讲的"在灵里",如果是指着约翰在身外,或说在"魂游象外"的经验中领受的异象,就更难明白这里约翰如何能代表整个教会被提到天上去。

③ Mounce,*The Book of Revelation*.

文一样；另外有二十四个宝座。

"上面坐着二十四位长老" 这些长老主要的工作，是在天上敬拜和赞美，有时也向约翰解释一些天上的情况；直到羔羊到来举行婚筵的时候（十九 4），基督审判的工作完成以后，圣经就不再提到他们了。

这二十四位长老代表什么人呢？解经家在这一方面有许多不同的意见。④ 有人认为这二十四位长老是代表旧约圣殿中事奉的利未人，他们分成二十四班，按次序轮流事奉（代上二十四 7～18）；虽然有人赞成此理论，但这里长老所做的，实际上不是祭司的工作。又有人认为这二十四位长老是代表二十四位天使在天上赞美上帝，可能是代表所有的信徒。⑤ 此解释也许可减少一些解经上的困难，但事实上，这样的解释纯属推论，没有圣经的根据；而且讲天使要戴冠冕，坐在上帝面前的宝座上等，都更难有圣经的根据支持。

一个比较好的解释，或说困难更少的解释，是认为这二十四位长老代表整个属灵的教会，旧约的十二先祖和新约的十二使徒合起来共二十四人。虽然不同的作者有不同的见解，但基本的方向都是一样。⑥

"二十四"位长老这个数目在旧约不多见，但这应该不是一个绝对的拦阻。论到新耶路撒冷的同一段经文中，提到十二个城门上写着以色列十二个支派的名字，而城墙的十二座根基上有羔羊十二使徒的名字（二十一 12、14），把这两个数目连在一起，自然成了二十四位长老的数目。莫里昂认为此处的长老是指天使，他认为这些长老不能代表教会的一个理由是，得救的人要在所有救赎的工作都完成以后，才能在上帝面前坐下。⑦ 但启示录是要用图像的方式来表达未来的事；而且圣经上从来没有讲过天使要在上帝面前坐下。如果信徒的代表——众长老——此时不能坐在宝座上，天使就更不能坐在这些宝座上了。

---

④ 较详细的讨论可参见 Aune, "Excursus 4 A," *Revelation*, vol. I, pp. 287ff. ; Charles, *Revelation*, vol. I, pp. 28ff.

⑤ Morris；Ned B. Stonehouse, "The Elders and the Living Beings in the Apocalypse," in *Paul Before the Areopagus* (London：Tyndale, 1957）, pp. 88‒108. Charles, Mounce 等都倾向于此解释。

⑥ 参见 Swete, *The Apocalypse of St. John*, pp. 68f. ; Joseph B. Lightfoot, ed. and trans., *The Apostolic Fathers*, 2/2 (Grand Rapids, MI：Baker, 1981), p. 158.

⑦ Morris, *The Revelation of St. John*, p. 88.

　　孟斯不赞成将"长老"解释作教会的代表的一个理由,是根据第五章九至十节("你……把人买了来归给上帝,使他们成为我们上帝的国度和祭司"),长老的话清楚地将自己与"得救的人"分开,所以他不在"得救的人"的数目里。"人……他们"都不包括讲话的人,所以他认为长老不是"得救的人",他们应该是天使。[8] 但实际上圣经常有这类的用语出现。例如,罗马书第三章二十三至二十四节,保罗说:"因为人人都犯了罪,亏缺了上帝的荣耀,但他们却因着上帝的恩典,藉着在基督耶稣里的救赎,就白白地称义。"这里写信的保罗,当然把自己也包括在被称义的人之中;所以第五章九节提到唱新歌的长老,也可以包括在"被宝血买来归给上帝"的人之中。因此,这里的二十四位长老应看作整个属灵教会的代表,包括旧约和新约所有真正属上帝的人,这应当是最合理的解释。

　　"身穿白衣" 表示他们已经得胜,得洁净了。

　　"头戴金冠" 表示他们已蒙上帝悦纳了。

　　他们虽然坐在宝座上,但多半的时间都是俯伏在上帝的面前敬拜他。

　　四5 "有闪电、响声、雷轰从宝座中发出;又有七枝火炬在宝座前点着,这就是上帝的七灵。"

　　"闪电、响声、雷轰" 这些天象的显现常是上帝的权威要彰显的记号,正如上帝审判埃及人的时候(出九23f.),或上帝要赐下律法的时候(出十九16ff.)。启示录提到几样特别的审判临到的时候(如七印的审判,八5;七号筒的审判,十一19;七碗的审判的末了,十六18),都有同样的现象出现。这里同样也是表示上帝特别的权威或能力要彰显。

　　"有七枝火炬在宝座前点着,这就是上帝的七灵" 这"火炬"约翰解释说是上帝的"七灵"。"七灵"的意思是指有各种能力的上帝的灵。详细的理由可参见第一章四节的解释。

　　四6 "宝座前有一个看来好像水晶的玻璃海。在宝座中间和宝

座周围有四个活物,前后布满了眼睛。"

"宝座前有一个看来好像水晶的玻璃海" 这个好像玻璃海,如同水晶样子的地方,它不是玻璃海,也不是水晶;它是像玻璃海的样子,如同水面一样,又像水晶那样纯洁透明,它的圣洁、高贵的表现,使人不敢轻易越过而达到上帝面前。[9]

"在宝座中间和宝座周围有四个活物" 这句话大概就是表达紧紧地在宝座跟前。"宝座"是单数,很难有活物在宝座中间。[10]

"前后布满了眼睛" 当然这个有眼睛的活物的异象,有可能是受以西结书第一章经文的影响;但就算不是直接受这样的影响,此异象的意义也很明显。"眼睛"代表聪明或是警醒。四活物全身前后布满了眼睛,表示经常不断地警醒。

四 7 "第一个活物像狮子,第二个活物像牛犊,第三个活物的脸面像人,第四个活物像飞鹰。"

这四个活物的形象与以赛亚书第六章和以西结书第一章的异象都有相似的地方,但也有许多显著的分别。有这样的分别也是自然的,因为这里上帝显示给约翰的,只是用这些形象来代表上帝的权威和能力要彰显的形象。

"狮子"是野兽之王;"牛犊"是由人饲养最有用的家畜;"人"是万物之灵;"飞鹰"是鸟中之王。这几样就可以代表所有被造的、有生命之物最好的代表,[11]甚至可以说是一切被造之物的代表。没有必要将这四活物解释作天使,更没有任何理据将这四活物解释作四福音所讲基督的表征。

四 8a "四个活物各有六个翅膀,里外布满了眼睛。"

---

⑨ 如同杰道所说,这里要表达的是上帝的圣洁、超然;如同有一个玻璃海隔开,有谁能到创造主的面前去呢? 参见 M. Kiddle and M. K. Ross, *The Revelation of John*, The Moffatt New Testament Commentary (London: Hodder and Stoughton, 1940).

⑩ 毕尔认为可能是这四个活物是要抬宝座,或作宝座的支架托住宝座,参见 Beale, *The Book of Revelation*, p.329.

⑪ 参见 Swete, *The Apocalypse of St. John*, p.71.

　　在此孟斯直接将四活物比作以赛亚书第一章的撒拉弗，[12]奥恩更直接将活物译作"基路伯"；他们认为这四活物是指天使。[13] 但如果我们记得本书中的启示是上帝用"记号"晓谕给约翰，所以这里的四活物只是用作表征的记号，没有必要解释作任何具体的事物。而且正如多位学者所指出，这四活物与旧约所讲的，有许多不同的地方。以赛亚所看见的撒拉弗，站在上帝的宝座之上，又有六个翅膀，其中两个在飞翔（赛六1～2）；以西结所看见的活物各有四个脸面、四个翅膀，且有人的手（结一6、8）。他们跟约翰采用的记号的形象显然不同。

　　第六节说活物本身前后布满了眼睛，这里又说这四活物的翅膀里外都布满了眼睛，这词句较难明白；意思可能是当翅膀展开的时候，它的上下都布满了眼睛；如此它就全身都布满了眼睛，可以清楚地洞察一切。

　　四8b　"他们昼夜不停地说：'圣哉！圣哉！圣哉！主、全能的上帝，昔在、今在、以后永在的那一位。'"

　　被造之物在上帝面前的时候，它们常常都是在赞美上帝。这四活物昼夜不停地赞美上帝，它们此处的赞美，主要是赞美上帝的本性。这些赞美的话显然是受以赛亚书的影响。以赛亚进入圣殿时，看见撒拉弗在上帝面前，彼此呼喊说："圣哉！圣哉！圣哉！万军之耶和华！他的荣光充满全地"（赛六3）。

　　"圣哉！圣哉！圣哉！"　指上帝的完全圣洁，他与被造之物的分别，他与被造之物是截然不同的。三重的"圣哉"显出上帝的完全，绝对的超然。

　　"主、全能的上帝"　这词句在旧约常常出现（何十二5；摩三13；鸿三5；亚十3；玛二16），颂赞上帝的全能。

　　"昔在、今在、以后永在的那一位"　这是称颂上帝的永存，就如第一章四节约翰所讲的一样（参见该处的注释）。四活物如此称赞上帝这三方面的特性，就表明上帝是一位超越时空、胜过一切、掌管一切的上

---

⑫ 参见 Mounce，*The Book of Revelation*.
⑬ 参见 Aune，*Revelation*.

帝。相信这样的一位上帝,就不必惧怕四周环境所要发生的事。

四 9 "每逢四个活物把荣耀、尊贵、感谢献给那坐在宝座上,活到永永远远的那一位的时候,

10 二十四位长老就俯伏在坐在宝座上那一位的面前,敬拜那活到永永远远的,又把他们的冠冕放在宝座前,说:"

"每逢" 四活物赞美上帝的时候,二十四位长老"就"俯伏在坐宝座的那位面前敬拜。长老的敬拜和活物的赞美是完全配合的,⑭前者献上赞美,后者也跟着敬拜和赞美。长老敬拜的时候,把他们的冠冕除下来,放在宝座前,表示他们的谦卑,承认上帝的权威。

四 11 "主、我们的上帝,你是配得荣耀、尊贵、权能的,因为你创造了万有,万有都是因着你的旨意而存在,而被造的。"

上文提到四活物的赞美,主要是称颂上帝本性的美德、上帝的圣洁、上帝的全能和上帝的永存。二十四位长老则进一步称颂上帝的作为,特别是上帝的创造。

"主、我们的上帝" 众长老一开始对上帝的称呼,是一个极尊敬的称呼。虽然当时的罗马皇帝有叫人称他们为主为神的命令,但在此没有必要认为众长老用的称呼是受罗马人的影响。如果要有影响,也可能只是说罗马皇帝自称为主为神,但其实只有圣经所提到的上帝才是真正的主和上帝。

"配得荣耀、尊贵、权能的,因为你创造了万有" "配得"一词在启示录共出现过七次,包括第三章四节记载撒狄教会未曾污秽自己衣服的人,配得穿白衣与主同行;第十六章六节提到那些作恶的要喝自己的血,这是他们该受的刑罚。其余五次都是用在上帝或基督身上(四 11,五 2、4、9、12),意思都是指他的作为与所得的结果相称。上帝因他的创造,配得荣耀、尊贵和权能;羔羊因曾被杀过,他配打开书卷,揭开

---

⑭ 这里ὅταν的用法比较特别,后面跟着的字不是虚拟语气,乃是将来时陈述语气（future indicative）.重点不在"赞美"的次数多少,而是活物的赞美与长老的敬拜两个行动关联的必然性,参见 BDF，§ 382(4).

七印。

"万有都是因着你的旨意而存在,而被造的" 这句话所讲的两件事的次序好像有点特别。在一般人的观念中,万物先要被造,然后才能存在;为什么这里先讲存在,然后才讲被造呢? 孟斯认为这里要表达的,可能是万物都先要在上帝的旨意中存在,然后他要按他旨意中要万物存在的方式来创造。[15] 毕尔解释说,这里要表达的,不单是他有绝对的主权来创造,而且万物被造以后,都要按他创造的旨意和目的来存在。在宇宙和历史中,没有事物可以拦阻他旨意的成就。上帝的百姓必须要相信上帝能够如此成就,就算他们有时会遇到困难,或受逼迫,最终上帝救赎的旨意一定成就。[16] 这两个解释基本上没有太大分别。

(ii) 得胜的羔羊(五1~14)

在第四章的末了,众长老赞美上帝说,上帝创造的万物都是按着他的旨意,为要完成他的目的;第五章就要显明他如何去完成他的目的:借着那曾被杀过的羔羊。

五1 "我看见那位坐在宝座上的,右手拿着书卷,这书卷的两面都写满了字,用七个印封着。"

我们在此需要再提一提,本书里有些用字可能较难解释;但要记得约翰是在异象中看到这些启示,而且有时他要用人的话语来形容或解释人的经验中不容易理解的事,因此有时我们需要尝试进入约翰在异象的经验,了解他借着这些话想要叫我们明白什么,而不是计较每一个字的意义,因为这本书是主用"记号"启示约翰的。

"拿着书卷" "拿着"一词原文是"在上";[17]这里译作"书卷"的字,原文只是"书";所以句子应该是"有书在他手上"。但当时的人所能明白的"书"都是"书卷"。

---

[15] Mounce,*The Book of Revelation*,p. 140.

[16] Beale,*The Book of Revelation*,pp. 135f.

[17] ἐπί.

"这书卷的两面都写满了字,用七个印封着" "两面都写满了字"原文是"里外都写着字"。但是这样的书卷,如何用印封着呢?且用"七个印封着";这七个印放在什么地方呢?因为下文说每逢揭开一个印的时候,书的一部分内容就显露出来!整个情况似乎都很难理解。因此很难逐字解释。

五 2 "我又看见一位大力的天使,大声宣告说:'谁配展开那书卷,拆开它的封印呢?'"

"一位大力的天使" 在此出现的"大力的天使",也会在第十章一节和第十八章二十一节出现。每次这位"大力的天使"出现,都是有一个重要的任务要完成,或者有一个重要的信息要宣告。

"大声宣告说" 表示他的信息要清楚地、广泛地传开。

"谁配展开那书卷,拆开它的封印呢" 这个宣告的次序似乎也有些特别:先要展开书卷,然后才说拆开封印。这与自然的次序刚好相反,大概是为了显出最重要的是将书卷打开,让上帝的旨意显露出来。

此书卷具体的内容曾引起一些争议。[18] 整体来说,书卷的内容是关乎上帝在末日要在世界施行的整个计划。本书的目的是讲在末日上帝所要成就的事:洁净他的教会,呼召他们悔改、认罪;审判此悖逆的世界;毁灭一切抵挡他的仇敌;建立他永远的国度。第一个异象已讲过他对教会的呼召,现在他要开始审判世界了。他的旨意在书卷中已定好了,就等待着去执行;父上帝不会亲自去执行。那有资格去展开书卷的,就是执行审判者。谁有资格展开书卷呢?

五 3 "在天上、地上、地底下,没有一个能够展开书卷观看的。"

"在天上、地上、地底下" 指所有生命存在的地方,不是说宇宙间一定有这三个层面生存的空间。

"没有一个能够展开书卷观看的" 所有被造之物,没有一个能展开书卷,来执行对世界的审判。没有人能展开书卷,不是他们有没有能

---

[18] 毕尔提出一个很有意思的建议,他认为此书的内容是上帝所立的约,要给予人承受整个宇宙产权的应许,参见 Beale, *The Book of Revelation*, pp. 340ff.

力的问题,乃是他们有没有资格。执行对世界的审判者,他自己必须是一个胜过罪恶,自己不在被审判之列。

五 4　"因为没有人配展开观看书卷,我就大哭。"

"没有人配展开观看书卷"　就表示对世界的审判不能执行,上帝的旨意不能完成。

"我就大哭"　约翰清楚知道当时教会受的逼迫,上帝不执行审判,教会就不能脱离逼迫;但更重要的是,如果上帝不施行审判,他的救赎计划就不能完成,这就使约翰极度失望,以致大哭。

五 5　"长老中有一位对我说:'不要哭!看哪,那从犹大支派出来的狮子,大卫的根,他已经得胜了,他能够展开那书卷,拆开它的七印。'"

"长老"　在约翰失望大哭的时候,一位长老来安慰他。启示录有几次这样的情形出现,在约翰感到困惑,或者有问题的时候,有长老来向他解释,或回答他的问题(七 13);有时是另一位天使来向他解释(十七 1,二十一 9)。

"不要哭"　长老前来安慰约翰,又告诉他不要哭的原因,因为有一位已经得了胜,他已经胜过了罪恶,能展开书卷,揭开七印;他就是要执行书卷中所记,上帝在地上的旨意的那一位。他是犹大支派中的狮子,大卫的根。

"犹大支派出来的狮子"　这词句出自创世记第四十九章九节,雅各给三子犹大祝福的话。

"大卫的根……他能够展开那书卷,拆开它的七印"　出自以赛亚书第十一章一节和十节,上帝给以色列人的应许。这两节经文连同创世记第四十九章九节,都是犹太人一向接纳为有关弥赛亚的预言,现在上帝要叫约翰看见基督就是这两处经文所讲的弥赛亚。他是犹大支派的狮子,王的圭和王的杖都是属他的,直到真正的和平及王国临到。"大卫的根"要在地上建立正义的王国。羔羊就是要成就这一切的弥赛亚。他有资格展开书卷,揭开七印,去执行上帝在末日,即王国成立以前,要施行的审判。

"他已经得胜了" 奇妙的是他的得胜是靠着他的死亡而实现;下文要给我们解释他作为被杀过的羔羊的意义。

五6 "我又看见在宝座和四个活物中间,并且在众长老中间,有羊羔站着,像是被杀过的。他有七角七眼,就是上帝的七灵,奉差遣到全地去的。"

"在宝座和四个活物中间,并且在众长老中间" 这里两次用"中间"一词,意思是羔羊站在天上这一切事物的中间,[19]也就是说,他成为这里所讲的一切事物的中心。

"我又看见……有羊羔站着" 约翰事前没有看见有羔羊,现在才看见。有人认为大概是因为约翰在此之前的注意力,只是集中在坐宝座的那一位和他手中的书卷,也有人认为基督此时才刚刚升到天上去。[20] 但其实一个更明显的理由大概是在异象之中,景色或环境的改变,不一定需要按照人普通生活的经验或理由来解释。就如同人在梦中一样,他可以忽然看见一个人,忽然又不见了;或者同时看见另外的人,都不足为奇。最初约翰关心的是谁可以打开书卷,所以他只看见书卷;现在他注意的是有资格打开书卷的那一位,所以他就看见了羔羊。羔羊是否一直站在那里,或者现在才开始站在那里,都不是约翰关心的问题。

"像是被杀过的" 基督作为赎罪的羔羊,为人受死,是圣经里面常见的主题。有人认为这节经文的背景是逾越节的羔羊,如出埃及记的记载(出十二 43ff.);有人则认为此思想是出自以赛亚所讲的受苦的羔羊(赛五十三 7ff.)。其实两处经文用法的含义差不多,所以两者的意思都可能包括在里面了。作为被杀过的羔羊,他已经担当了人的罪刑,现在他已是从死里复活的主,站在天上的宝座中间;他已胜过了罪恶与死亡。

"他有七角七眼,就是上帝的七灵" "七角"表示他有完全的能力;"七眼"表示他有完全的智慧和知识,可以洞察一切。这里再次提到"上

---

⑲ 参见 BAGD, p.570.

⑳ 参见 Aune, *Revelation*, vol. I, p.351.

帝的七灵"(参见四5的注释)。

"奉差遣到全地去的" 他现在要到全地去,完成弥赛亚在地上所要作的救赎工作。得胜的基督要去完成上帝的救赎大计,这是整个福音的中心。

五7 "羊羔走过去,从坐在宝座上那位的右手中取了书卷。"

羔羊原来是站在宝座和活物的中间,现在他要走到坐在宝座上那位的面前,从他手中把书卷接过来,如此就表示他从坐宝座的那一位得了权柄,可以执行书卷中所写的审判了。

五8 "他拿了书卷之后,四个活物和二十四位长老就俯伏在羊羔面前,各拿着琴和盛满了香的金炉,这香就是众圣徒的祈祷。"

羔羊拿到书卷以后,天上充满了敬拜,因为羔羊就要开始执行他作弥赛亚的权柄,完成上帝在全世界的旨意了。

"四个活物和二十四位长老就俯伏在羔羊面前" 他们乃是代表所有的被造之物敬拜他。有人认为天上对羔羊的敬拜不是最完全的,因为被造之物虽然俯伏在羔羊面前,但是这里没有用"敬拜"一词,因为他还没有坐在宝座上。最高的敬拜现在还要留给上帝。㉑ 当然此时羔羊还没有完全完成他的工作,但他已经是配受敬拜的了。天上的敬拜没有等级。本节虽然只用"俯伏"一词,但第十四节却清楚地用了"敬拜"一词,显然这里的动作是真正的敬拜。四活物和众长老所做的,是代表圣徒献上赞美和祷告。

"各拿着琴和盛满了香的金炉" "琴"是旧约中赞美上帝时不可少的乐器。启示录另有两处地方提到天上有琴(十四2,十五2),表示天上有赞美。众圣徒代表整个真正的教会,他们还拿着金香炉。

"这香就是众圣徒的祈祷" 这祷告可能包括第六章十节的祷告,也可能包括着(如孟斯所引用的话)马太福音第六章十节的祷告。㉒ 香炉里的香如何是圣徒的祷告呢? 这明显是象征性或代表性的用法。诗

㉑ 奥恩说这里没有用"敬拜"(προσκυνεῖν)一词,参见 Aune, *Revelation*, vol. I, p. 355.
㉒ Ladd, *A Commentary on the Revelation of John*, p. 89.

人说："愿我的祷告好像香安放在你面前。"（诗一四一 2）圣徒祷告的时候，我们天上的代表就当作馨香一样摆在上帝面前，这当然是象征的表达。

　　五 9　"他们唱着新歌，说：'你配取书卷，配拆开封印，因为你曾被杀，曾用你的血，从各支派、各方言、各民族、各邦国，把人买了来归给上帝，

　　　　10　使他们成为我们上帝的国度和祭司，他们要在地上执掌王权。'"

　　在第四章的末了，四活物和二十四位长老为上帝的创造赞美他，在这里他们为羔羊的救赎工作赞美他。"配得"他的荣耀，是一个极高的赞美，[23]这里活物和长老对上帝和羔羊都同样如此地称颂。如此可显出他们知道上帝和羔羊有同等的身份，他们两位的工作也同样重要。

　　"新歌"　"新"指基本性质不同的新。羔羊所做成的，是过去从来没有出现过的，[24]所以他们用新歌来称颂他。"新歌"一词在启示录只在这里和第十四章三节出现过。

　　羔羊配取书卷，配拆开封印。因为他行了三件事。

　　"你曾被杀"　这是第一件。羔羊得胜是借着他的死，他借着死败坏了那掌死权的，就是魔鬼（来二 14）。

　　"曾用你的血，从各支派、各方言、各民族、各邦国，把人买了来归给上帝"　这是第二件。人类能得赎不是靠赖任何其他的事物，乃是凭着基督的宝血（彼前一 18～19）。这里用的"各支派、各方言、各民族、各邦国"，只是表明全世界的人都包括在内了，没有必要详细分析"支派、方言、民族"等的异同。

　　"使他们成为我们上帝的国度和祭司"　这是第三件。基督用他的宝血把人买赎回来，为要使他们成为国度，这是圣经一贯的教训。到了世界的末了，基督完成了所有的工作，"就把国度交给父上帝"（林前十

㉓ 参见第四章十一节的注释。

㉔ 毕尔称基督的工作与上帝的工作平行，上帝做了创造的工作，基督做成了新的创造，参见 Beale, *The Book of Revelation*, p. 358.

五 24)。启示录也一样强调国度的成立(参见一 6 的注释)。基督完成他的工作,最终目的就是要把人类买赎归给上帝,成为他的国度和祭司。

"他们要在地上执掌王权" 这句话的"要"字,可以是指将来他们要做的一件事(将动词解作将来时态),也可将"要"字解作这是他们目前要做的事(将动词解作现在时态)。[25] 按整本圣经的教训,和此段经文在启示录的位置来看,都应该将此经文解释作上帝对属主之人的一个应许。虽然今天罗马的皇帝执掌王权,在末日信徒要与基督一同作王。

五 11 "我又观看,听见了千千万万天使的声音,他们都在宝座、活物和长老的四周,

12 大声说:'被杀的羔羊是配得权能、丰富、智慧、力量、尊贵、荣耀、颂赞的!'"

第九和十节是四活物和众长老唱的新歌,赞美羔羊的救赎,接着无数的天使好像是对活物与长老的称颂发出的回应,大声说出他们的赞美,可能不是唱歌。

"千千万万" 天使的数目有千千万万,[26]此数目只是表示多得不可胜数的意思,不可以字面解释作一千个"千",或一万个"万"。

"权能、丰富、智慧、力量、尊贵、荣耀、颂赞" 天使所献上的是七重的赞美,所讲的是羔羊的美德、能力、地位和他配得的荣耀,而不是他要赐给人的好处。天使在这里的职分和他们在亘古常在者面前的职分一样,是要服事和赞美他。

五 13 "我又听见在天上、地上、地底下和海里的一切被造之物,以及天地间的万有,都说:'愿颂赞、尊贵、荣耀、能力,都归给坐在宝座上的那一位和羊羔,直到永永远远!'

---

[25] 这里有把"执掌王权"用作将来时态的写法(βασιλεύσουσιν)和用作现在时态的写法(βασιλεύσουσιν),两种抄本的见证分量差不多一样。毕尔认为现在时态的写法较难解释,所以他觉得应当接纳,如此这里的意思是信徒现在已在世上执掌王权,参见 Beale, *The Book of Revelation*, p.363.

[26] 多数的学者都指出,此语大概是受但以理书第七章十节的影响。

14 四个活物就说：'阿们！'众长老也俯伏敬拜。"

此时在天上充满了赞美。第四章先记载四活物赞美上帝的全能与永存（四8），然后有众长老赞美上帝奇妙的创造（四11）。第五章首先有四活物与二十四位长老为羔羊的救赎赞美他（五9～10），然后有天上无数的天使赞美羔羊（五12），现在则是所有被造之物一同赞美上帝和羔羊（五13）。

"天上、地上、地底下和海里的一切被造之物" 这句话只是表达所有被造之物都赞美上帝，超然的天使和有理智的人都包括在内；但经文没有必要提出飞鸟和昆虫也包括在内。

"颂赞、尊贵、荣耀、能力" 这里所献上的是四重赞美；前三个跟上一节"尊贵、荣耀、颂赞"原文字根相同。最后一个"能力"，在本书第一章六节出现过（"权能"）。

"四个活物就说：'阿们！'众长老也俯伏敬拜" 这样的回应，将说"阿们"和敬拜的行动分开，是一种很特别的表达。或许这是反映在上帝面前敬拜经常用的一种形式（参见代上十六36）。

（II）七印的审判（六1～八1）

从第四至五章天上的宝座和羔羊的异象，我们看见要执行上帝在末日的审判以前，在世界上要执行最终公义审判的日子已经到了。天上都已经预备好了，羔羊从坐宝座的那一位手里接过用印封着的书卷。书卷内外写的，都是上帝在末世要施行的计划。但书卷有印封着，需要有资格执行审判的羔羊来揭开书卷上的印，去执行末日的审判。羔羊要执行审判，但他执行时，要完全按照坐宝座的那一位的意思。在第二、三个异象中，一再看见"有一位天使从天上说"，或者"有声音从天上说"，这一类的话有时是指示约翰应行的事（十4，十四13等），有的则是对执行审判的羔羊说的（十四15）。由此可见，羔羊在执行审判，但他是按着那位坐宝座者的意思行。真正掌管一切的，是那位坐在宝座上的上帝。

现在羔羊要揭开七印了，在打开前四个印的时候，每开一个印就有一匹马出现，带来一种审判。开第五、六印的时候，就带来较不同，或更严厉的审判。整个情形是一幅很难想象的图画。一个书卷用七个印封着，每开一个印，书卷的一部分内容就启示出来了；这些印如何放在书卷上呢？一个卷着的书为何揭开一印，就可以将书打开一部分，再开一印再打开一部分，这是很难想象的。其实整个异象我们都很难想象：一个羔羊形象的活物如何去开书卷呢？但现在是在异象中，约翰一看就明白了，不必按常理来分析。因此不必认为这七印的异象不是在书卷之内，或者等七印都打开以后，第八章开始才是书卷内所记的审判。㉗

（i）前四印的审判：四匹马的异象（六 1～8）

详细讨论记载的审判以先，有一个问题需要思想一下。七印的审判开始，是羔羊揭开印。他揭开前四印的时候，每揭开一个印，就有一个在天上的活物说："你来！"（六 1、3、5、7）于是依次就有四匹马和四个骑马的人，应四个活物的呼召出现；接着，他们就开始前四个印的审判。马和骑马的人出现，是应天上活物的呼召，因羔羊开了封印，审判就开始，如此就显明审判是羔羊直接施行出来的。羔羊是救主，是慈爱的上帝，他怎能主动、直接向世界施行如此严厉的审判？有人认为这样的看法很难接受，于是想找另一种解释。

从第一节末了的"你来"，到第二节开始的"有一匹白马"这句话，有一些希腊文口语化的字是中文很难翻译的。中文译作"'你来！'我观看，见有……"（六 1～2），如要直译出来，应译作"你来！我观看，看哪"。"看哪"一词的写法可以作命令式的动词，或作感叹式的副词；两种用法的拼法一样，不过在原文的重音符号不同，㉘在此应作副词用。所以和合本及新译本的"见有"一匹马的译法不大恰当，应译作"你来！我观看，看哪！"但按此译法，则这几匹审判的马是应四个活物的呼召而来的，换言之，这些审判是上帝直接差来的。但如前文所讲，有人认为这几匹马带来严厉的审判，不应该是主直接施行的。他们用另一种方

㉗ 参见 Mounce, *The Book of Revelation*, p.151.
㉘ ἰδού用作命令式的字，作"你看"时，应写作ἰδού；用作感叹式的副词，则写作ἰδού，译作"看哪！"在这段经文中，新约的编者都写作ἰδού，即看作感叹式的副词（参见十四 1 的注释）。

法解释这段经文。他们将"看哪!"一词解释作命令式的动词;又根据一些较弱的版本见证,将"我观看"一语取消。㉙ 如此将这两节经文译作"发出好像雷轰的响声,说:'你来看!'有一匹白马……"㉚,这个翻译就把审判看成自然既有的事实,而不是主耶稣直接施行的刑罚。或者说只是上帝所允许发生的事,而不是上帝主动施行的。但这样翻译和解释有几方面的困难:第一,将"你看"解释作动词,而不是感叹式的副词,违反了希腊文新约编者的意见,读起来很不自然。第二,"我观看"一语有很好的版本见证,现在放弃有力的见证,而选用很弱的见证,将此语取消,硬将"看"与"来"连在一起,更加不自然。第三,假设上帝和羔羊是慈爱的上帝,不能向世人施行审判,基本上这是一个错误的观念。人若犯了不能得饶恕的罪时,要受刑罚(申十一26ff.),这是圣经清楚的教训,而且明说上帝将末日审判世界的权柄交给了基督(约五22f.),所以现在羔羊施行审判是应当的,否则整本启示录都很难解释了。

第二个异象(第四～十六章)是讲在末日实现前,羔羊在世界要施行的审判。除了一些预备性的、安慰性的、解释性的插曲以外,此异象的内容主要是讲七个印、七个号筒和七个碗的几组审判。这几组审判,一组比一组更加严厉;先是对社会组织和社会生活的审判,接着对大自然环境的审判,然后有伤害人身的审判,最后到了叫人的肉身无法忍受的程度。这些审判虽然如此可怕,但整体来看,仍然都只是刑罚性的审判,而不是毁灭性的审判;上帝仍然盼望借这些刑罚能带领,或催逼人悔改,但最终人仍不肯悔改。经文中几次用失望的语气说:人仍然不肯悔改他们的罪(九20～21,十六9、11)。用这一类词句的意思,就表示上帝多么渴望人因这些痛苦的警告而悔改;人不肯悔改时,他的心里多么难过。所以在这些审判的后面,仍有上帝慈爱的表达。

在这几组审判中,第一组七印的审判比较特殊,特别是七印中头四个印的内容。在这四个审判中,上帝借社会组织、政治势力、经济灾难,向人施行审判。看见这些情况的改变,很多时候人们会认为这些现象都是人类社会演变的结果,没有超然的成分,所以,不信的人可以不接

㉙ 实际上只有几个价值较低、较晚、小写的版本,如2329,2351,$M^k a$等版本没有$\epsilon i \delta o \nu$.

㉚ 这是新国王钦定本圣经(New King James Version)的译法。

受这是上帝的作为,不肯相信上帝的权威。因此,这些审判成了对人的信心的考验和挑战。甚至很多时候对我们相信的人也是一个试探:这些人类社会或自然现象的发展,有特别的意义吗? 有的。圣经多次如此表达——埃及的饥荒、以利亚时的旱灾等——都是上帝的作为,但很多时候世人不肯相信。

　　六1 "羊羔揭开了七印的第一个印的时候,我观看,就听见四个活物中的一个,发出好像雷轰的响声,说:'你来!'
　　2 我观看,见有一匹白马;骑在马上的拿着弓,有冠冕赐给他,他就出去,得胜并且要再得胜。"

"揭开了七印" 揭开封印就表示末日的大审判就要开始了。只有羔羊配揭开这些印,因为他完成了救赎人类的工作,现在救赎的功效就要完全彰显出来了,相信的人要完全得救,不信的人要接受最后的刑罚。

"雷轰" 表示极大的声音(参见四5)。

"见有一匹白马" 在末世异象的启示中,借着马和骑马的人来表达上帝要行的某些作为,可能是上帝特别使用的一种方法。在旧约撒迦利亚书第一章和第六章,都有类似的用法。不过那里马的数目和颜色与启示录所用的不完全一样。骑着白马是当时战争胜利的将军或者勇士要行的作动,作为炫耀自己成就的记号,所以,骑着白马就是胜利者。

"有冠冕赐给他" 这里所用的"冠冕",是指参赛者得胜时作为奖赏的冠冕,可能是用鲜花,或别的植物编织而成。

"他就出去,得胜并且要再得胜" 这是一句很难解释的句子。原文的字义是:"他出去得了胜,为的是要得胜";汤普逊(Thompson)的建议是,"他出去要完全地得胜",[31]可能是最合理的解释。他出去就是要去胜过一切,而且他出去以前,就将得胜的冠冕赐给他了,好像是应

----

[31] 汤普逊认为这句话可能是七十士译本翻译希伯来文中的一种特别句子时常用的格式,将希伯来文的动词 + 同根词不定词绝对形(cognate infinitive absolute),译成希腊文的动词 + 同根词分词(cognate participle)的句子。所以他建议将句子一个字的次序调换一下,成为上文译成的句子,即是将 νικῶν καὶ ἵνα νικήσῃ 改成 ἵνα νικῶν καὶ νικήσῃ,参见 S. Thompson, *The Apocalypse and Semitic Syntax* (Cambridge:Cambridge University Press, 1985), pp.80f.

许他一定会得胜。若是如此，这位骑白马的胜利者是谁呢？

　　有人将之解释作基督。初期教父如爱任纽，就认为此处"骑白马的出去得胜要再得胜"是指基督说的。[32] 因为在第十九章十一节所讲的骑白马者是基督，故此处的骑白马者也应是基督。但今天已很少人接纳此解释了。因为第十九章和此处所讲的，除了他们所骑的都是白马以外，再没有别的相同之处。此处的骑士拿着弓作武器，基督有的是口中的剑；此处骑士所得到的是一个比赛得胜的冠冕，基督头上带着许多君王的冠冕。再者，此处的骑白马者是羔羊开第一印时，应一位活物的呼召而来，如此就不可能是羔羊自己了。最后如查理士指出，基督要在所有的灾难都完成以后才出现，现今在灾难的开始就出现的，不可能是基督。[33] 这位骑白马的不是基督，但有人认为他是代表整个福音，或传福音的工作。[34] 如此解释似乎与下文的三个印所带进来的三匹马的意义无法配合。

　　解释此白马和骑马者的意义时，有一件事不可忽略：这七印是上帝审判的开始，也就是世界灾难的开始。所以白马和骑马者是第一个灾难。骑着白马是胜利者的形象。此骑马者出现时他要得胜且再得胜，就是说他要完全地得胜，胜过一切，统治一切。如果一个有绝对势力的独裁者，有权统治一切，没有任何势力可以反对他，可以抵挡他，这将是一件极其可怕的事。二十世纪末，我们称说世界上有两个大势力，然后还有"第三世界"。两个大势力可以彼此制衡，对第三世界有时也有好处。如果世界上只有一个专制的势力，而它存心是欺压、辖制，这是多么可怕的事。现在，上帝让一个这样可怕的统治者出现，乃表示上帝的审判开始。

　　六 3　"羊羔揭开了第二个印的时候，我听见第二个活物说：'你来！'

㉜ Irenaeus, *Against Heresies*, iv 21. 3；Alexander Roberts, *The Ante-Nicene Fathers*, ed. J. Donaldson Roberts (Grand Rapids：Eerdmans, 1975), vol. 1, p. 493.

㉝ Charles, *Revelation*, vol. I, p. 164.

㉞ Zahn, *Introduction to the New Testament*, vol. II, pp. 352f.

4 就另有一匹红马出来,骑在马上的得了权柄,可以从地上夺去和平,使人互相残杀,又有一把大刀赐给他。"

第一个印打开时,带进来的是一个极权的统治者;下文的三个印打开时,要带进另外三个骑马者,显明在骑白马者的统治下,世界上的生活情况。第二个印引进来的是一匹红马和一个骑在马上的战士。

"另有一匹红马出来" "红"是代表流血与死亡的颜色。

"骑在马上的得了权柄,可以从地上夺去和平,使人互相残杀" 流血与死亡的事,也许是人类互相残杀的结果,这也是主早已预言过的(太二十四6ff.)。这都是灾难开始的记号。

"又有一把大刀赐给他" 表示此骑马者要去逼迫、杀害那些不跟从他的人。属主之人在末日要受逼迫,这是主早已预言过的(太十16ff.)。到那时,门徒不要灰心,也不要失望。

六5 "羊羔揭开了第三个印的时候,我听见第三个活物说:'你来!'我观看,见有一匹黑马;骑在马上的,手中拿着天平。

6 我听见在四个活物中间,仿佛有声音说:'一公升小麦卖一个银币,三公升大麦卖一个银币,油和酒也不可糟蹋。'"

"有一匹黑马" 第三个印打开时,引进来的是一匹黑马。黑色代表非常消极的意思,黑暗是罪恶、死亡的象征。

"骑在马上的,手中拿着天平" 这里的"天平",是要用来量小麦和大麦的。在以西结先知时代,上帝刑罚百姓,使他们遭受围城而有饥荒的时候,上帝吩咐以西结用行动作记号,他所吃的要按分量吃,喝水也要按分量喝(结四9ff.)。这里就是讲这样的情况。

"一公升小麦卖一个银币" "一公升小麦"是普通人一天的口粮;"一个银币"是当时一个人一天的工资。现在一个人一天的收入只够买他一天需要的粮食,这是一个极困苦的生活,一个极严重的饥荒的情况。人的饮食所需和他工资收入的比较,是衡量人的生活水准最好的指标。生活水准越低的人,他饮食所需占他工资收入的比例越高。现在,人要用他全部的工资收入去买他所需的粮食,这严重的饥荒使人几乎无法生存。

"油和酒也不可糟蹋" "油""酒"是当时人们的必需品。主要食

粮缺乏，当然副食品也缺乏。虽然有人用特别象征的意义解释"不可
糟蹋"，例如将"糟蹋"解释作妄自高抬价钱，但此词的基本意义很
明显。

六 7　"羊羔揭开了第四个印的时候，我听见第四个活物的声音
说：'你来！'

8　我观看，见有一匹灰马；骑在马上的，名字叫作'死'。阴间
也跟随着他。他们得了权柄可以管辖地上的四分之一，又要用刀剑、饥
荒、瘟疫和地上的野兽去杀人。"

"见有一匹灰马"　揭开第四印时，应一个活物的呼召而来的，是一
匹灰色的马。形容此马的颜色的"灰"字较特别。有时译作"青绿"色，
如马可福音第六章三十九节的"青草"地上。但马可用的"草"字，不一
定是指青"草"，有时草干了以后，割下来，捆成捆，拿去喂牲口的草也是
用此字，所以马可用的字只译作"草地"就可以了。"灰"可译作"苍白"，
用来形容病人的面色，甚至形容死尸没有血色的面色。㉟

"骑在马上的，名字叫作'死'。阴间也跟随着他"　由于灰色就是
指死人的面色，所以称骑马者的名字就叫"死"。此灰马带来的就是死
亡，"阴间也跟随着他"。启示录有几次把死亡和阴间人格化了，连在一
起使用（二十 13～14）。阴间是死人所属的地方，好像和死亡是分不
开的。

"他们得了权柄可以管辖地上的四分之一"　死亡和阴间要掌权，
管辖地上的四分之一，要杀害四分之一的世人。

"又要用刀剑、饥荒、瘟疫和地上的野兽去杀人"　这是死亡和阴间
执行任务的时候所用的武器。这几种刑罚的灾害和白马带来的审判有
些相似的地方，但又不完全一样。这里的灾害没有一个像白马的审判。
四匹马和四样杀人的灾害跟旧约审判的预言又有许多相似的地方；四
匹马的异象颇似撒迦利亚书第一章的四匹马；四样灾害又很像以西结
书第十四章二十一节所讲的灾害，但又都不是完全一样。所以，这些图
画显然是上帝向他仆人启示有关审判的预言所常用的方法，没有必要

㉟　GELNT，§ 79，34－35.

说那一个预言是靠另一个预言来的。彼此当然不是没有关系,因为都是一位上帝启示的;但不一定是一位依靠另一位而来的资料。同样本节(六8)所讲的灾害,的确与前面三匹马带来的审判有些相似的地方,或者有些重复的思想,但这是内容的关联,而不必一定将第六章八节解释作总结前面四匹马的审判,好像是约翰在解释这四匹马的异象。

(ii) 第五、六印的审判(六9～17)

(一) 第五印的审判(六9～11)

六9　"羊羔揭开了第五个印的时候,我看见祭坛底下,有为了上帝的道,并且为了自己所作的见证而被杀的人的灵魂。"

第一组七个印的审判显然分成两组,前四个印引进了四匹马的审判,自成一组;后三个印引进的审判,每一个都不相同。第五个印揭开的时候,约翰的视线被引回天上去。他看见在祭坛底下有为上帝的道和所作的见证被杀的人的灵魂。

"祭坛底下"　这里的祭坛可能是指献祭牲的坛,或者是烧香的坛。从这些灵魂为主殉道的观点看,解释作献祭牲的祭坛比较适合;从下一节的祷告的观点看,则解释作烧香的坛或者更好。但作为一个代表性、象征性的用法,也许不必清楚地分开。[36]

"有为了上帝的道,并且为了自己所作的见证而被杀的人的灵魂"

这些人被杀是"为"上帝的道和"为"所作的见证,两次所使用的"为"字,都是"因为"的意思。他们因为忠心地遵守了上帝的道,作了信实的见证,因而殉道;这些人自然包括新旧约时代的所有信徒。这些人不单知道上帝的道,并且他们自己作了见证,就表示他们接受了上帝的道,而且忠实地遵行,这是他们被杀的原因。在今天的时代,基督徒注定要为主受苦,福音书和书信充满了这样的教训。但有一天这时代要过去,在将来的时代,上帝要彰显他的公义,刑罚罪恶。启示录的第二个异象

---

[36] 毕尔认为这里的祭坛是代表上帝的宝座,灵魂在祭坛底下是受到上帝的保护,参见 Beale,*The Book of Revelation*,p. 391.

就要开始将来的时代了。那时,上帝对罪恶的刑罚,对正义的赏赐就要逐渐施行了。

六 10 "他们大声喊叫,说:'圣洁真实的主啊! 你不审判住在地上的人,给我们伸流血的冤,要到几时呢?'"

"他们大声喊叫,说" 在此揭开第五印的时候,祭坛底下的灵魂就大声向上帝呼喊,求上帝给他们伸流血的冤。这是恰当的行动,如此可以使上帝的正义彰显出来。这不是为了一点个人的恩怨求上帝替他报仇,这与主耶稣在十字架上的祷告(路二十三 34),或司提反临死前的祷告(徒七 60)不同。[37]

"圣洁真实的主" 上帝是完全圣洁的,也是完全真实的,但将这两个词连在一起来称呼上帝的经文不多(参见三 14 的注释),但这里的用法极恰当。他是"圣洁"的,他不能长久容忍罪恶;他是"真实"的,他不能背乎自己,违背他的信实。

六 11 "于是有白袍赐给他们各人,又有话吩咐他们要安息一会儿,等到那些与他们同作仆人和弟兄,像他们一样将要被杀的人,凑满了数目的时候。"

"于是有白袍赐给他们各人" 上文讲述这些圣徒的灵魂向上帝呼求,什么时候才为他们伸流血的冤。上帝立刻回答他们。他先赐给他们各人一件"白袍"。这些圣徒在抵挡上帝的人眼中是应该被处死的,但他们在上帝眼中是被悦纳的,是完全正义的(参见三 18 对"白衣"或"白袍"的注释)。

"又有话吩咐他们要安息一会儿,等到那些与他们同作仆人和弟

---

[37] 孟斯在此引用赖德的见解,说此祷告是从祭坛底下出来的,也许应当看作是圣徒的血所做的呼求,而不是圣徒自己做的。如此解释,也许可以减少一些人思想上的困难,而且从亚伯的血向上帝控诉的例子(创四 10f.)来看,此立论也可能有些理由。但另一方面,找理由为祭坛底下的圣徒的祷告辩护,似乎是没有必要的。圣徒求上帝伸冤,并不违背圣经任何的教训;而且创世记说明是亚伯的血,这里并没有说是血;再者,第十节中的"喊叫"和"说",是复数的动词和分词,若指"血"则不大适合;参见 Mounce, *The Book of Revelation*, pp. 159, n. 23;另参 Ladd, *A Commentary on the Revelation of John*, pp. 105f.

兄,像他们一样将要被杀的人,凑满了数目的时候" 上帝要施行最后大审判的计划不会改变,只是需要等到上帝所预定的时间。在今天罪恶掌权的世代没有过去以前,有许多属上帝的人要被杀害。在这些要被杀害的人、受难的人数目满足以前,那些等待伸冤的,还要暂时忍耐。知道并相信上帝会审判那些抵挡他的人,就成为他们能安息、忍耐等候的力量。

(二) 第六印的审判(六 12～17)

旧约也多次提及有关末世的预言(赛二十四章;玛三 15～16 等),启示录末了当然也讲到这些情况(十六 17～20);不过,这些经文都是笼统的,或直接地讲到真正末日的情况;经过这些经文所讲的审判以后,一切的恶人和这个世界都要被毁灭了。而这里(六 12ff.)的情况不一样。

启示录第六章是讲揭开前六个印带进来的审判,到此时第七个印还没有打开,换言之,七号筒和七碗的审判尚未施行;因此,现今的世界要过去,新天新地等事要开始的时候还没有到。所以第六章十二至十七节的预言不是指真正末日的来到。第十六至十七节提到坐在宝座上的那位,以及羔羊的"震怒的大日子来到了",不是说上帝要毁灭这世界的时候已经来到了,因为第七个印还没有打开;第七印以后,上帝要施行的审判尚未执行。这里讲到这些事只是为真正的末日做预备。

从上面所提的这一点,我们就看到一个解释启示录时值得注意的原则。启示录没有讲事情发生的时间表,但启示录内容成就的次序却很清楚。我们不敢说任何两件事有没有同时发生的可能,整体来说,各个启示的次序不可以任意调换。例如,第二个异象的审判主要分为三组:七印、七号筒和七碗。每一组的七个审判都要依次执行。揭开第一印有白马的审判,揭开第二印有红马的审判。既然红马是在揭开第二印的时候出现的,它就不能在第一印以前出现。再者,在打开前六个印时,每一个印都带来不同的审判;但打开第七印的时候,它并没有自己的内容,所带进来的却是七个号筒的审判,既然七号筒的审判是在开第七印时所带进来的,这些审判就不应当在第六印以前发生。根据此原则来看,整个启示录的过程是从现有的社会和教会,一步一步迈向上帝所预定的理想目标，直到最终，上帝的旨意在他的教会中完全得以实现。

六12 "羊羔揭开了第六个印的时候，我观看，大地震就发生了。太阳变黑，像粗糙的黑毛布；整个月亮变红，像血一样；

13 天上的星辰坠落在地上，像无花果树被大风摇动，落下还没有成熟的果子。

14 天隐退了，像书被卷起来一样；山岭和海岛都从原处移去了。"

在当时敬畏上帝的人眼中，大自然的一切都在上帝的掌管之下。天体的运行、日夜的循转，绝对稳定，没有改变，这是上帝永恒不变的一个记号。这些天象如果有改变，就表示上帝要施行特别的作为了。上帝可以用风、雨、雷、电、地震作他审判或启示的工具（参见伯三十七3ff.；赛十三13）。现在地要震动，天象中有如此巨大的改变，是上帝的震怒要发作了。这段经文所用的都是高度象征的语言，这些话所代表的事在那些要受审判的人身上发生的作用，比这些话所讲的事物在字面上的意义更加重要。

"大地震就发生了" 开第六印时，首先有一个大地震。"大地震"一词在和合本译作"地大震动"，这里要表达的不是普通的"地震"。地震可怕，但没有地震时，地要摇动，就更加可怕。哈该先知说，耶和华要震动天地、震动万国的时候（该二6），就是他施展特别作为的时候。和合本所用的"震动"一词，就是本节"地震"的字。

"太阳变黑……山岭和海岛都从原处移去了" 接着就是太阳变黑，月亮因没有阳光变成血色，天上的星辰坠落在地上；天要卷起，地上山岭、海岛也要移去。这里所讲的和主所说人子将要降临时的情形相似（太二十四29），一有这些现象出现，人子的日子就到了。

六15 "地上的君王、大臣、军长、财主、勇士和所有作奴隶的、自由的，都藏在山洞和岩穴里。

16 他们向山岭和岩石说：'倒在我们身上吧！把我们藏起来，躲避坐在宝座上那位的面，和羊羔的震怒！

17 因为他们震怒的大日子来到了,谁能站立得住呢?'"

上文提到揭开第六印时,自然界发生了可怕的变化,这里讲出那些不信的人对此情况的反应。

"君王、大臣、军长、财主、勇士和所有作奴隶的、自由的" 这里讲到从君王直到奴隶和普通人,他们就代表了所有的人。下文第十三章十六节和第十九章十八节,也有类似的名单,所包括的都是那些与兽为友、抵挡上帝,最终要受刑罚的人。因为此名单在以后要再出现,所以在打开第六印的时候,他们并不是被毁灭,只是他们要受审判的开始。

"他们向山岭和岩石说:'倒在我们身上吧! 把我们藏起来,躲避坐在宝座上那位的面,和羊羔的震怒!'" 旧约多次讲到耶和华的日子来到的时候,将是一个极其可怕的日子(参见赛二 8ff.、18ff. 等)。第六印揭开的时候,这日子就开始了。这些抵挡上帝的人知道在审判的日子,坐宝座的那位和羔羊的忿怒是可怕的,他们想要逃避,求山岭和岩石遮盖他们,但却无法逃避。

"他们震怒的大日子来到了,谁能站立得住呢" 旧约的先知也曾提到主的日子来临时的情况(参见珥二章;番一 14～18)。作者在此采用了一句修辞性疑问句:"谁能站立得住呢?"这句话令人想起那鸿书第一章六节。

(iii) 七印中的插曲:蒙恩得保守的人(七 1～17)

从第六章羔羊打开七印的时候,上帝的审判就开始了。这些审判是刑罚性的,上帝仍然期望着世人肯悔改。虽然如此,这些审判不是最终的毁灭,但却是非常可怕,而且一个比一个厉害。到第六个印打开的时候,世人担当不起了。上帝震怒的大日子来到了,"谁能站立得住呢?"(六 17)使徒约翰看到这情况,他一定也很担心:这样的审判临到时,属主之人又如何能站立得住呢? 可以说为了安慰使徒,上帝给他看见,在恩典中上帝早已预备好要保守那些属他的人。

启示录的第二个异象,基督在世界中执行对世界的审判,主要的是行这三组的审判:七印、七号筒和七碗的审判。这三组审判的施行,基

本上根据同一形式。先有一连串的审判，然后有插曲。到了一组最末
一个审判执行时，却没有它自己的内容，而是引进下一组的审判（七号
筒）。到最末一组的审判（七碗），在第六和第七个审判中间没有插曲
了，因为这是基督在世界中的异象的末尾。第七个审判，就是第七碗一
倒出来，天上就有声音说："成了"（十六 17）。接下来就是基督要胜过
一切的启示。在第三个异象中，他要开始毁灭他的仇敌了。

在第一组的审判中，第六印和第七印之间的插曲是对属主之人
的安慰，也是应许：在上帝施行的审判之中，对属他的人有足够的恩
典。在第二组的审判中，吹响第六个号筒以后，上帝把一连串的插曲
加进去：包括上帝在世上最后的计划；上帝再一次的呼召；差遣两个
见证人来；弥赛亚的出现和敌人的垂死挣扎；最后信徒与主同在的
前景。

经过各方面的警告、预备、提醒，世人仍不肯悔改。于是上帝要施
行第三组审判。七碗的审判不再有插曲，上帝要讲的话都已讲过，现在
只有施行他的审判。世人的心越发刚硬，"人就亵渎上帝，因为这灾太
严重了"（十六 21）。

本章的插曲好像在回答约翰心里的问题，如此严重的审判临到时，
世人都站立不住了，属主之人要如何才能站立得住呢？这章圣经分成
两段，第一至八节讲天使要用印印在地上的十四万四千人的额上，第九
至十七节讲到那无数穿白衣的人站在上帝面前的情形。

（一）被印的十四万四千人（七 1～8）

七 1 "这事以后，我看见四位天使站在地的四极，掌握着地上的
四风，不使风吹在地上、海上和任何树上。"

"这事以后" 指约翰所看见的六印的审判以后，上帝要给他仆人
一个安慰的信息。世人经过第六印的审判以后，已经在呼求说：上帝和
羔羊"震怒的大日子到了，谁能站立得住呢？"（六 17）使徒一定也在担
心，如果再有更严重的审判，信徒恐怕也站立不住了。上帝于是叫约翰
知道，他有足够的恩典给那忠心跟随他的人。在更严厉的审判临到时，
上帝要保护他们。所以第七章的应许是针对下文的审判说的，而不是

针对前六印所讲的审判。⑧

"我看见四位天使站在地的四极"　这句话表示他们所做的,是针对整个世界。抓住了"四角",就是掌握了整个世界。

"掌握着地上的四风,不使风吹在地上、海上和任何树上"　启示录记载人子执行审判的时候,常有天使掌握着一些自然元素作武器,侍候在主的面前,等候他的吩咐去执行审判。以后会有掌管火的天使(十四18)和掌管水的天使等(十六5)。他们都是要借着这些来施行审判。这里的四位天使,执掌着"地上的四风",要借此来审判、伤害地上的一切。这四风是代表凶恶的审判,也可以说是上帝准许使者施行伤害;现在它们被站在地的四极的四位天使掌管着。若不经那四位天使许可,它们不能施行伤害。

　　七2　"我又看见另外一位天使,从日出之地上来,拿着永活上帝的印,向那四位得了权柄可以伤害地和海的天使,大声呼喊,

　　3　说:'你们不要伤害地、海和树木,等我们在上帝众仆人的额上先盖上了印。'"

"我又看见另外一位天使,从日出之地上来"　"日出之地"就是东方。这位天使是上帝特别差遣的,为要保守上帝的仆人。

"拿着永活上帝的印"　表示他有上帝的权柄。

"大声呼喊,说:'你们不要伤害地、海和树木'"　拿着永活上帝的印的天使吩咐那掌管四风的天使说,不要去行伤害,也就是说,先不要让那些行伤害的使者执行伤害的工作。掌握这四风的四位使者要伤害的,不单是世上的人,也包括"地、海和树木"。这一点显出这四风应该不是第六章一至八节的四匹马,因为那四匹马和骑马者所行的审判,要伤害的不是地、海和树木,乃直接伤害人;至于伤害自然界,要在第四印

---

⑧　有些解经家认为此处的"这事以后",不是说第七章的事发生在第六章的事以后,乃是指约翰看完了第六章的异象以后,才看见第七章的异象。他们就根据耶利米书第四十九章三十六节、撒迦利亚书第六章一至六节等经文的用法,将此处经文中所说,掌握地上四风的天使,解释作前四印中的四匹马和骑马者的灾害,参见 Beale, *The Book of Revelation*, p. 407;Morris, *The Revelation of St. John*, p. 113. 按整个启示录的构造来看,这样的解释不合适。

以后才发生。

"在上帝众仆人的额上先盖上了印"　使者拿着的印是要去印上帝众仆人的额,要在属上帝之人的额上盖一个明显属上帝的记号,正如在以色列人出埃及的时候所做的。上帝要杀害埃及人的长子的时候,吩咐以色列人每家都要杀一只羔羊,把羔羊的血抹在门楣和门框上。到了晚上,上帝差遣的使者要来杀死埃及人的长子时,如果看见门楣和门框上有羔羊的血,就知道这家是以色列人,不杀此家的婴孩。这里上帝的使者要印上帝仆人的额。当行审判的使者来进行伤害的时候,如看见人的额上有上帝的印记,就不伤害他了。上帝已盖上印,表明他是属上帝的了。

七 4　"我听见被盖印的人的数目,以色列子孙各支派中被盖印的共有十四万四千人:

5　犹大支派中被盖印的,一万二千人;流本支派中,一万二千人;迦得支派中,一万二千人;

6　亚设支派中,一万二千人;拿弗他利支派中,一万二千人;玛拿西支派中,一万二千人;

7　西缅支派中,一万二千人;利未支派中,一万二千人;以萨迦支派中,一万二千人;

8　西布伦支派中,一万二千人;约瑟支派中,一万二千人;便雅悯支派中,一万二千人。"

这里列出上帝的使者要盖印的人数,共有十四万四千人。被印的人包括以色列十二支派,每支派一万二千人。

"十四万四千人"　他们是什么人呢? 对此数目的解释曾引起许多的辩论。基本上可以分为两个不同的立场。第一,是按字面的意思解释:圣经说是以色列十二个支派,就是指以色列十二个支派的人。第二,是将十四万四千人解释作一个代表性的数目,代表所有属主之人。

主张按字面的意思解释这段经文的人,认为圣经既然清楚具体地讲出以色列国和各支派的名字,所指的当然就是这些支派。⑳ 这里列

⑳ Walvoord, *The Revelation of Jesus Christ*, pp. 141－143; J. A. Seiss, *The Apocalypse* (Grand Rapids: Zondervan, 1957), pp. 60ff.

举十二支派的次序虽然跟旧约很多处记载支派的名单都不同,但旧约十多处记述以色列支派的名单,没有任何两处的次序完全一样。至于今天有多个支派已完全失存了的问题,有的学者就认为,按犹太人一些传统所说,这些所谓失踪的支派,今天只是在一些秘密的地方隐藏着,将来在末日以前要再出现。[40]

从另一方面来看,全本启示录都是用象征的笔法写的,这里应该也不例外。所有蒙盖印得保守的人共十四万四千,这是十二支派中蒙保守的人的总数,是每支派一万二千人。一万二千是"十二"乘"一千","十二"是"三"乘"四",一千是当时人思想中最大的数字单位。一万是十千,十万是一百千。三、四都是一个较完全的数字,千是最大的数字单位。这几个数目相乘,就成了一个最完全的数目。每支派被印的是一万二千人,就表示该支派中应该被印的人都包括在内。上帝的选民是十二个支派,每支派的一万二千再乘十二,就表示所有属上帝人都包括在内了,一个也不会遗漏。

在更大的灾难临到以前,上帝要保守所有属他的人。当然上帝保守人,不是说属主之人不会遇到任何苦难,乃是说在属灵的事上,他们不会失落。这些被天使盖印的人是以色列子孙中各支派的人。这些人是属主之人,他们就是真以色列人或属灵的以色列人。保罗也称基督徒为真犹太人(罗二 29)和上帝的以色列民(加六 16)。所以这里的"以色列子孙"应该不是指属肉体的以色列人。

在此十二支派名单的次序和旧约以色列十二支派的名单有许多不同的地方。首先,雅各的十二个儿子中,流本是长子,这里却将犹大列在名单的第一位,显然因为弥赛亚是从犹大支派而出。此外,这里的名单包括利未、约瑟和玛拿西,却没有但。但的名字被除掉,大概是因为他曾公然带领百姓拜偶像(参见士十八章)。如此加减,就凑足了十二的数目。由此可见,这十二支派的名单是按照属灵原则定的,而不是单单按以色列的历史而定。所以,这里被盖印的人是指属灵的以色列人,他们代表所有的十二个支派,合共完全的十四万四千人。凡是属主之人没有一个会失落。

---

[40] 参见 Glasson,*Revelation of John*,p.52.

(二) 在天上蒙福的人的赞美(七 9～17)

此插曲的第二个启示，是约翰看见在天上有无数穿着白袍的群众在赞美上帝，这些群众和被印的人是同一班人吗？那些严格按字面解释第七章一至八节的人，自然认为不是同一班人。他们认为第七章三至八节是指属肉体的以色列人，这里则是指外邦人。但按上文的解释，这被印的十四万四千人若是代表所有属主之人，则这两个群体自然有很密切的关系。[41] 他们都是代表所有属主之人，只是那十四万四千人是代表在大患难开始时仍然在地上的信徒。这里无数穿白袍的群众是代表那些已经经过大患难，而进入了天上的信徒。将来这十四万四千人经过大患难以后，他们也会属于这无数的群众之一。从约翰的角度看，这两个异象都是未来的；不过十四万四千人的异象应在先，天上无数群众的异象应在后。但是从另一方面看，既然本书都是用图像表征未来要发生的事，也许不必太多思想先后、早晚的问题了。

七 9　"这些事以后，我观看，见有一大群人，没有人能数得过来，是从各邦国、各支派、各民族、各方言来的。他们都站在宝座和羔羊面前，身穿白袍，手里拿着棕树枝。

10　他们大声呼喊，说：'愿救恩归给那坐在宝座上我们的上帝，也归给羊羔！'"

"这些事以后"　约翰看完了被盖印的人以后，他的视线转到了天上。

"见有一大群人"　约翰看见的一大群人，有以下特点：第一，是数不尽的；第二，是来自不同地方种族的人；第三，站在宝座和羔羊面前；第四，身穿白袍，手拿棕树枝。这是一幅欢喜、快乐、庆祝、赞美的图画。到那时，所有属主的人经过了地上的灾难，要一同在上帝面前敬拜，赞美他。

"是从各邦国、各支派、各民族、各方言来的"　这些群众是从各国

---

[41] 毕尔强调这两组人是指同一班人，特别因为这里说这大群众是从各邦国、各支派、各民族、各方言来的，站在羔羊面前，用语跟第五章九节的说法差不多完全一样，所以是指同一班人，参见 Beale, *The Book of Revelation*, pp. 426ff.

各民来的,包括各地区、各民族、各时代所有对主忠心的人。他们中间有的人可能是曾为主殉道、从大患难中出来的;但所有人都是在上帝面前被称义。

"身穿白袍,手里拿着棕树枝" 这一情景正如主耶稣骑驴进耶路撒冷时,百姓欢呼迎接他的情形一样(约十二 12~13)。

"愿救恩归给那坐在宝座上我们的上帝,也归给羊羔" 这句颂赞的意思是,救恩成就的功劳是我们的上帝和羔羊的,愿上帝和羔羊得着赞美。

七 11 "所有的天使都站在宝座、众长老和四个活物的四周。他们在宝座前,面伏在地上敬拜上帝,

12 说:'阿们! 愿颂赞、荣耀、智慧、感谢、尊贵、权能、力量,都归给我们的上帝,直到永永远远,阿们!'"

"所有的天使……面伏在地上敬拜上帝" 当无数的群众颂赞上帝和羔羊的时候,所有的天使也都参与敬拜。他们站在宝座、众长老和四活物的四周,现在他们俯伏在地,敬拜上帝,并且一同赞美上帝。

"阿们" 天使赞美上帝的形式极其庄重,开始用"阿们",结束又用"阿们"。按意义来说,开始的"阿们"表示他们认同无数群众的赞美,末尾的"阿们"隆重地表明他们真诚的赞美。

"颂赞、荣耀、智慧、感谢、尊贵、权能、力量" 这里赞美的内容基本上和第五章十二节的赞美极相似。两处都是天使衷心发出来的,也都是讲羔羊和上帝的七重美德,或说上帝七样本性的彰显。只是第五章的赞美对象是羔羊,这里的对象是上帝和羔羊。第五章的赞美是以权能开始,这里是以颂赞开始。两段经文提到有关上帝的七样本性都差不多一样,只是这里用了"感谢"来代替第五章的"丰富"。另外一个比较值得注意的分别是,第五章提到上帝的七样本性时,只有一个固定冠词,[42]好像是要表明上帝的这些本性合在一起就是羔羊的本性;而第七章十二节的赞美中,上帝的每一个本性都有个别的固定冠词,[43]是要强

---

[42] τήν.

[43] ή.

调上帝个别本性的具体性。

七 13 "长老中有一位问我:'这些身穿白袍的是谁？他们是从哪里来的呢？'

14 我对他说:'我主啊,你是知道的。'他告诉我:'这些人是从大患难中出来的。他们用羔羊的血,把自己的衣袍洗洁白了。'"

"长老中有一位问我" 这句话原文的意思就是"长老中有一位对我说"。[44]"问我"的意思是译文加上去的。

"这些身穿白袍的是谁？他们是从哪里来的呢？" 这些问题是一种修辞的笔法,不是要等候答案。

"我主啊,你是知道的" 这里的"主啊",只是礼貌上的称呼,并非称长老为"上帝"。

"这些人是从大患难中出来的。他们用羔羊的血,把自己的衣袍洗洁白了" 这些人是从大患难中出来的,这里"大患难"一词有固定冠词,[45]即是"那一个大患难",指着一个确定的大患难,应该是指马太福音第二十四章十五节及以下经文、路加福音第二十一章二十节及以下经文所讲末日要有的大灾难。他们的罪已被洗净,已完全被上帝接纳,是被称义的人,有资格去享受永远与上帝同在的福乐。

七 15 "因此,他们可以在上帝的宝座前,并且日夜在他的圣所里事奉他。那坐在宝座上的必展开帐幕覆庇他们。"

这些无数的群众不单因着羔羊的宝血可以进到上帝面前,而且可进到圣所内,日夜事奉他,即进入到与上帝亲近的地方去事奉他。

"日夜" 这词汇只不过是表达经常或继续不断的意思;用不着认为这里的用法和新耶路撒冷城内没有黑夜的思想(二十一 25)有冲突。

"那坐在宝座上的必展开帐幕覆庇他们" 这里用的"帐幕"一词,

---

[44] 原文 καὶ ἀπεκρίθη ... λέγων 的用法是受希伯来文的构造影响,意思是"他接着说"或"他开始说";BAGD, ἀποκρίνομαι, 2. 不一定有"回答"的意思。吕振中译本译作一位长老"应声……说",是没有必要的。

[45] τῆς θλίψεως τῆς μεγάλης.

与旧约用的"会幕"是出于同一字根，⑯所以这里是表示上帝的特别亲近，以及在需要时上帝特别的保护；属他的人不会落在他们不能应付的危险中。这并不表示在上帝的宝座前还会有危险，只是表达上帝有无微不至的关怀与保护。

七 16　"他们必不再饿，也不再渴；太阳和一切炎热必不伤害他们。

17　因为在宝座中间的羔羊必牧养他们，领他们到生命水的泉源那里。上帝也必抹去他们的一切眼泪。"

"他们必不再饿，也不再渴；太阳和一切炎热必不伤害他们"　这些福气跟以赛亚书第四十九章十节先知应许给百姓的一样。或者说这里的应许是以赛亚预言的应验。以赛亚的预言是向那些将来要复兴、回转、归向上帝的以色列人说的（赛四十九 6f.），这里约翰说这些福气要临到所有信主的人，因为这些穿白袍的人是从各国、各民出来，衣服被羔羊的血洗白净了。换言之，预言所讲将来要复兴回归的以色列人，就是将来从各国出来的属主之人。

"羔羊必牧养他们"　在那日蒙福的环境中，不单上帝要保护他们不受任何的伤害，而且羔羊要牧养他们。圣经多次讲到上帝，或上帝的仆人，要作牧人牧养他的百姓。如大卫王说："耶和华是我的牧人"（诗二十三 1）。以西结先知说，上帝所拣选的大卫王要作牧人牧养他的百姓（结三十四 23）。新约中约翰称主耶稣为好牧人："好牧人为羊舍命"（约十 11）。这里说，在末日羔羊要牧养这些穿白袍、在宝座面前的人。牧人的责任是要看顾、牧养、保护羊群；在完成此责任的过程中，如果要牧人作任何牺牲都在所不惜。但圣经还讲到牧人另一方面的责任，是在羊群不顺从、不跟随牧人的时候，牧人要去管教、刑罚和审判。此用法也出现于第二章二十七节、第十二章五节、第十九章十五节等处，这些都是指末世时的情形；中文译本多译作"辖管"（和合本），"治理"（新译本），"管辖""牧放""统治"（思高本）。由此看出羔羊作为牧人，是有

---

⑯ σκηνή 和 σκηνόω，在旧约和新约常用来表达上帝的特别同在和保护，或者有时是特别属上帝的意思，参见希伯来书第八章五节、第九章二十一节、第十三章十节等。

这两方面的职责；今天，对属他的人，他要照顾、牧养、保护他们；在末世对那些不顺从的人，他主要的责任是要管教、治理、审判他们。

"领他们到生命水的泉源那里"　前面约翰引用以赛亚书第四十九章的话，是上帝对复兴回归的选民的应许。这里说羔羊要牧养他们，使他们不再饿，不再渴，领他们到生命水的泉源，这一切也是以赛亚接着前面的话所讲的。活水的泉源使人得着无限的满足。

"上帝也必抹去他们的一切眼泪"　这句话的用法和下文第二十一章四节差不多。眼泪是忧伤和痛苦的表示。到那时，在主的面前，一切忧伤和痛苦都要除去了。这句话的用法也是象征式的，并不是说将来在上帝面前，人的面上还有痛苦的眼泪，等着上帝抹去；乃是说，那时上帝要将一切痛苦的眼泪都除去，不再有忧伤和痛苦。

(iv) 第七印的开启（八 1）

八 1　"羔羊揭开第七个印的时候，天上静默了大约半小时。"

打开七印的时候，天上有一段寂静的时间。寂静是一种愕然、惊惧、敬畏的表示，[47]第七印所带进来的审判太令人惊奇，情景太严肃了。虽然此印的审判还未彰显出来，但印一打开，天上宝座周围的群众就知道它的内容了。他们无话可说，也不敢讲什么话，实际上也没有适当的话可讲，他们只有在上帝面前肃静。这也是敬畏上帝的人在圣洁、威严的上帝面前必有的态度（参见哈二 20）。

第七印打开时，似乎并没有什么事情发生，没有带进什么特别的审判；但如上文所说，天上宝座周围的群众得知了它的内容，因为它引进了下一组的审判，就是七号筒的审判。所以可以说，下文第二个异象的整个审判，都是第七印所要启示的。[48]　因此，第七印的内容就是七号筒

---

[47]　毕尔讨论"寂静"一语的旧约背景和犹太传统的看法，参见 Beale, *The Book of Revelation*, pp. 447 – 454.

[48]　毕尔认为下文号筒的审判，是上帝回应第六章九至十节开第五印时，祭坛底下众圣徒的呼求，特别是在七号筒的引言中（八 3～5），三次用到"坛"一字，更将关系显明了，参见 Beale, *The Book of Revelation*, pp. 460ff. 虽然在整个讨论中，他并不强调，甚至不认为启示录的各种审判是要按着书中记载的次序发生。

的审判,这是天上宝座前的群众如此惊奇、愕然的原因。

(III) 七号筒的审判(八 2～十一 19)

(i) 为七号筒的预备(八 2～5)

八 2 "我看见站在上帝面前的七位天使,有七枝号筒赐给了他们。"

"我看见站在上帝面前的七位天使" 站立在上帝面前,或站立在宝座面前,都是常见的语句,"站立在……面前"就是服事的意思。"七位天使"一语,在原文有固定冠词,可译作"那七位天使",是指定的七位天使。可能在犹太人的传统中,他们觉得有一些固定的天使,常站在上帝面前服事他;甚至在一些次经中,都记载有七位这类天使的名,不过这只是传统而已。⑲

"有七枝号筒赐给了他们" "号筒"是旧约时代上帝常吩咐百姓使用的器皿,用来向百姓传达一些特别的命令(民十 2、9)。新约讲到末世的事,也常提到用"号筒"来表达上帝的行事时间(如太二十四 31;林前十五 52;帖前四 16)。这里"号筒"给了这七位天使,表示他们要执行审判任务的时候到了,他们要把信息宣布出去。

八 3 "另外有一位天使来了,拿着金香炉,站在祭坛前。有许多香赐给了他,好与所有圣徒的祈祷一同献在宝座前的金坛上。

4 那香的烟和众圣徒的祈祷,就从天使手中一同升到上帝面前。"

"另外有一位天使来了,拿着金香炉,站在祭坛前" "另外"一位天使是指七位吹号的天使以外的另外一位,他的身份大概比较特别,可能与天使长加百列不同。加百列经常站在上帝面前,等候服事他(路一19),而这位天使是来站在上帝面前,为要将圣徒的祷告奉献给他,他来

---

⑲ 参见 I Enoch 20:2-8.

是为执行七号筒的审判作预备。有人认为此天使是基督，[50]但基督是整个启示录审判的执行者，是审判的主，在这里只称之为"另一位"天使，似乎不大像。所以，这位天使就是为要执行祭司的职务，将香的烟和圣徒的祷告献在上帝面前。

"有许多香赐给了他" 这位天使得到了"许多香"，这些燃烧时发出烟的香，会得上帝的喜悦。

"圣徒的祈祷" 指上文开第五印时，祭坛底下的圣徒所发出祈求伸冤的祷告（六 10）。

"那香的烟和众圣徒的祈祷，就从天使手中一同升到上帝面前"有些学者强调这里天使是将香的烟和圣徒的祷告混合在一起向上帝献上，香的烟和圣徒的祷告是两回事，不要混为一谈。[51]言外之意是，香的烟是真正用香烧出来的烟，是上帝所喜悦的；伸冤的祷告不是上帝喜悦的，混在一起才可以蒙上帝悦纳。这样过分按字面来解释这两个名词，似乎与奥恩在别处的解经不完全一致。而且第五章八节也说："香就是众圣徒的祈祷"，所以，将香烟与众圣徒的祷告看作是指同一件事，也与启示录的基本笔法，用记号来启示完全符合。这里天使将众圣徒求上帝伸冤的祷告献上，上帝就要施行审判，替他的百姓伸冤了。

八 5 "天使拿着香炉，用坛上的火把它装满了，投在地上；于是就有雷轰、响声、闪电和地震。"

当天使得着了香，用祭坛上的火点着，投在地上，上帝的审判就开始了。于是在地上有雷轰、响声、闪电和地震。

"地震" 启示录有三处地方讲到地震（八 5，十一 19，十六 18），这三次都是在一个决定性的审判时刻发生的；第一次是在上帝听了圣徒的祷告，要为他们伸冤的时候（八 5）；第二次是在七号筒的审判完成的时候（十一 19）；第三次是在七碗的审判完成的时候（十六 18）。审判完成就表示上帝这一部分工作完成了，他就要按计划去消灭这些抵挡他

---

[50] 因为旧约多次有"耶和华的使者"出现，都是代表基督，参见 Walvoord，*The Revelation of Jesus Christ*，p. 152. 但这里的用字不同。

[51] 参见 Aune，*Revelation*，vol. II，pp. 512f.

的势力了。包衡称这几次的地震为"末日的地震",⑫表示"地震就带进来,真正的末日就要开始"的时候了。

号筒的吹响是一件极严肃的事。

(ii) 前四号筒的审判(八6〜12)

号筒吹响就带出上帝更严厉的审判。号筒的审判和前面七印的审判有极相似的地方。两组的审判都是分成两部分,前四个是借着自然界向人发出,第五、六个审判的形式更加奇特和可怕。然后都有一段插曲,接着第七个审判就引进下一组上帝的启示。另一方面,这两组审判也有显著的不同处:七印的审判是向所有的人施行的,七号筒的审判好像单单向着不信的人施行,因为属主之人已被拿着上帝的印的天使在他们的额上盖了印(七1〜8)。不过,在这些审判的背后,上帝仍然盼望人能悔改认罪;人不肯悔改的时候,上帝的回应似乎就在第九章二十节、第十六章十一节等经文显示出来了。

从号筒的异象开始,上帝施行审判的方式都是用超自然的方法;所出现的情况,都是地上从来没有发生过的。经文这样的写法,是因为上帝使用记号来表达他的启示,如果要按字面的意义来解释这些经文,我们就误解了约翰的意思。同时也不可以用人的经验或理智去分析,天上的星如何用无底坑钥匙放出蝗虫来,这蝗虫有蝎子的能力可以螫人,它有人的面孔,头上带着金冠冕。这些高度象征的话,必须按它所象征的意义去了解,否则就误解了圣经。

八6　"拿着七枝号筒的七位天使,预备好了要吹号。"

本节讲到七位天使预备好了,要吹号,是接着第二节记载天使拿到了号筒。但中间(第3〜5节)被介绍那位献香的天使的话打断了,现在要接着第二节,解释吹号的天使的工作。

---

⑫ Bauckham,"The Eschatological Earthquake," in *The Climax of Prophecy*,Chapter 7,pp. 199 – 209.

八 7　"第一位天使吹号,就有冰雹和混杂着血的火,投在地上。地的三分之一烧掉了,树的三分之一烧掉了,所有的青草也烧掉了。"

"第一位天使吹号,就有冰雹和火混杂着血的,投在地上"㊳　如果约翰当时所看到的,真是冰雹与火被抛在地上,可能这些东西有血的颜色。但这个异象的意义是什么呢? 有些作者认为在末世的时候,真的会有冰雹与火搀着血被抛到地上。㊴ 但另有学者认为约翰是借着旧约上帝施行的灾害的模式,来讲述上帝在末日要施行的审判。㊵

"地的三分之一烧掉了,树的三分之一烧掉了,所有的青草也烧掉了" "三分之一"是个特别的数字,但在圣经上出现过不止一次。三分之一的数量很大,全地面的三分之一,或全世界人口的三分之一,是一个了不得的大数目;但和全地面,或全世界的人口比较起来,仍属少数;另外的三分之二是多数。这样的数字在旧约别处也用过,如以西结书第五章二、十二节,撒迦利亚书第十三章八至九节,都提到审判要临到三分之一的对象,或三分之二得保守,这一类的表达。但这种说法可能只是显出这是犹太人当时惯用的词句,是个最方便表达多数和少数的方法,而不一定是哪一个根据哪一个来讲的预言。

第一号筒的审判使地的三分之一被毁了,但还有三分之二存在。上帝的时候还没有到,全世界被毁灭的日子还没有到,但这是一个严重的警告。地被毁灭,树木也被毁灭,上帝给人的刑罚极其明显。这里有学者认为树是特别指果木树,因为巴勒斯坦的树所结的果子对人生的关系极重要,㊶但这似乎是没有必要的推论。地上的青草也都被烧毁

㊳ 译文有改动,新译本在此的译法:"有冰雹和混杂着血的火",意思好像是说,只有火是混杂着血。但按原文的构造,是冰雹与火都混杂着血,所以按本句的译法较好;另参和合本修订版。

㊴ 参见何赓诗:《耶稣基督的启示》,页 163;Walvoord, *The Revelation of Jesus Christ*, p. 153.

㊵ 毕尔认为这灾害就如同出埃及记第九章所记,上帝借摩西所施行的冰雹的审判一样。当然他也同意此异象应该用象征法解释,但他从出埃及记第九章二十五、三十一节及以下经文作比较(那里说到冰雹伤害到小麦和大麦的收成),就认为这里的灾害可能是和本书第六章六节提到饥荒的灾害一样,参见 Beale, *The Book of Revelation*, p. 474. 这是一段令人费解的经文,但经这样的解释后,使解经的工作变得更复杂了。

㊶ Mounce, *The Book of Revelation*, p. 185.

了,显出火的破坏力。按着异象作为记号的用法来看,也不必认为这节经文与第九章四节有冲突。

八8　"第二位天使吹号,就有一座好像燃烧着的大山,投在海里。海的三分之一变成了血,

9　海里受造的活物死了三分之一,船只也毁坏了三分之一。"

第一号筒的灾害烧毁了地的三分之一,第二号筒的审判要毁坏海的三分之一。号筒吹响的时候,有一座好像烧着的火山被丢在海里,海的三分之一变成血,海里受造的活物死了三分之一,船只也毁坏了三分之一。

整幅图画是很难想象的,因为这是在人的经验不可能有的情况。从物质来说,没有人能看得见海的三分之一,海中的活物的三分之一等,但它所带来的后果则可以想象。有些学者认为这里应按字面的意思解释。[57] 以色列人出埃及的时候,上帝曾使尼罗河的水变成血,将来上帝也可以使海的三分之一变成血。我们不否认上帝可以这样做,但问题是这样的解释是否合理,是否是最好的解释? 毕尔将好像烧着的山解释作大巴比伦,[58]但这样的解释又失掉了如何保持象征的图画与所代表的意义两者关系的原则。这幅图画是约翰所见之异象,他没有清楚用他的背景来解释;他看见一个烧着的东西,如同一座山那么大,被抛在海里,使得海中的生物和船只的三分之一都被毁坏。火是上帝用来刑罚的工具,现在他用来在海中施行刑罚,陆地既不能逃脱上帝的审判,海也不能逃脱。但被毁坏的仍只是三分之一,极其严重,但却不是最终完全的毁灭。人应该接受如此的警告。

八10　"第三位天使吹号,就有一颗燃烧着的大星,好像火把一样,从天上落下来,落在江河的三分之一上,和众水的泉源上。

11　这星名叫'苦菫'。众水的三分之一变为'苦菫',因水变苦,就有许多人死了。"

---

[57] 参见 Walvoord, *The Revelation of Jesus Christ*, p. 154.

[58] Beale, *The Book of Revelation*, pp. 476f.

"就有一颗燃烧着的大星……从天上落下来"　如同前面烧着的山一样,燃烧的星是从天上下来的,表示从天上来的审判。

"落在江河的三分之一上,和众水的泉源上"　一颗星就影响了所有江河及水源的三分之一,这样的词句当然是象征性和代表性的。

"这星名叫'苦堇'。[59] 众水的三分之一变为'苦堇',因水变苦,就有许多人死了"　他们的死是上帝直接的刑罚。至于他们的死是否因为饮了苦水而来的结果,则是不必要的问题。[60] 重要的是因这刑罚,人受了审判。

八 12　"第四位天使吹号,太阳的三分之一、月亮的三分之一、星辰的三分之一,就都受到击打,以致日月星的三分之一都变黑了,白天的三分之一没有光,夜晚也是这样。"

第四位天使的号筒一吹响,太阳、月亮和星辰的三分之一都受到击打;这些天体一受到击打,白天和夜间的三分之一,都变成黑暗了。

按字面的意思看,这节经文的意思不大容易明白。日月星受击打,它们的三分之一变黑了,三分之一如何变黑了呢? 白天的三分之一没有光还较易解释,夜晚本就是黑暗的,三分之一没有光是什么意思呢? 但整体来说,意思很清楚,黑暗是一个可怕的刑罚。埃及人受到最后一灾之前的刑罚也是黑暗的灾。但第四号筒带来的只是三分之一的黑暗,不是全都黑暗,表示最后的、完全的刑罚还没有来到。

这几个号筒的审判,都叫我们一再联想到出埃及记,上帝向埃及人施行的灾害。两者都是上帝的刑罚。埃及人不肯悔改,最终上帝要把他们最好的毁灭,杀死他们头生的,然后把他自己的百姓拯救出去。这里显出,在末日人依然不肯悔改,至终人要彻底受到刑罚,只有属上帝

---

[59] 和合本译作"茵陈"。根据《康熙字典》或《辞源》一类书的解释,都没有提到这两种植物有苦味。《辞源》提到,严格来说,苦堇也可以是另一种叫作石龙芮的植物的别名,后者则有苦味。大量食用前两种植物都可能中毒。不过无法证明这两种植物,以及英文所用的"worm wood"与希腊文所用的 αψινθος,是否真的指同一种植物。所以中文圣经仍沿用已经普及的名字"茵陈",也许更好。

[60] "变苦"一词在新约用法只有本节和第十章十节,可以解释作苦味的意思,其他则作苦待、怨恨等意思,如歌罗西书第三章十九节。至于启示录的用法,也不一定真的是指苦的味道。

的人才能得救。

(iii) 第五、六号筒的审判(八 13～九 21)

(一) 第五号筒的审判(八 13～九 11)

八 13　"我观看,就听见一只在高空飞翔的鹰,大声说:'有祸了!有祸了! 住在地上的人有祸了! 因为还有三位天使将要吹其余的号。'"

这节经文是介绍第五、六两个号筒的审判,或者甚至也包括第七个号筒;不过,第七个号筒没有接连着第六个号筒吹响,要到第十一章的末了才吹响,到那时真正最末后的审判就要来临了。

"我观看,就听见"　这是约翰领受启示时常用的笔法。

"一只在高空飞翔的鹰,大声说"　或者有人会觉得约翰如何能听到一只鹰的飞翔,但这语句的构造应该是把"飞翔的鹰在大声叫"或"大声说"看成一个词,因为"飞"和"说"都是分词,一同形容"鹰"。鹰是圣经中常用来形容上帝施行审判的工具。[61] 现在约翰看见鹰在飞翔,同时又听到它大声宣布灾祸。

"有祸了! 有祸了! 住在地上的人有祸了!"　这里三次讲到"有祸了",配合最末三个号筒的灾害。等到实行的时候,第五、六两个号筒吹响之时,说明了是配合第一、二两个灾祸。但经文没有明说第三个灾祸是指什么,因此有学者认为第三个灾祸是指撒但从天上被赶到地上去的事(十二 12),[62]因为那里说"地和海有祸了",但这只是推测。

"还有三位天使将要吹其余的号"　鹰这样宣布,就表示下面的三个审判更加严厉。

---

[61] 参见申命记第二十八章四十九节、哈巴谷书第一章八节。福特将哈巴谷书第三章三至四节、出埃及记第十九章四节及申命记第三十二章十一节等经文,连在一起来解释第八章十三节,他认为这里的鹰是代表上帝自己,上帝亲自宣布要来的灾祸。上帝如鹰用他的翅膀搭救、保护他的百姓,却向抵挡他的人宣布灾祸,参见 J. M. Ford, *Revelation*, Anchor Bible (Garden City: Doubleday, 1975), p.146. 这样的解释和启示录一贯形容上帝施行审判的方法不符合。在别处没有见到上帝亲自如此宣布审判的事。

[62] Mounce, *The Book of Revelation*, p.190.

九 1　"第五位天使吹号,我就看见一颗星从天上落到地上,有无底坑的钥匙赐给它。

　　2　它开了无底坑,就有烟从坑里冒出来,好像大火炉的烟,太阳和天空因这坑的烟就都变黑了。"

讲七号筒的经文构造跟讲七印的经文构造相似。解释第五和第六印的经文比解释前四印的经文长得多。照样,解释第五、六号筒的经文比前四个号筒的经文长,而且相差的比例更大,因为下面三个号筒的审判被称为三个灾祸,是更严厉的审判。

"我就看见一颗星从天上落到地上,有无底坑的钥匙赐给它"　这颗星能够接过钥匙来,它当然是一位天使。钥匙当然是从上帝那里接过来的,要按上帝的旨意,施行审判。[63]"无底坑"是圣经常用来形容恶者、邪灵或撒但受拘禁和刑罚的地方(参见十七 8,二十 3),掌管的权柄在上帝手里。现在上帝将钥匙交在这位使者手里,他就要按上帝的旨意去打开了。

"它开了无底坑,就有烟从坑里冒出来"　无底坑在此被形容作好像一口井,有一个出口,在井口上有锁锁住。此封住的出口一打开,就有烟冒出来。这情景是否像一些旁经所说,无底坑里有火烧着,是一个施行刑罚的可怕地方?[64]这也许是当时人的观念。

"太阳和天空因这坑的烟就都变黑了"　第八章十二节曾提到"日月星的三分之一"变黑了,是因受到击打。这里描述太阳和天空变黑,是因为无底坑冒出大量的浓烟。

九 3　"有蝗虫从烟里出来到了地上;有能力赐给它们,好像地上

---

[63] 毕尔将此经文和以赛亚书第十四章的经文连在一起,认为此天使是代表犯罪的人类;他称此天使为一个堕落的天使,可能就是第十一节讲的作蝗虫队伍的王、无底坑的使者,参见 Beale, *The Book of Revelation*, pp.491ff.这样的解释似乎很牵强。第一节说,一颗星"从天上落到地上"的"落",不一定要解释为属灵的堕落。此使者的"落"只是位置的改变,从天上落到地上,参见 Charles, *Revelation*, vol. I, p.239.而且他要是一个反抗上帝的天使,他使蝗虫伤害人,对他自己的计划有什么帮助?如果第五号筒的灾祸是从上帝而来的审判,将此审判解释作撒但的使者去伤害人,因为他自己要受到审判,这立场似乎与整本启示录的思路都不符合。

[64] Charles 引用 I Enoch 21:7.

蝎子的能力一样。"

　　从烟里有蝗虫出来,这些蝗虫得了像蝎子一样的能力,可以伤人。整个审判都用了高度象征性的词句。虽然有些学者解释,巴勒斯坦可能曾有一种生物,几寸长,身上有甲壳,有毒爪可以伤人,但这只是揣测,没有具体的证据支持。就算有些理由,也没有方法解释为何这些生物好像要上阵的马,它们有人的面孔等话语。这些生物称为蝗虫,可能是说它们会飞的样式和数量极多的形状。它们有像蝎子一样的权柄可以伤人,不一定是有蝎子的刺。它们伤人,叫人受伤以后,难受的程度如同被蝎子螫了一样,却不一定是受了蝎子螫的伤。

　　九4　"有话吩咐它们,不可伤害地上的草,和所有青翠的东西,以及所有的树木,只可伤害那些额上没有上帝印记的人。"

　　这些蝗虫要去执行毁坏的任务时,有话吩咐它们说,它们不可以伤害任何青翠的植物,只可伤害那额上没有上帝印记的人。属上帝的人还存留在地上时,不会受到伤害,因为他们受到上帝的保护。

　　至于是谁,用什么方式吩咐这些蝗虫,就不必明讲了。只表明这些伤害、毁坏的器皿是上帝差来,由上帝管制,要完成他的使命。在旧约,上帝常使用蝗虫作刑罚的工具,如出埃及记第十章、列王纪上第八章三十七节等,可能是指真正的蝗虫;约珥书第二章所用的,可能是象征的用法,这里的意义也是如此。

　　九5　"蝗虫没有能力杀死他们,只可使他们受痛苦五个月。他们的痛苦就像人给蝎子螫了的痛苦一样。"

　　蝎子伤害人的时间只是"五个月",这当然是一个象征的数目,是表明一个有限的时间,是上帝定好的时间。蝎子螫人的痛苦不会使人致死,只给人难以忍受的痛苦。这里用的"痛苦"一词,原文有"折磨",出于刑罚的痛苦的意思。⑤ 这段受蝗虫伤害的日子,就是对那些拒绝上帝的人刑罚的日子,盼望借此使他们悔改。

------

⑤ 这里的"痛苦",有"torture""torment"的意思,参见 BAGD,under βασανίζω.

九 6　"在那些日子,人要求死,却决不得死；切愿要死,死却远离他们。"

受苦的情况不能减少,人也不能逃避蝗虫的伤害,他们在失望之中,希望死去,但是却不能死。

"人要求死"和"切愿要死"两个句子是平行的,重复地讲可以加强表达他们求死的心。"切愿要死"表示他们心里的愿望,"人要求死"是表示积极的行动去寻求。这些悖逆的人只想求死,以脱离眼前的痛苦,却不肯在上帝面前悔改,所以死也远离他们。但实际上,就算肉身死去,不再有肉身的折磨,他们也不能脱离他们的痛苦。

九 7　"蝗虫的形象,好像是预备好了要上阵的战马一样。它们头上戴的好像金冠冕,脸像人的面孔,"

从本节到第十节这四节经文,都是形容蝗虫的形状。但在用词方面,讲蝗虫每一个样貌时,它的头,它的面,甚至它整体的形象,都用"好像",或"像"的字眼,从来都没有说它"是"什么样子。它的形象非常奇特,是人从来没有见过的,所以约翰只能用他可能想象到、相近的字眼来形容。这大概是见异象时自然的现象,所以在解释时,我们也不可以把"好像"解释作"是"的意思。至于蝗虫好像战马,这一类的解释应该没有什么重要。但整个图画表达出一个勇猛、精灵、凶残、可怕的形象。

这些蝗虫像一些预备上阵的马,头上戴着金冠冕,脸面像人的样式,可能是表示它们勇猛、威风,又好像有人的智慧的样式。

九 8　"它们的头发好像女人的头发,牙齿好像狮子的牙齿；"

"女人的头发"　通常是长头发,在犹太人的一些传统中,有时长头发是代表力量的所在。但此处大概没有这样的意思,因为蝗虫头上没有长毛,可能只有两根触须。不过我们记得,这里的蝗虫不真是蝗虫,只是一个记号。

"牙齿好像狮子的牙齿"　表示极其凶恶可怕。

九 9　"它们的胸甲像铁甲,它们翅膀的声音好像许多马车奔驰上阵的声音。"

它们翅膀的声音也极其夸张,如此显得更为可怕。而且它们可以去攻击人,却不用怕被攻击,因为它们有铁甲保护。

九 10 "它们好像蝎子一样有尾巴和毒刺,它们的尾巴能伤害人五个月。"

最后结束形容蝗虫的话又回到开始时所讲的话(第 3~5 节)。它们的尾巴好像蝎子的尾巴,有毒钩可以伤人五个月(参见第 3~5 节的注释)。这些蝗虫的使命是折磨人,使人受痛苦五个月,但不会杀死人,因为上帝的审判还没有结束,他仍在盼望人悔改。

这些蝗虫形状奇特,样子可怕。它们所做的都对人有害,使人受苦。它们是从无底坑上来的,可以说是地狱的使者,但却是上帝所差遣来刑罚人的工具。最终它们要受上帝的掌管。

九 11 "它们有无底坑的使者作王统治它们。这王的名字,希伯来话叫阿巴顿,希腊话叫阿波伦。"

在它们执行使命的时候,有无底坑的使者作王统治它们。此使者不是像一颗星一样从天上降下来,它是这些鬼魔的头子,是鬼魔的王。

它的名字是"阿巴顿",⑯是"毁坏"的意思,也可译作"灭亡"或"死亡"(如伯二十六 6),这里则用作"毁坏者"的意思。它又叫"阿波伦",此字是希腊文"毁坏者"的意思,可能就是从希伯来文的"阿巴顿"翻译过来的字。

它们的王是一个属灵的恶魔,这些蝗虫当然也是属灵的,只不过是用物质形体显现。它们要做的,就是毁坏的工作。

(二)第六号筒的审判(九 12~21)

九 12 "第一个灾祸过去了。看哪,以后还有两样灾祸要来!"

在第四个号筒吹响以后,有一只鹰在天空宣布下面将要临到世人的三个灾祸(参见八 13 的注释)。这三个审判的灾祸,比前面的审判更

---

⑯ 希伯来文 *'abaddôn*.

加严厉。第五个号筒的审判就是要来的第一个灾祸,现在第一个灾祸
已经过去,另外的两个灾祸就快要来了。

九 13 "第六位天使吹号,我听见有一个声音从上帝面前金坛的
四角发出来,"
这声音也许是从上帝来的,或者是第八章三节,那站在祭坛边,将
圣徒的祷告献上的天使发出的,以传达上帝的旨意。⑰

九 14 "对拿着号筒的第六位天使说:'把捆绑在幼发拉底大河的
那四个使者放了吧。'"
第六位天使不单要宣布第六个号筒的审判,而且他要参与执行。
他要去把捆绑在大河的使者释放。这四个使者大概和前面说的无底坑
的使者差不多,是毁坏的使者,要来为上帝执行审判、毁坏的工作。时
候未到以前,他们受上帝限制,不能任意行动。前者被囚禁在无底坑,
后者被绑在幼发拉底河边。
幼发拉底大河一向被认为是应许地东边的边界,是以色列民的屏
障。大河以东是凶猛可怕的敌人住处。耶利米书第四十六章讲到巴比
伦王尼布甲尼撒,但以理书第十章讲到波斯魔君,他们都代表可怕的敌
军。上帝审判的时候到了,大河的使者被释放,不再有拦阻了,可怕的、
毁坏的大军就要来到了,上帝更重的刑罚要开始了。

九 15 "那四个使者就被释放了,他们已经预备好,要在某年某月
某日某时杀害人类的三分之一。"
这四个使者执行毁灭的工作,一被释放,就要来杀死地上三分之一
的人。在一个固定时间就杀死这么多的人,只有在末日的审判中才
可能发生。这里的用字很精确,"某年某月某日某时"四个词只有一个

---

⑰ 按经文的语句,意思不清楚;"发声"一词,有的版本用复数,有的用单数,用的格(case)也
不同,因此解经家就有不同的看法。孟斯认为声音有可能是圣徒祷告的传达,参见
Mounce *The Book of Revelation*, p.199, n.30.但圣徒的祷告能吩咐吹号的天使做事吗?
奥恩则认为最好是解释作祭坛的四角如同号角,本身可以出声,参见 Aune, *Revelation*,
vol.II, p.536.但这些解释都极不自然。

冠词，[68]表示绝对确定。第五个号筒的审判给人难以忍受的痛苦，但人却不能死，这里却有三分之一的人要被杀，这是更严厉的审判，但被杀的却仍只是三分之一的人，其余的人仍有机会悔改。

九 16　"马兵的数目有二万万；他们这个数目我听见了。"

这四个使者又像无底坑的使者一样，有王权可以统治一个极大数目的马兵。此马兵的数目多到无法计算。中文用"二万万"，其实所用的"万"字，应该是指"无数"，是一个大得不能计算的数目。这些马兵的数目是"无数"乘"无数"再乘两倍，所以约翰要表达的数目是"大到无法计算"。第五章十一节译作"千千万万"的字和这里用的字差不多完全一样，只是没有"二"字。

九 17　"在异象中，我看见那些马和骑马的是这样：骑马的穿着火红紫青和硫磺色的胸甲，马的头好像狮子头，有火、烟和硫磺从马的口中喷出来。"

现在约翰要讲马和骑马者的具体形状，在解释以前，他事先说明是在异象中看到的。

"异象"　这个词在启示录除了这里，只用过两次，都是在第四章三节。在那里两次都译作"看来"（和合本没有翻译出来），意思是"在外表上看来"是这样子，真正是什么，乃是另一回事。例如在地面上有太阳光反射时，看起来也许像水，但其实不是水。约翰在这里看见的也是如此，他所见的，看来像马和骑马的，但实际上是什么，就是另一回事。因为约翰所见的，是异象中的形象，无法用他的经验讲出来，所以只有把"看来"的样子写出来。

"骑马的穿着火红紫青和硫磺色的胸甲"　这些马和骑马者的形象很奇特、可怕，甚至令人厌恶。火红色加青色与黄色，是一组很不悦目的颜色，而且最后审判的刑罚是硫磺火湖，这些形象都是令人惧怕的。

---

[68] εἰς τήν ὥραν καὶ ἡμέραν καὶ μῆνα καὶ ἐνιαυτόν，按原文次序，应是："某时某日某月某年"（参见 KJV、NASB、NIV、RSV）。

"马的头好像狮子头" 表示它们的凶猛。

"有火、烟和硫磺从马的口中喷出来" 这三种颜色就和骑马者胸甲的颜色差不多。

九 18 "马口中喷出来的火、烟和硫磺这三种灾害,杀死了人类的三分之一。

19 马的能力是在口中和尾巴上。它们的尾巴像蛇,并且有头用来伤人。"

马的样子可怕,它们带来的审判更可怕。马口里喷出来的毒素要杀死人类的三分之一,这一个审判比以前所有的审判更加厉害。以前的审判都只令人受苦,这次要直接杀死那么多人,不过杀人的,都是马所做的,而不是骑马者做的。没有被杀的人不是没有遭遇灾害,因马的尾巴像蛇一样,马尾又有头,可以伤害其他人。这是代表它伤害人的能力。

九 20 "其余没有在这些灾难中被杀的人,仍然不为他们手所作的悔改,还是去拜鬼魔和那些金、银、铜、石头、木头做的,不能看、不能听、也不能走路的偶像。

21 他们也不为自己的凶杀、邪术、淫乱和偷盗悔改。"

那些没有被马杀死、尚未得救的人,他们虽然经过了蝗虫的灾害、马尾的伤害等一切的灾殃,仍不肯悔改。

"他们手所作的" 有人认为这句话是指偶像说的,因为偶像都是人手所做。[69] 但另一方面,这句话也可以解释作他们拜偶像的行动(如诗九十 17 的用法)。其实这两种看法的分别不大;特别在这里的用法,他们拜偶像的行动中所拜的偶像,都是他们自己的手所做的。

不过整体来说,世人拜偶像是一个更显著的罪,比制造偶像更明显。拜偶像就是不承认上帝,这是人被定罪的一个主要原因(参见罗一

---

[69] 奥恩引用诗篇第一一五篇四节、第一三五篇十五节等经文支持他的看法,参见 Aune, *Revelation*, vol. II, p. 541.

20)。现在世人已经看见了上帝审判的真实，上帝正义的彰显，上帝刑罚的可怕，他们仍不肯悔改自己的罪。

"**仍然不为……悔改**" 这语句表示他们有可能悔改，同时上帝也在盼望他们悔改；不过上帝并没有预见他们悔改。整个启示录的第二个异象的审判都是刑罚性的，上帝降下刑罚是给人警告：最末后的大审判就要来到了。趁着还有机会，人应该悔改归向上帝。不过，上帝并非强迫人悔改，人可以自己选择。人若选择悔改，离开罪恶归向上帝，他会向他们施恩；他们若硬着心，坚持不肯悔改，就要对自己的选择负责任。这是圣经一贯的教训。

"**还是去拜鬼魔**" 世人拜偶像，但偶像所代表的假神根本不存在（参见林前八 4）。当人拜偶像的时候，它们就成了鬼魔利用的工具；拜偶像就是拜鬼魔。

"**金、银、铜、石头、木头**" 这里约翰讲到一些偶像的来源性质，它们是人用一些物质造的，没有任何人性的表现，就更不用说神性的存在了（圣经中有很多形容偶像的话，参见诗一一五 4～8，一三五 15～18；耶十 3～5、8～9）。把这些偶像当上帝来敬拜，是何等愚拙、何等冒犯上帝的事。

"**不为自己的凶杀、邪术、淫乱和偷盗悔改**" 这些人不为他们拜偶像的罪悔改，自然也就不会为他们生活中的罪行悔改。人的生活标准常与他所拜的神的道德伦理观念相连；而且人这样的生命本性，也是按自己的意念为准绳，自然不能活出蒙上帝悦纳的生活。这里所讲的罪行，不单有凶杀、奸淫，也包括行邪术这一类的错谬，都是在不信的人中常见的事。圣经中别处的经文也常责备这样的行为（如罗一 23ff.；加五 19～21）。

(iv) 七号筒审判中的插曲（十 1～十一 14）

（一）小书卷的异象（十 1～11）

在启示录整本书的组织中，七印的灾害和七号筒的灾害，基本的安排是一样的；每一样的审判都分成两组，前四个成为一组，后两个成为一组，在这两组审判以后都有一段插曲。第六个印以后的插曲，是对教会的安慰,上帝要用他的印作记号,在审判中,他要保守属他的人。第六个号筒以后的插曲,是给教会的挑战和鼓励,即使面对更严厉的审判和世人的反对,他们仍要去传上帝的旨意。第七印打开的时候,就引进七个号筒的审判;第七个号筒吹响的时候,上帝审判的工作就要完成了。撒但要作他最后的抵抗,上帝最终的救赎计划,即最终七碗的审判都要彰显出来了。第二个异象,即基督审判世界的异象,就要完成了。

十1 "我又看见一位大力的天使从天上降下来,身披云彩,头上有彩虹,脸像太阳,两脚像火柱一样,"

约翰自从领受第二个异象的时候,就被圣灵提到天上去了(四2),现在他看见天使从天上降下来,可能他在灵里又回到地上。下文他领受小书卷的行动,也应该是在地上发生的。

"我又看见一位大力的天使" 正确的译法是"另一位大力的天使",可能是要与第五章二节和第十八章二十一节用的"大力的天使"分别出来;也可能是与其他的天使分别出来,如第八章三节拿着金香炉的天使。[70] 这位大力的天使大概是上帝差来,肩负特别的使命(如七2的天使)。有一点值得注意,有些学者认为这位天使身披云彩等形象,是指基督说的。[71] 但在新约中,特别是启示录,从来没称基督为天使。[72] 至于"披着云彩"的形象,也不一定证明他就是基督。因为连那两位教会的见证人被杀后,复生过来,也是被接,驾着云上了天(十一12)。当然那里的升天是象征性的,但却显出被造的人可以驾着云升天。这里也应该是指一位特别从上帝接受特别使命的天使。

下文约翰形容这位天使的形象,用的几个形容词都是圣经有时用

---

[70] 新译本没有将"另一位"(ἄλλον)的意思译出来,其实在大多数较好的新约版本中都有此字;025,2053,P046等版本没有此"另"字。奥恩认为大概是因为上下文没有别的大力的天使可以与之相比,所以抄写的人为改正,故意把它省略了,参见 Aune, *Revelation*, vol. II, p. 348, n. l. a.

[71] 如何赓诗:《耶稣基督的启示》,页1760;Seiss, *The Apocalypse*, p. 223;Beale, *The Book of Revelation*, pp. 522f.

[72] 参见 Alford, *The Greek Testament*, vol. IV, p. 649;Swete, *The Apocalypse of St. John*, p. 126;Beckwith, *The Apocalypse of John*, p. 580;Morris, *The Revelation of St. John*, p. 137;Mounce, *The Book of Revelation*, p. 207.

来形容上帝或基督的。在此以前，在启示录中约翰没有如此形容过天使。由此显出这位天使在启示过程中占着重要的地位。

"身披云彩，头上有彩虹，脸像太阳，两脚像火柱" 多位学者都指出，这些形象是上帝在百姓出埃及时，所显现的形象，表明他对百姓的光照、引导、保护等。⑦ 在这里就表明上帝的启示对他百姓的关心，正如出埃及时，上帝对百姓的关心一样（参见出十三 21～22）。

十 2 "手里拿着展开的小书卷。他的右脚踏在海上，左脚踏在地上，"

"手里拿着展开的小书卷" 第五章开始讲到一个用印封住的正常书卷，要等羔羊来开启；现在站在天使面前的，大概没有别的世人，而且书卷也是为约翰预备的，所以不必封闭。第五章所提到的书卷，如果是写着上帝对整个世界的计划，这里的书卷所写的，大概只是上帝计划的一部分，所以是"小书卷"，用形容体积的"小"字来表达此思想。

"他的右脚踏在海上，左脚踏在地上" 这位天使不单大力，而且体型也巨大。约翰在异象中看见他右脚踏在海上，左脚踏在地上，在人的经验中是一个没法想象的图画。

十 3 "大声呼喊，好像狮子吼叫。他呼喊的时候，就有七雷发声说话。"

"大声呼喊" 如同第五章的天使一样，这位天使也大声地呼喊。两处所用的"大声"，原文相同。⑭

"好像狮子吼叫" "吼叫"一词表示一种低沉、可畏的声音。此声音又大又威严可畏。随着天使的吼声，就有七雷的声音。

"就有七雷发声说话" 七雷的声音是用人能听得懂的话语出声。在希腊文，"七雷"一词有固定冠词，表示约翰对这七雷已有认识，他知

---

⑦ 参见 Morris，*The Revelation of St . John*，p. 137；Mounce，*The Book of Revelation*，pp. 209f；G. B. Caird，*A Commentary on the Revelation of St . John the Divine*（N. Y. ：Harper & Row，1966），p. 126；A. M. Farrar，*The Revelation of St . John the Divine*（Oxford：Clarendon Press，1964），p. 12.

⑭ φωνῆ μεγάλη.

道这七雷的话是应当听从的。

十4 "七雷说话的时候，我正要写下来，就听见有声音从天上出来，说：'七雷所说的你要封住，不可写出来！'"

约翰大概在见异象时，要把较重要的事，或者需要准确记载的事，立即写下来。现在听见七雷所说的话，他就要写下来。但天上有声音说：不要写下来。

"有声音从天上出来" 这天上来的声音是谁呢？我们不能确定；但不论是谁说的，都一定是上帝的旨意。

"七雷所说的你要封住，不可写出来" 七雷所说的内容既然被封住，人就没有可能知道了，我们也不能推测出来。解经家仍有不同的猜测。既然上帝不准约翰写出来，又何必记载有七雷说话这件事呢？原因可能是这段经文讲的，都是上帝对世人刑罚性的审判，希望借此使人悔改。凡是圣经记载下来的，都要应验，这七雷所说的，也是一些审判。但因为人心刚硬，不肯悔改，即使多加审判，他们仍然不肯悔改，最终人都要受毁灭性的刑罚。上帝因他的怜悯，就免除了这七雷的审判，不必再叫人多受这些刑罚了，反正他们不肯悔改。如此就显出上帝仍有他的慈爱和怜悯。

十5 "我看见那站在海上和地上的天使，向天举起右手来，

6 指着那活到永永远远，创造天和天上之物、地和地上之物、海和海中之物的上帝起誓，说：'必不再延迟了！

7 到第七位天使吹号的时候，上帝向他的仆人众先知所宣告的奥秘，就要实现了。'"

"向天举起右手" "向天举手"是旧约时候，人起誓，或祷告，或祝福等固有的姿态，以表示严肃、庄重（参见申三十二40；王上八22、54；但十二7）。

这里天使郑重地指着上帝起誓。这位上帝是活到永永远远、创造宇宙万物的上帝，也是掌管天地万物的上帝。

"指着……上帝起誓" 表示"像这位上帝一样地信实不改变，我所起誓的话也是如此真实不改变"。

"必不再延迟了" 和合本的译法"不再有时日了"的意思不清楚，"不再延迟了"是这句话真正的意思。[75] 在第六章十节，祭坛底下圣徒的灵魂向主说："你不审判住在地上的人……要到几时呢?"现在上帝借着天使回答说："不再延迟了。"上帝的时候来到，要给他忠心的仆人伸冤。

"到第七位天使吹号的时候" 第七节的开始有一个很强的表达对比的字，可以译作"但"：不再延迟了，"但"到第七位天使吹号的时候，上帝就要给他的仆人伸冤了。如此就把第七号的吹响，和原来的延迟，两个思想的对比表达出来了。过去，按上帝的计划，上帝的审判是延迟了，但现在不再延迟，一切都要实现了。

"上帝向他的仆人众先知所宣告的奥秘" "奥秘"一词不是指一些不可知的事，乃是指一些过去隐藏、人凭自己无法知道的事，到了时候，上帝将它启示出来。虽然在一段经文具体的上下文里，可能指文中所讲的一件事，但基本上"奥秘"一词，都是指救恩的成就。在哥林多前书第十五章五十一节所讲的奥秘，是指主再来时，属主之人的身体要改变。罗马书第十一章二十五节是指上帝最终对以色列人的计划。以弗所书第三章三节及以下经文所讲的基督的奥秘，是指外邦人无需变成犹太人，就可以得救。歌罗西书第二章二节所讲的上帝的奥秘，是指一切智慧和知识的宝库都蕴藏在基督里。帖撒罗尼迦后书第二章七节讲到"不法(之人)的奥秘"(此语在和合本译作"不法的隐意"，新译本译作"不法的潜力")，是指不法者的力量今天被限制住，将来在主再来时，它就不会再受限制，然后它要被主毁灭。这一切都是要讲明上帝完成他救恩的方法，是人凭自己的思想没法想象的。

"就要实现了" 等到第七位天使一吹响号筒，这一切就都要显明了，一切都要按上帝的意思成就。

十8 "我先前听见那从天上来的声音又对我说：'你去，把那站在海上和地上的天使手中展开的书卷拿过来。'"

"我先前听见那从天上来的声音对我说" 约翰又听见天上的声

---

[75] 参见 BAGD, χρονός.

音,就是先前吩咐他,不可把七雷的话写下来的那位天使。

"你去,把那站在海上和地上的天使手中展开的书卷拿过来" 这声音既是从天上来的,带着天上来的权威,约翰当然要遵从。他再次提到那位站在海上和地上的天使,带着权柄和威严有权掌管一切。约翰去请天使把展开的小书给他。

这里天上的声音吩咐约翰时,并没有明说是去拿"小书",只是用"书卷"一词。并非说是指另一本书,只是因为在这样的上下文里,"书卷"当然是指那本小书。在下文约翰走向天使的时候,他就用小书卷了。

十 9　"我就走到天使那里,请他把小书卷给我。他对我说:'你拿着,吃下去。它必使你肚子苦涩,但是口里好像蜜一样甘甜。'

10　我就把小书卷从天使手中拿过来,吃了,在口里果然甘甜如蜜;但是吃完之后,我肚子就觉得苦涩。"

约翰遵从天上声音的吩咐,就请求大力的天使,把小书卷给他。天使给他的时候吩咐他拿着小书卷吃下去,虽然它使约翰肚子苦涩,但是口里却好像蜜一样甘甜。约翰按着天使的吩咐,接过书卷来,吃了,果然口里甘甜如蜜;但落到肚子里就觉得苦涩。在预言中,上帝叫他的仆人吃写着上帝话语的书卷,来表达他们要吸收、经历他的话。旧约其他地方也曾提及,有时是在异象中(结二 8～三 3,三 4～11 等),有时也许只是在灵里的经历(耶十五 16)。这里天使给约翰的吩咐,是约翰要亲身经历的,当然,不同时代的先知要"吃的具体内容"就不一定一样。

至于小书卷的内容,不同的学者有不同的看法。有人认为小书卷的内容是整个福音信息或上帝整个救恩的计划。⑯ 莫里昂认为是上帝的话,而不能再有具体的解释。⑰ 布鲁斯认为是指第十一章两个见证

---

⑯ W. Hendriksen, *More Than Conquerors*, *An Interpretation of The Book of Revelation* (Grand Rapids: Baker, 1962), p.151.何赓诗更认为如此就显明此书卷和第五章的书卷是相同的,参见何赓诗:《耶稣基督的启示》,页 184。

⑰ Morris, *The Revelation of St. John*, p.141.

人所受的逼迫，来代表教会要受的逼迫。[78] 整体来说，撒模士（Summers）的解释比较中肯，他认为小书卷的内容是给全人类审判的信息；教会因与罗马的冲突、受敌人的攻击，罗马则要受到上帝的审判。[79] 但却没有解释为何约翰口里会有甜如蜜的感觉。

如果第六节的"不再延迟了"指上帝回应祭坛底下的灵魂伸冤的呼求（参见第 6 节的注释），那么这小书卷的内容一定包含为受害的圣徒伸冤的信息。所以约翰放在口里吃，会觉得甘甜如蜜。但第七个号筒所带来的启示，不单是为圣徒伸冤，也包括第十一章的内容：教会为主作见证所要受的逼迫，并且包括全世界要遭受的"第三样灾祸"，及最后上帝要施行毁灭的刑罚。这些痛苦叫约翰的肚子苦涩。

十 11 "他们又对我说：'论到许多民族、邦国、方言和君王，你必须再说预言。'"

这时约翰又听见有话对他说。

"他们又对我说" 本节的第一句话应该是"他们说"，但"他们"指谁？解释较困难。所以最好解释作普通的、无主词的"有话说"。[80]

"论到许多民族、邦国、方言和君王，你必须再说预言" 约翰听到有命令吩咐他，要向多民、多国、多方言、多王，再说预言，即是要向全世界所有的人再说预言。因为下面的预言是关乎所有的人。

这命令与前面对小书卷的内容解释完全符合。小书卷的内容是关乎所有的人，而不是单单对教会，或对不信的人说的。

(二) 两个见证人的异象（十一 1～14）

这段经文被多位学者称为启示录中特别难解释的经文。何赓诗认为它是全书中最难解释的经文，[81]因此他要把每句经文按着字面的意思来解释。另外使此书难解的原因，是很多学者有时会按字面意义、同

---

[78] F. F. Bruce, *Revelation*, The International Bible Commentary（Grand Rapids：Zondervan, 1986），p. 649.

[79] R. Summers, *Worthy is the Lamb*（Nashville：Broadman, 1951），pp. 161f.

[80] "It was said;"参见 MHT, accidence, pp. 447f.

[81] 何赓诗：《耶稣基督的启示》，页 185。

时又按象征意义来解释本段中不同的经文。结果，差不多每位学者都有一些独特的解释。我们不要忘记本书的主旨，乃是上帝用记号把未来事物的计划，启示给约翰知道。读的时候，我们就必须按记号所代表的意义来了解。

约翰刚刚领受了启示，上帝用吃小书卷的方式，吩咐他去向多国、多民再发预言。此多国、多民包括地上的万民，也包括属上帝的人，就是教会。上帝要"使"他的两个见证人去传道，完成教会的本分。他们去传道的时候，世人会拒绝他们；从无底坑上来的撒但使者也要来逼迫他们，甚至杀害他们。这些事上帝已警告他的仆人，约翰把小书卷吃下以后，他的肚子发苦。属上帝的人被迫受害以后，上帝要接纳他们；但世人拒绝上帝给他们的信息和悔改的机会以后，要有更可怕的审判临到他们，这也使得约翰心里更加痛苦。作为见证人的使命，从此角度看，就比较清楚了。首先约翰量度圣殿，为两个见证人的启示作预备。

十一 1　"有一根好像量尺的芦苇赐给了我，又有话说：'你起来，把上帝的圣所和祭坛，以及在里面敬拜的人，都量一量、数一数。'"

"有一根好像量尺的芦苇赐给了我"　约翰得到一根苇子，可作量度的杖。苇子是一种多年生的草本植物，身直、中空，颇像竹，有节；但身幼细、体轻，不生枝杈，身长约十余尺，很适合作量度大型物件用，如量度房屋。

"又有话说：'你起来，把上帝的圣所和祭坛，以及在里面敬拜的人，都量一量、数一数'"　圣经常有先知被上帝差遣去量度一些人或物件，用这些行动作为记号，来表达上帝要施行的作为。这些行动可能是表明上帝的保守，或者刑罚，或是把某些人、物件分辨出来（参见撒下八2；结四十一～四十三章）。这些量度的行动当然都有一些象征的意义。要用手中的杖去量几十肘的长度，甚至五百肘的长度，或者还有可能，但要去量几万肘的长度就很难执行了。

这里上帝要约翰去量在圣所中礼拜的人，也令人很难明白。因此，莫法特在此译作"数一数"在圣殿中礼拜的人，⑧大概这是新译本加上

---

⑧　Moffatt, *The New Testament*.

此语的原因(在"数一数"下面加上点)。如果整幅图画都是用象征的记号写成,就对第十一章两个见证人的解释有重大的影响。作见证是教会的基本使命,因教会的见证可把上帝的旨意传开,这是撒但绝对不喜欢的事。两个见证人因他们的工作要受迫害,就是表示在真正末日的时代,教会要因着她的见证受到不可言喻的迫害。[⑧] 但对上帝忠心的教会虽然在地上受到迫害,上帝绝对不会忘记他们。

约翰所要量的是"圣所",也包括"祭坛"。这里的"祭坛"应该是指烧香的坛,是指教会最真实的敬拜。已经被丈量过的,是要蒙上帝的保守。很多外面的事物可能遭破坏,甚至有不少见证人都会被杀害,但真正敬拜的教会不会被毁坏。

十一2 "但圣所外面的院子,不要量它,因为它已经给了外族人,他们要践踏圣城四十二个月。"

"但圣所外面的院子,不要量它,因为它已经给了外族人" 被量过的人是在灾难的日子要受保护的人,如同第七章提到受上帝的印记所印的人一样。外院的人是不属上帝的人,是在灾难的日子不会受保护的人。约翰是用旧约圣殿的构造,犹太人的院子和外族人的院子的分别,来表达在末日属上帝的人和不属上帝的人的分别。用旧约的事物来表达它象征的真理。在末日的审判中,属上帝的人和属上帝的教会要受到保护,不属上帝的人得不到保护。至于这里所说"圣所外面的院子"是指所罗门圣殿的外院,还是希律圣殿的外院,则似乎是没有必要讨论的问题。

"他们要践踏圣城四十二个月" 这些外族人抵挡上帝,在上帝最后的刑罚没有临到以前,上帝准许他们践踏圣城四十二个月。这数目代表的时间,和第三节两个见证人传道的时间一千二百六十天,第十二章六节妇人在旷野逃避大红龙的一千二百六十天,第十二章十四节妇人被供养的一年两年半年,第十三章五节海中上来的兽任意而行的四十二个月,所说的时间都一样。对这时间象征的用法,很多学者都认为

[⑧] "It seems best to take the witnesses as symbolizing the witnessing church or some parts of it;" Morris, *The Revelation of St. John*, p.144;参见 Kiddle Caird 的见解。

可能是从但以理书第七章来的。那里讲到百姓的仇敌要折磨圣民,践踏圣城三年半(但七 25)。㉞

在外族人逼迫严厉的时候,教会带着能力去作见证。教会的见证可能受到拦阻,甚至见证人会遇害,但教会的见证不会被毁灭;上帝的时候到了,他要施恩。这里就是要显出"三年半"的另一个意义。三年半是七年的一半,七要代表完全的数目,却是抵挡上帝的人所不能达到的。当他们得到胜利,可以任意践踏圣城的时候,上帝要施行他的作为,干预他们的行动,他们只能践踏圣城四十二个月,即七年的一半,中途要被上帝拦阻。他们不可能完全毁坏教会的见证。下文将要解释两个见证人的异象(十一 3～14)。

十一 3　"我要赐能力给我那两个穿着麻衣的见证人,他们要传道一千二百六十天。"

"我要赐能力给"　这里用的主词"我",是第一人称,是主或者上帝自己说的,由此显出前两节的话是天使所说。"我要赐能力给"一语原文是"我要给"(新译本在"能力"下边加上点)。但"给"的原文可以有"准许""安排"等意思,所以译作"我要使……"就可以了。

"穿着麻衣"　可能是表示忧伤、懊悔的意思。

"两个……见证人"　不易确定这两个见证人是谁,是很多学者认为这段经文最难解释的主要原因。有不少学者都认为这两个见证人是指历史上两个具体的人,㉟但很少有人完全同意这两个人到底是指谁。这些学者主张他们是两个历史上的人物,其中一个主要的理由,是经文提到他们时,用了定冠词,"我那两个……见证人"。㊱ 但定冠词的用法指具体的人或具体的事件,都同样合适。如用在主对教会的旨意、主对教会的盼望、主给教会的使命等句子,用定冠词都很合适。

从下文形容两个见证人的话来看,这两个见证人极像摩西和以利

㉞ Morris, *The Revelation of St. John*, p. 145; Mounce, *The Book of Revelation*, pp. 221f.

㉟ 如何赓诗、张永信、Walvoord 等。

㊱ τοῖς δυσὶν μάρτυσιν.

亚。而且从旧约的预言,犹太人大多数都相信主再来以前,摩西和以利亚会先来(玛四4~5)。而且在主登山变象的时候,这两位上帝的仆人,曾预先向门徒显现,好像更证实此预言的确定(参见可九2~6)。但事情过后,门徒问主有关以利亚在末日以前要先来的事。主说:"以利亚已经来了"(太十七12),门徒就明白主是指施洗的约翰(太十七9~13)。约翰要做以利亚的一些工作,因为他有以利亚的心志能力(路一16~17)。因此,这些经文就显示主再来以前,摩西和以利亚要先来的意义。约翰就是以利亚,他要做使以色列人回转的工作。"摩西是旧约中伟大的拯救者及律法的颁布者,以利亚则是众先知的代表。"㊲他们的使命就代表了教会的使命,特别在末日灾难的日子,教会在完成她的使命时,要遭受可怕的迫害。但上帝不会离弃他的教会。所以这里的两个见证人,是代表教会两方面的使命,如同摩西和以利亚的使命一样:传讲律法和先知的信息。这是上帝在世人身上的盼望,但却是人不肯接受的。教会传讲的工作要受到拦阻。

"他们要传道一千二百六十天" 这段时间就是四十二个月,是七年的一半,也就是外邦人践踏圣城的时间。这些外邦人正在得意的时候,听见主的见证人所传讲的话,一定非常忿怒,就来攻击他们,杀害他们,打断他们的工作。

十一4 "他们就是站在全地之主面前的两棵橄榄树和两个灯台。"

约翰开始解释这两个见证人是谁。"两棵橄榄树'和'两个灯台",这里用了"和"一字极有意思。这幅图画是从撒迦利亚书第四章来的。那里讲到上帝在以色列人身上施行计划时,给先知的异象是,在主面前有一个金灯台,在灯台的两边有两棵橄榄树,然后又见到金色油从灯台流出来。橄榄树是站在主旁边的受膏者,就是主的见证人;金灯台是代表上帝的灵,如同金色的油是圣灵的力量。所以天使解释说,主说:"不是倚靠权势,不是倚靠能力,而是倚靠我的灵"(亚四6)。约翰在此的异象,这两件事合在一起,这两个见证人是两棵橄榄树"和"两个灯台。

㊲ 新国际版圣经研读本中文版,页1944,第九章三十节注脚。

他们是主的见证人,所以就有圣灵的能力去作工。他们作代表和象征的意义十分清楚。

十一 5　"如果有人想要伤害他们,就有火从他们口中出来,吞灭他们的仇敌。凡是想要伤害他们的,都必这样被杀。"

在旧约亚哈谢王时代,王曾差遣人去见以利亚先知,两次以利亚都求上帝降火,把亚哈谢差来的五十个人烧死(王下一章)。约翰所见的这两个见证人的能力,就是以利亚先知的一个表现。

十一 6　"他们有权柄在他们传道的日子叫天闭塞不下雨,又有权柄掌管众水,使水变成血,并且有权柄可以随时随意用各样灾难击打全地。"

这节经文提到这两个见证人有三种权柄:第一,得了能力可以叫天闭塞不下雨;第二,又有权柄使水变成血;第三,也有权柄用各样的灾难击打全地。

以利亚曾叫天闭塞不下雨,因此以色列地有大饥荒(王上十七～十八章)。摩西曾使水变成血,及用各样的灾攻击埃及地(出七～十一章)。这两位见证人同样有以利亚和摩西的能力,去完成上帝吩咐他们的工作。他们借着这样行神迹奇事的能力,去完成传讲律法和先知的信息。他们所行的,也许不完全是物质方面的神迹和能力,但世人同样抗拒不肯接受,并且最终要杀害他们。

这里有一点值得注意,第三至六节经文讲到这两个见证人的一切记载,都是把他们连在一起。他们有摩西和以利亚的能力,但不是一个有摩西的能力,另一个有以利亚的能力,有人想要伤害他们时,有火从"他们"口中出来,"他们"有权叫天闭塞不下雨,"他们"有权柄使水变成血,等等。这些用词的方法,就显出这两个见证人不是指两个个别的人,而是教会两方面的职责。⑧

十一 7　"他们作完了见证的时候,那从无底坑上来的兽要跟他们

---

⑧ 参见 Beale, *The Book of Revelation*, p. 577.

作战,胜过他们,把他们杀死。"

这两个见证人执行任务时,他们有特别的权柄,敌人不能伤害他们。当他们完成了使命时,无底坑里面的兽就出来,和他们作战,胜过他们,杀死他们。这是此兽第一次在本书出现。到第十三章以后,它还要多次出现。它可能是敌基督的一个使者,甚至是敌基督自己。

"他们作完了见证的时候"　指的就是第三节所讲的一千二百六十天。在上帝指定教会要去作见证的日子完结以后,上帝就准许抵挡他的势力出现。以后此兽会有第十三章的兽和第十七章的兽的各种表现。如此就走向上帝最后的审判,末日就快要来到了。

"那从无底坑上来的兽要跟他们作战,胜过他们,把他们杀死"　杀死两个人就称之为"作战",似乎是一个言过其实的词句。但这次的"战争"可说是一场宇宙间决定性的战争的开始,这是撒但的殊死一战,所以称为"作战",也极合适。

十一8　"他们的尸首要倒在大城的街道上。这城按着寓意叫所多玛,又叫埃及,就是他们的主被钉十字架的地方。"

"他们的尸首"　他们被兽杀死了,而且尸首倒在街上被人观看,就表示他们真正死了,不再有生气了。到那时,在物质的表面上,"也许还有教会存在的形象,但是在世人眼中她已经死了,不再有生命的作用"。

"要倒在大城的街道上。这城按着寓意叫所多玛,又叫埃及,就是他们的主被钉十字架的地方"　他们是在"大城"被杀死的,这大城是指哪一个城呢?因为经文提到这城是"主被钉十字架的地方",所以很多解经家认为它是指耶路撒冷。但也有许多人认为圣经从没有用"所多玛"来称呼耶路撒冷;而且在第十六至第十八章,几次称巴比伦为大城,而巴比伦在本书中的灵意代表罗马,所以这里是指罗马说的。事实上,按启示录一贯用高度象征化的笔法来启示,这里何必要用一个具体的城的名字呢?"大城"是人类文化、知识、成就、权势、物质等的集中地。反对主的"大城",更是罪恶集中的地方。在这样的地方,主的见证人被杀了,世人还会因此欢喜。

十一9　"从各民族、各支派、各方言和各邦国中,都有人观看他们的尸首三天半，又不许人把尸首安放在坟墓里。"

有各国各族的人，都来观看他们的尸首三天半。大城总是各种民族聚居的地方。反对教会的见证，不是任何一种民族，而是所有的人，他们都来观看。他们作见证的时间是七年的一半，即一千二百六十天。他们死后倒在大城中的时间是七天的一半，即三天半，一个较短的时间。在这三天半的时间，世人不准把他们的尸首安葬。人死后不得埋葬，是极大的羞辱。由此可以看出世人的刚硬、嫉恨教会的心。不过见证人可以被杀害，见证受了拦阻，并不表示教会灭亡，上帝绝不会忘记他的教会和他的仆人。

十一—10　"住在地上的人为了他们的缘故，就欢喜快乐，彼此送礼，因为这两位先知曾经使他们受痛苦。"

传讲上帝的话，自然使世界为罪受责备，因此使罪人知罪悔改。但刚硬不肯悔改的人，圣灵仍会感动他们，使他们因受责备而痛苦。现在这些刚硬的世人看见教会的见证人受死，不再有上帝的声音责备他们，他们就欢喜快乐，彼此送礼庆祝。这是何等可悲的现象！

十一—11　"过了三天半，有生命的气息从上帝那里来，进入他们里面，他们就站立起来，看见他们的人都非常惧怕。"

"有生命的气息从上帝那里来，进入他们里面"　两个见证人的尸体在街上暴露了三天半，上帝的时候到了，他使生命的气息进入了尸体，尸体就活过来，在围观的人面前站立起来。这里发生的事，和以西结书第三十七章的异象一样。在以西结书，先知看见上帝使生气进入枯干的骨头，枯骨就得了生命，活过来了。不过，以西结书讲的是上帝在以色列民族身上要施行的作为，这里却是讲上帝向教会要施行的恩典。

"他们就站立起来，看见他们的人都非常惧怕"　世人惧怕，不是因为看见上帝的作为而生敬畏之心，乃是因他们要除灭这两个见证人的愿望不得逞，抵挡不了上帝的作为。最终执掌一切的权柄仍然在上帝手里，他们胜不过这位掌管生命的主。

十一—12　"他们听见从天上来的大声音，说：'上这里来！'他们就驾着云上了天,他们的仇敌也看见了。"

　　"上这里来"　这里事情发生的情况,和第四章一节约翰亲自经验的极相似;两处所用的"你上到这里来"的动词,也是同一个字,⑩所以两者在意义上也应该一样。第四章所讲的是约翰自己灵里的经历:约翰在灵里被提到天上去,从天上看见上帝启示的异象。这里所讲的,是代表教会事奉职责的两个见证人被提到天上去,与上帝同在。他们被提都不是代表教会被提。

　　"他们就驾着云上了天,他们的仇敌也看见了"　第十节清楚地称这两个见证人为先知。如果他们是先知,他们所讲的话必定是从上帝而来的预言,一定会应验。现在这些不相信的世人,亲眼看见上帝接纳了他的仆人,用云彩接他们升天,就表明他们真是先知了。如此也就表明他们所传的道、所宣布的审判一定会应验。这对仇敌是进一步的警告。

　　十一 13　"就在那时,大地震发生了,那座城倒塌了十分之一,因着地震而死的有七千人,其余的人都很害怕,就把荣耀归给天上的上帝。"

　　"大地震发生了"　在有关末日的预言中,"地震"常是表示最末后的审判,就快要临到了(参见八 5 的注释;另参结三十八 19～20)。

　　"那座城倒塌了十分之一,因着地震而死的有七千人"　地震造成了极大的破坏,但仍不是完全的毁坏。因地震而死的只有七千人。按比例也许可以指人口的十分之一。此城可能就是指着第八节所说的大城。但不论是指任何的大城,当时的人口都不止七万人;这里用的数目都是象征性的。此刑罚的破坏极其严重。上帝仍在盼望借着更重的刑罚,可以驱使不信的世人悔改(参见十六 9～11)。

　　"其余的人都很害怕,就把荣耀归给天上的上帝"　那些没有因地震而死的人,看见这位天上的上帝竟然能够使那两位被杀,并已死去三天半的人,再重新活过来,这位上帝太伟大了,他才是掌管一切的主宰。

───────────

⑩　只不过第四章一节所用的是单数(ἀνάβα ὧδε),这里用的是复数(ἀνάβατε ὧδε),因为见证人是两位。

他掌管人的生命。他们就很害怕，就把荣耀归给天上的上帝。他们看见了上帝权能的彰显，知道了这位上帝才是真神，也知道他们所拜的不是真神；但他们并没有悔改自己的罪，而归向真神。他们归荣耀给上帝，只是表示他们认识到了，也承认上帝的权能和荣耀，但并没有相信他，归向他。⑩

十一 14　"第二样灾祸过去了。看哪，第三样灾祸快要到了！"

第八章十三节和第九章十二节提及的三样灾祸，有两样已经讲完了。它们经过的情形会非常可怕。现在第三样灾祸就快要到了。末了的审判要临到以前，约翰再一次提醒读者，上帝的计划会按着他的时间完成。不过在第三样灾祸实现以前，上帝仍然有一些启示给全世界的人：蒙上帝悦纳的人和要受审判的人。所以这一节经文可以说是一个桥梁，把第九章的第二样灾祸和第三样灾祸及中间的启示连接起来。第七个号筒要吹响，就是第三样灾祸要临到，但审判没临到以前，先有安慰和警告的信息。

（v）第七号筒的吹响（十一 15～19）

从第四章开始的第二个异象，主要是讲几组的审判：七印的审判、七号筒的审判和七碗的审判。在号筒和碗的审判中间，加插了要生产的妇人和大红龙等七个人物的异象（第十二～十五章）。在七印的第六印打开以后，有一段记述得救之人的插曲（第七章）；然后第七印一打开，就引进七号筒的审判（第八～九章）。七号筒的审判的构造也是一样。六号筒吹响以后，有两个插曲：大力的天使拿着小书卷，和两个见证人的异象（第十～十一章）。现在第七号筒要吹响了，它要引进七碗的审判（第十六章）。但七碗的审判未发生以前，先要有那七个人物的启示。而且在第七印和第七号筒以前，都有众长老的敬拜和赞美（七

---

⑩ 鲁奥和尼达认为此语的意思只是"讲述真理"，把上帝的荣耀讲出来，参见 GELNT，§ 33，468。奥恩认为此处的"归荣耀与上帝"，有表示"悔改得救"（conversion）的意思，参见 Aune, *Revelation*, vol. II, p. 628. 但上下文不能支持此见解。

11)，就更显出这两组审判的平行。

十一15　"第七位天使吹号，天上就有大声音说：'世上的国成了我们的主和他所立的基督的国，他要作王，直到永永远远！'"

"第七位天使吹号，天上就有大声音说"　这是启示录常见的现象（五2，七2，十一12），在上帝的旨意成就时，上帝要显出他的作为或指示。但这里的用法不同，前几次的"声音"都是单数，表达一个天使带着上帝的权威，传达他的旨意。这里的"声音"是复数，在中文不易表达，是表示天上的众天使同声地赞美上帝。属主之人最终蒙恩被接到天上去，天上充满了赞美。

第十章七节说，第七位天使一吹号，上帝所宣告的奥秘就要实现了；而第十一章十四节也说第三样灾祸快要来了。因此，有学者就认为，紧接着的经文，即直到第十四章末了的经文，就是第七号筒的内容，也是第三样灾祸。[51] 但第十二至第十四章所讲的，不是上帝直接施行的灾祸，也显示不出第七号筒的吹响带来什么具体的审判。因此，有多位学者认为第十二至第十四章的经文只是为下一组审判的预备。七碗的审判才是第七号筒吹响的内容。[52]

"世上的国成了我们的主和他所立的基督的国，他要作王，直到永永远远"　今天掌管世界的王权落在撒但的手里，他是世界的王（约十二31）。但到了上帝审判、毁灭世界的时候，世界的王权要再归给上帝。这里天使称为"主"的，是指父上帝；"他所立的基督"原文是"他的基督"。上帝使基督作王直到末日，基督作弥赛亚的工作完成的时候，他要将王权交与父上帝（林前十五24）；上帝要作王，直到永远。

十一16　"那在上帝面前，坐在自己座位上的二十四位长老，都面伏在地上敬拜上帝，"

---

[51]　如 Swete, *The Apocalypse of St. John*, p.190.

[52]　Beckwith, *The Apocalypse of John*, p.608；Ladd, *A Commentary on the Revelation of John*, p.160.

那坐在上帝面前的二十四位长老,就面伏在地敬拜上帝,一同向上帝发出赞美。第十五节的赞美是天使发出的,这里的赞美则说明是那些代表上帝百姓的长老发出的。在第七章十一节打开第七印以前,众长老也曾俯伏在地赞美上帝。第七章虽然没有说明是那二十四位长老,但作者在长老一词前面用了定冠词,即"那众长老",⑬就是第四章所讲的长老,是代表上帝百姓的长老,和这里所说的一样,由此就更显出七印和七号筒两组审判的平行。

十一 17　"说:'主啊! 全能的上帝,昔在今在的,我们感谢你! 因为你执掌了大权,作王了!

　　　　18　列国忿怒了! 你的震怒也临到了! 时候已经到了! 死人要受审判! 你的众仆人、先知、圣徒,和所有老幼贵贱、敬畏你名的人,都要得赏赐! 你也要毁灭那些败坏全地的人!'"

这两节经文是诗歌体裁,用语简洁。

"全能的上帝"　除本节外,这词句在启示录其他地方出现过(一8,四 8,十五 3,十六 7、14,十九 6、15,二十一 22;另参林后六 18)。

"昔在今在的"　众长老称颂上帝为"昔在今在的","以后要来的"不必讲了(参见一 4,四 8)。他是永在的上帝,现在他有权掌管一切。

"我们感谢你! 因为你执掌了大权,作王了"　这里用的两个动词时态非常美而有力。若用更清楚的散文体来表达,可以作"你已经执掌大权,开始作王了"。⑭

"列国忿怒了"　世人向上帝发怒,因为审判严重,难以担当;他们不知醒悟,不肯悔改,反而向上帝发怒(参见六 16、17,十六 10、11、21)。

"你的震怒也临到了! 时候已经到了,死人要受审判"　时候到了,上帝不能永远容忍那些心存邪恶、硬心顶撞他的人。最后连死人都要

⑬ τῶν πρεσβυτέρων.
⑭ 第一个动词 εἴληφας("执掌"),是强调完成时(intensive perfect),强调一个已完成的动作常存的果效。第二个动词 ἐβασίλευσας("作王"),是起始不定过去时(ingressive aorist),强调一个动作的开始,参见 DM, pp. 196,202.

受审判。对那些不肯悔改的人,上帝的审判最终会临到他们(诗二9、12)。

"你的众仆人、先知、圣徒,和所有老幼贵贱、敬畏你名的人,都要得赏赐" 这里众长老在上帝面前提到的,包括所有属主之人。不论是事奉上帝的人,还是所有的圣徒;不论今天在人面前是老幼贵贱,还是有什么成就,或站在什么岗位,都要得赏赐。但这里却没有具体讲到他们会得到什么赏赐。当然这个世界过去以后,属主之人都要得着与上帝永远同在的赏赐;在最末的日子以前,他们要得着在审判中蒙上帝保守,及得蒙上帝为教会伸冤的赏赐。

"你也要毁灭那些败坏全地的人" 这里提到的"全地",自然是指全地的人。"败坏全地的人",就是指伤害全人类的人。"败坏"一词的含义更可能是指属灵方面的败坏。[95] 所以这里应该是指上帝要完全毁灭那些犯罪抵挡他、败坏人道德生命的人。这是在基督以外,上帝一向对待罪人的原则(参见罗二5)。在末日的时候,上帝自然这样对待不肯悔改的人。[96]

十一 19 "于是,在天上上帝的圣所开了,他的约柜就在他的圣所中显现出来。随即有闪电、响声、雷轰、地震、大冰雹。"

启示录第十一章可以说是把整个第二个异象带进一个决定性的分水岭。上文(十7)说第七个号筒一吹响,上帝宣告的奥秘就要实现了。现在第七号筒要吹响了,等于说第二个异象就要完成了。但是第七号筒的果效未曾发生以前,就是七碗的灾害未曾施行以前,对这些在此最末的灾害中有份的人物背景、来源、经过等,需要有所交代。这就是七人物异象的作用。对这些预备的资料交代清楚以后,就要施行七碗的审判,然后第二个异象就完成了。所以这一节经文承上启下,极为重要。

"在天上上帝的圣所开了,他的约柜就在他的圣所中显现出来"

---

[95] διαφθείρειν in GELNT, § 22,40.

[96] 孟斯认为约翰这里可能是指着罗马帝国说的,参见 Mounce, *The Book of Revelation*, p.232.这可能是一个吸引人的思想,但却似乎没有具体的资料支持。

众长老知道死人要受审判的时候到了，换言之，真正最末后的日子要来到了，如此在末日以前的一切大灾难也要发生了。于是上帝给他的百姓一个安慰，"天上的圣所开了，上帝的约柜显露出来"。"约柜"在百姓的经验中，是上帝同在的记号。百姓在旷野的时候，最孤单、软弱、缺乏的情况下，有了约柜，就成了他们的安慰、力量和盼望。如今在末日，百姓觉得无助的时候，上帝将约柜显现给他们看，表示上帝仍然与他们同在。虽然只是片刻，但已经足够了。

"随即有闪电、响声、雷轰、地震、大冰雹" 这些自然现象的出现，表示最后严厉的审判要开始了。

（IV）七人物的异象（十二 1～十四 20）

解经家对这段经文的性质和组织上的构造，有很不同的看法。何赓诗称之为"七奥妙"；莫里昂称之为"七记号"（即七异象）；[97]毕尔称之为"更深的冲突"；[98]孟斯就称之为"妇人、龙，及男孩"，[99]然后依次讲出海中的兽、地上的兽等。但基本的解经立场都差不多。

讲了大部分对世人的审判以后，上帝给约翰看见，世人如此抵挡上帝，都是出于撒但；撒但是整个冲突的主使者，是世上一切罪恶和冲突的来源。然后经文就提到撒但受刑罚、被审判的过程：他要从天上被赶到地上，最后要被放在永远的刑罚里。同时也提到属主之人的最终结局：他们在天上的锡安与主同在。到全书的末了，才讲出跟随撒但之人的结局。

解释此段经文时，为了用语的方便，我们称之为"七人物"的异象，其实大多数所指的，都不是"人物"，如红龙、天使和兽等。因为在中文没有更合适的词句，所以只有如此用法。这样也可以把这些被造之物的性质，和他/它们的真正身份表达出来。

---

⑨⑦ Morris："Seven Signs."

⑨⑧ Beale："Deeper Conflict."

⑨⑨ Mounce："The Woman, Dragon, and Male Child."

(i) 要生产的妇人(十二 1~2)

十二 1 "那时,天上出现了一个奇伟的景象:有一个妇人,身披太阳,脚踏月亮,头戴十二颗星的冠冕。

2 她怀了孕,在生产的痛苦中疼痛呼叫。"

约翰看见天上出现了一个伟大的景象。

"天上" 应该是指"天空中"。在观看两个见证人的异象时,约翰已经返回地上了。现在他从地上观看空中的景象。

"景象" 从本节开始,此词在启示录出现了很多次(十二 3,十三 13、14,十五 1,十六 14,十九 20)。此词在福音书很多时候是指神迹。第一章一节的"显示",与此词也是出于同一个字根。

"有一个妇人,身披太阳,脚踏月亮,头戴十二颗星的冠冕" 这里出现的妇人,是一个奇特的记号,要表明一些真理。旧约中有类似的话来形容以色列的荣美(如创三十七 9)。这位妇人所生的男孩是荣美的弥赛亚;她自己在地上没有过这样的荣美,因此,她不可能是马利亚。所以,就有人将此妇人解释作以色列人。可是下文第十七节提到龙去与妇人"其余的子孙作战,就是那……坚持耶稣见证的人作战",因此,妇人不是以色列人,因为以色列人的子孙没有坚持耶稣的见证。但新约一再地说,以色列人虽然拒绝主,那真犹太人,就是属灵的以色列人是坚持耶稣见证的人。由此显明,此妇人就是真正敬畏上帝的,属灵的以色列人的代表。

"她怀了孕,在生产的痛苦中疼痛呼叫" 这是一般妇人都有的经验,也就代表了主的百姓、教会、整个历史的经验。从弥赛亚降生直到最末后的日子,撒但从来没有停止过对教会的攻击。

(ii) 大红龙(十二 3~4)

十二 3 "天上又出现了另一个景象。看哪!有一条大红龙,有七头十角,七头上戴着七个皇冠。

4 它的尾巴拖着天上三分之一的星辰,把它们摔在地上。

龙站在那快要生产的妇人面前,等她生产了,就要吞吃她的孩子。"

　　"天上又出现了另一个景象。看哪! 有一条大红龙" 约翰又看见一个"景象",或者记号,是一条"大红龙",龙在旧约中常用作代表抵挡上帝的恶势力,如埃及或巴比伦等。有时译作大鱼或鳄鱼(参见诗七十四 13"怪兽";赛五十一 9"海龙";结二十九 3"大海怪")。龙在这里的用法,清楚地代表撒但(参见第 9 节)。旧约常用此名称呼这些国家,因为她们背后的恶势力乃是撒但。从弥赛亚的工作一开始,撒但就要抵挡他,想要毁灭他。它的颜色是红色,可能是代表它残忍流血的本性。

　　"有七头十角" 龙的"七头"可能是表达它生命力的顽强。莫里昂认为七头乃表示它不容易被杀死。一次打败它,换个形象它又出现。[100]"十角"代表它极大的能力。

　　"七头上戴着七个皇冠" 在世人眼中,它统治一切。

　　"它的尾巴拖着天上三分之一的星辰,把它们摔在地上" 这情况如同但以理书提到公山羊的小角一样,把星辰摔在地上,以表示它自高自大的本性。星辰的三分之一是一个极大的数目,但与所有的星相比,仍是少数。

　　"龙站在那快要生产的妇人面前,等她生产了,就要吞吃她的孩子"
　　这是龙出现的主要目的。弥赛亚降生以前,撒但已经预备好了要除灭他。所以,从他降生的时候,直到他被钉十字架;从希律王杀小孩的诡计,直到犹太人和罗马人把他钉死;主耶稣的一生都在与撒但争斗。直到他受死复活,才完全得到胜利;到他再来毁灭今天的世界时,才把它完全地消灭。

(iii) 出生的男孩(十二 5~6)

　　十二 5 "她生了一个男孩子,就是将来要用铁杖治理列国的。她的孩子被提取到上帝和他宝座那里去。"

　　在叙述文的体裁中,有时为了解释一件事的背景或原因,要用倒叙的笔法,把过去的事讲述出来。有时又为了预备使人明了一些发展的

---

[100] 参见 Morris, *The Revelation of St. John*, p.158.

情况,要用预告的笔法,将一些尚未发生的事讲述出来。这里讲到弥赛亚降生的事,就用了倒叙的笔法;第十九章讲到羔羊婚筵的事,则是用预告的笔法,因为婚筵要到较晚才会举行。

"她生了一个男孩子,就是将来要用铁杖治理列国的" 此语句很明显是用了诗篇第二篇九节来解释这位男孩。他就是那位要用王权治理列国的弥赛亚。这里译作"治理"的字(参见二 27,十九 15),在别处经文有时译作"牧养"(参见七 17;太二 6;约二十一 16;徒二十 28;林前九 7;彼前五 2)。牧人牧养的工作,包括喂养、保护、管教等意思;对"列国"则是要治理,在悖逆的时候甚至要"打破"。

"她的孩子被提取到上帝和他宝座那里去" 因为有大红龙等待着要吞吃此男孩,所以,他就被提到上帝面前去;当然是得到了保护,进入到荣耀里去。这里按字句的意思,好像男孩一出生,就被提到上帝面前去了。但按原文的文法,一点也没有表示"一出生,就"被提的意思。实际上是在基督出生以后,完成他一生弥赛亚的工作,受死、复活,然后才被提到上帝面前去。基督的这一切工作,都是在他出生和被提之间发生的。这段经文是要讲出全本启示录,或整个救赎工作的前因后果。撒但要毁坏上帝的计划,但在上帝的恩典和保守中,救赎要完成,撒但却要被毁灭。

十二 6 "妇人就逃到旷野去了,那里有上帝为她预备的地方。她在那里得供养一千二百六十天。"

"妇人就逃到旷野去了" 撒但见自己要吞吃男孩的计划不得逞,就迁怒到妇人身上,要去逼迫她。下文第十七节写明,他也没办法伤害妇人时,就去攻击妇人其他的子孙。所以,此时她就逃到旷野去。

"那里有上帝为她预备的地方。她在那里得供养一千二百六十天"
逃到旷野固然可以躲避撒但的攻击,但有一点更重要的,可能是在那里有上帝为她预备的地方。在那里她可以安静地享受上帝的预备。撒但的一切诡计、残暴,都不在上帝的预备之外。[10] 上帝的保护和供应,

---

[10] 孟斯引用杰道的意见,认为"旷野是灵里超然的宁静环境,远离尘世的烦扰"。这似乎是一个过分理想的看法,参见 Mounce, *The Book of Revelation*, p.239.

使得他百姓或教会,可以继续存在。在旷野的时间是"一千二百六十天",和敌人践踏圣城的时间一样(十一 2),不是永久的。

(iv) 米迦勒与龙争战(十二 7～12)

第十二章七至十节,或第七至十二节,是要解释第一至六节所发生的事的背景。第十二章四节记载龙已用它的尾巴拖着天上三分之一的星辰到地上来了,直到第七节,才解释龙来到地上的经过。大概是因为作者要一气呵成,先把它残暴地逼迫妇人和男孩的经过写出来,然后才把龙被摔在地上的经过写出。

十二 7 　"天上发生了战争:米迦勒和他的天使与龙作战。龙和它的天使也起来应战,"

米迦勒的天使和龙的天使本性都是一样,是上帝造的灵界被造物。不过龙和它的天使叛逆、不顺服上帝,所以它们在上帝面前的地位就不同。在旧约的启示中,米迦勒称为上帝百姓的护卫天使(但十二 1),又因为有天使隶属于他,所以称他为天使长。这时龙要来迫害妇人和她所生的男孩,米迦勒要护卫妇人,所以战争是必然的。

十二 8 　"龙却抵挡不住,天上再也没有它们的地方了。"

如此用语,就表示过去天上有它们的地方,现在它们完全地失败了。上帝容忍它们的日子,就快要结束了。

十二 9 　"于是那大龙被摔了下来。它就是那古蛇,名叫魔鬼,又叫撒但,是迷惑普天下的人的。它被摔在地上,它的天使也跟它一同被摔了下来。"

"那大龙被摔了下来" 　表示它再没有权上到天上去了。

"它就是那古蛇,名叫魔鬼,又叫撒但" 　这是论及撒但最详细的经文,把它的本性清楚地讲出来了。它是"古蛇",可能是指它在伊甸园中的诡诈、引诱。名叫"魔鬼",此名的意思基本是敌对、攻击。又叫"撒但",此名主要表达的是诬告、诽谤等。

"是迷惑普天下的人的" 撒但的工作就是要欺骗、引诱无知的人，陷害、控告属上帝的人。

"它被摔在地上，它的天使也跟它一同被摔了下来" 这是撒但的下场。

十二 10 "我又听见天上有大声音说：'我们上帝的救恩、能力、国度和他所立的基督的权柄，现在都已经来到了！因为那昼夜在我们上帝面前控告我们弟兄的控告者，已经被摔下来了！'"

因着撒但从天上被摔下来，天上又发出赞美。

"我又听见天上有大声音" 此声音是从天上来的，没有说明是谁发出声音。但发声的称圣徒为"弟兄"，所以有人认为发声的是天上的圣徒，或二十四位长老。但无需下这样的结论，因为在启示录，天使不止一次称圣徒为弟兄（参见十九 10，二十二 9）。

"我们" 这些赞美的声音自称"我们"，所以可能是众天使，甚至包括着四活物，都一同赞美上帝。

"上帝的救恩、能力、国度和他所立的基督的权柄，现在都已经来到了" 这是他们赞美的原因及内容。

"那昼夜在我们上帝面前控告我们弟兄的控告者，已经被摔下来了"⑩ 撒但不能在上帝面前再控告弟兄了，不是因为他所在的位置是在地上，乃是因他被摔下去，就表明他已失败了。主已经胜过了他，他不再有控告弟兄的理由。撒但从天上被摔下来，就表示上帝的救恩都已经完成了。

十二 11 "弟兄胜过它，是因着羔羊的血，也因着自己所见证的道，他们虽然至死，也不爱惜自己的性命。"

"弟兄胜过它，是因着羔羊的血" 今天属主之人在地上已经站在得胜的地位，撒但是个已经失败的敌人。但要在实际的生活中经验此胜利，却还要努力，不过不是单靠自己的力量。弟兄胜过他，是因着羔羊的血，是因着主受死、复活所做成的救赎。

---

⑩ 新译本译作"摔下来了"，但此声音是从天上来的，所以作"摔下去了"比较好。

"也因着自己所见证的道,他们虽然至死,也不爱惜自己的性命"
上帝的话已证明信徒没有再被定罪的理由,但是虽然有这一切的理由,
撒但现今在世上仍是一个很强大的敌人。他不能在上帝面前控告我
们,定我们的罪;但他仍可以逼迫我们的身体,甚至夺去我们肉身的生
命。有时为了我们的见证,可能失去性命,但我们仍然是得胜的。

十二 12　"所以,众天和住在其中的,你们都欢乐吧! 可是地和海有
祸了! 因为魔鬼知道自己的时日无多,就大大发怒下到你们那里去了。"

"所以"　此词是讲"原因"。因为撒但被摔下去,上帝的国度和
基督的权柄已建立,所以诸天和一切住在天上的,都应当欢乐。

"众天[103]和住在其中的"　此赞颂的诗歌此时向天上的居住者讲,
可能是指天上的圣徒,如众长老,也可能包括着天使。

"地和海有祸了! 因为魔鬼知道自己的时日无多,就大大发怒下到
你们那里去了"　这里讲到地与海,是代表性的用法,所指的是地上
的人。

这次的"祸",不是天使所说的三个"祸哉"的第三个。天使所宣布
的三样灾祸(九 12 和十一 14 所讲的),是上帝对那些悖逆之人的刑罚。
这里所讲的"祸",是指撒但对属主之人的逼迫,所以不能将这两件事连
到一起。[104]

因为撒但知道自己的时候不多了,他忿怒地来到地上,发泄他的怒
气;在短时间内要尽量逼迫不属他的人。受大逼迫的是属主之人。

(v) 龙与妇人的子孙争战(十二 13～18)

十二 13　"龙见自己被摔在地上,就迫害那生男孩子的妇人。"

---

[103] "众天"的"天"是复数,此词在全本启示录,只在此出现。毕尔认为用这复数的字,是受旧
约用法的影响,参见 Beale, *The Book of Revelation*, p.666. 其实不必有任何特别的意义
(参见代上十六 31;诗九十六 11 等)。查理士认为此处用了复数的"天",是指一种来源,参
见 Charles, *Revelation*, vol. I, p.302.
[104] 周联华、查理士认为此处的"祸",是第三个灾祸的开始,参见 Charles, *Revelation*, vol. I,
p.314. Morris, Mounce, Walvoord, Beale 等皆认为两种"祸"不同。

第十二章开始，就显示出两个特别的"景象"，或是记号：第一节的"妇人"和第三节的"大红龙"。大红龙要伤害妇人和她所生的男孩。男孩出生后，被提到天上的上帝那里去，妇人则被送到旷野。撒但于是飞向天上，显然是要对付男孩，但是却被天使长米迦勒打败，从天上被摔到地上。这时天上因撒但的失败，充满了赞美。撒但在天上失败，就大大发怒，在地上要再迫害妇人，继而逼迫妇人的后裔。这一切都反映出此图画是出于以色列人的历史背景，如上帝说：我"像鹰一样把你们背在翅膀上，带领你们到我这里来"（出十九4）；"并且在旷野里，你们也看见了耶和华你们的上帝，怎样在你们所行的一切路上，背负你们"（申一31）。[105]

按着整段经文的构造，第十三节开始是接着第六节的叙述，不过，第七至十节记述撒但天上失败的事，也是必须有的背景。第六节只是讲到妇人逃到旷野去，下文讲她如何逃过去，及撒但忿怒地来到世上的结果如何。整段经文的重点，其实也是整本启示录的重点，是撒但对弥赛亚的反对；妇人受逼迫，是因为她生了弥赛亚；她的后裔受逼迫，也是因为他们跟随同一位弥赛亚。

十二 14 "于是有大鹰的两个翅膀赐给了那妇人，使她可以飞到旷野，到自己的地方，在那里得供养一年两年半年，离开那蛇的面。"

"有大鹰的两个翅膀赐给了那妇人，使她可以飞到旷野，到自己的地方" 龙是要来迫害妇人，但上帝早已有预备把她拯救出去。"旷野"是上帝为她预备的地方（第6节），她可以免受迫害，又可以享受安息。

"在那里得供养一年两年半年" 这语句表示她在那里可以得平安，又可以得供养。这是一幅象征的图画，所以，"供养"主要应该是指属灵的供养。在困难、压迫、孤单、危难的时候，常是上帝在灵里供养最丰盛的时候。妇人要在旷野得供养三年半，这和第六节的一千二百六十天是同样的时间。

"离开那蛇的面" 这语句本身没有动词，按原文的构造应该是和

---

[105] 奥恩将此段经文解释作可能出于希腊神话的背景的看法，十分勉强，参见 Aune, *Revelation*，vol. II，p. 704.

前面"飞到旷野"连在一起用的。上帝给妇人翅膀飞到旷野,就是要离开蛇。[106]

十二 15　"蛇在妇人后面,从口中吐出水来,好像江河一样,要把妇人冲去。

　　　16　地却帮助了那妇人,张开口,把从龙口中吐出来的河水吞了。"

"从口中吐出水来,好像江河一样,要把妇人冲去"　龙看见自己不能直接伤害妇人,就用它行奇迹的能力来消灭她。龙吐出水来,当然只是一个代表性的记号,目的是要毁灭代表上帝百姓的妇人。

"地却帮助了那妇人,张开口,把从龙口中吐出来的河水吞了"　地开口是上帝特别的作为,可代表审判罪恶的行动;如同在旷野,地开了口,吞下可拉一党的人(民十六章)。上帝一直看顾妇人,在必要的时候,上帝用他自己的方法来保护她。

十二 17　"龙就向妇人发怒,去和她其余的子孙作战,就是和那遵守上帝命令、坚持耶稣见证的人作战。"

龙见到它毁灭妇人的计划失败了,就去攻击妇人其余的子孙。如果妇人是代表所有真正属上帝的百姓,就是上帝的真教会,那么,妇人其余的儿女就是代表在最终的末日以前,仍然在世上的属主之人,就是那些遵守上帝的命令、坚持耶稣见证的人。[107]

这里解作"攻击"的字,原文用的是"作战",[108]"作战"不一定指被杀或阵亡。撒但要去攻击属上帝的儿女,但不是所有的信徒都要殉道,不过都不能逃避撒但的攻击。

---

[106] ἀπὸ προσώπου, 按字面的意思是"离开(它的)面",但此用语是从希伯来文直译过来的,参见 BDB, 818;实际上可以是指"因着……的缘故",或是"为了怕……"的缘故,参见 Charles, *Revelation*, vol. I, p. 330; Aune, *Revelation*, vol. II, p. 706. 如此整句话的意思可以译作"使妇人因着蛇的缘故,可以飞到旷野去"。

[107] 这基本上是杰道的看法,参见 Kiddle, *The Revelation of St. John*, pp. 239f. 遂特、凯尔德等的看法也相似,参见 Swete, *The Apocalypse of St. John*, p. 160; Caird, *A Commentary on the Revelation of St. John the Divine*, p. 159.

[108] ποιῆσαι πόλεμον. πόλεμος 可以指战争,也可以指纷争、争辩等,参见 BAGD, 2.

十二 18　"那时，龙站在海边的沙上。"

本节的构造比较特别，是一个完全独立的句子。而且这句话的动词"站"，有两种写法，可以是"我站"在海边的沙上，也可以是"他站"在海边的沙上。[109] 不过，"他站"的可能性较高，这一节可以看为前一段记载的结束，同时也作为下一个异象的预备。龙站在海边的沙上，等待着它的使者从海中上来。

(vi) 海中上来的兽(十三 1～10)

本章开始，约翰要讲到两个兽的出现，一个从海中上来(第 1 节)，一个从地里上来(第 11 节)。当然，按当时的背景，海是一个不可知的地方，是人不能制伏的力量。约伯记提到的大鱼，或鳄鱼，或传统中的龙，都是从海中出来，抵挡上帝的恶势力。新约时代的罗马政权，也是乘着船，从海中出现的势力。地是百姓所熟知的地方，地上兴起的列国也都是抵挡上帝的势力。在启示录，这些势力都是龙的使者。

但另一方面，这些恶势力不单是指新旧约时代当时的势力。新约也多次提到在末日要有的恶势力，例如约翰书信提到的"敌基督"(约壹二 18)和保罗书信提到"不法的人"(帖后二 8)。约翰在这里没有说明它们的身份，只称它们为两个兽，但它们所代表的意义，和它们与末世这些恶势力的关系，似乎很清楚了。

十三 1　"我又看见一只兽从海里上来，有十角七头，十角上戴着十个皇冠，七头上有亵渎的名号。"

"我又看见一只兽从海里上来"　这幅图画很显然是与但以理的异象有关系(但七 2～8)。但以理看见有四个大兽从海中上来，约翰看见

---

[109] 这两种读法的分别只在于一个字母，ἐστάθη 是第三人称，译作"他站"；ἐστάθην 是第一人称，译作"我站"。如作"他站"，是指龙站在海沙上；如作"我站"，则是指约翰自己。两种读法的版本见证差不多相近，同样有力。不过从抄写的角度看，抄写的人被下一节"我又看见"(καὶ εἶδον)所影响，在"他站"后面加上一个字母，变成了"我站"，这样改变的可能性，比减少一个字母的可能性较大。所以有几本希腊文版本圣经，如 Nestle-Aland，UBSG-NT，TCGNT 等都选用"他站"。

的是一个兽;不过约翰所见的兽,把但以理所见的四个兽的许多特征都包括在它身上了。

"有十角七头"　"角"通常是代表能力,"头"是代表执掌大权的权柄。此兽的头和角的数目可能是根据第十二章三节龙的七头十角来的。

"十角上戴着十个皇冠,七头上有亵渎的名号"　"皇冠"代表它有皇帝的权柄。这里的皇冠是放在角上,而不是放在头上,可能是表达它的权柄是从它强暴的能力来的。⑩头上"亵渎的名号"就表现出它亵渎的本性。人若自称为上帝,而不尊上帝为上帝,就是亵渎。罗马皇帝就有这样的行为。"名号"一词在原文版本有复数和单数的读法,⑪而且两种读法的见证分量差不多。如果是单数,可表示各头上的名号都一样;如果是复数,则可表示每个头上的名号都不同;实际上分别不大,都是高举自己,亵渎上帝的名号。

十三 2　"我所看见的兽,样子好像豹,脚像熊的脚,口像狮子的口。龙把自己的能力、王位和大权柄,都交给了它。"

"样子好像豹"　表示行动迅速、敏捷。

"脚像熊的脚"　表示脚步沉重、强大。

"口像狮子的口"　表示凶暴、残忍。兽虽有七个头,但只有一个口。

这里把兽描绘成为一个极强大、可怕、无人能抵挡的形象。整幅图画给我们一个强大无比、无人能胜得过的印象。

"龙把自己的能力、王位和大权柄,都交给了它"　但以理书记载先知在异象所见的那四个兽,代表世上要兴起的四个强国。现在约翰所看见的,是把这四个王国的权势、特征,都集合在它一身。将来可能有一国兴起,它将拥有过去所有那些抵挡上帝的王国曾有的权柄、能力,因为撒但将自己的能力、权柄都给了它。

十三 3　"兽的七头中有一个似乎受了致命伤,但那致命伤却医好了。全地的人都很惊奇,跟从那兽。"

---

⑩　Mounce, *The Book of Revelation*, p. 250.

⑪　单数:ὄνομα;复数:ὀνόματα.

　　"兽的七头" 很多学者都将此兽看作罗马帝国,将兽的七个头解释作罗马的几个皇帝(参见第十七章的注释)。于是,他们将那医好的头,解释作尼禄王复生的事。按当时的世界情况,教会受逼迫的经验等来看,约翰个人也有这样的看法,是无可厚非的事。但有一点要注意,从上帝的启示的角度来看,约翰所得的启示(刚讲过弥赛亚降生,撒但凶残地要去毁灭基督;天上的战争,撒但被抛到地上,他气忿忿地来攻击妇人其余的儿女;等等)一再都显出龙和兽的异象应该有更广阔的涵义。所以,这里兽所代表的,应当是在历史上不断兴衰、被撒但利用来抵挡上帝和他教会的王国,直到最末后的敌基督起来,和撒但一同接受决定性的审判。如此,则兽不一定代表约翰时代,或任何时代的一个具体国度,而是整个抵挡上帝的势力。[⑫]

　　"似乎受了致命伤" 此语的文法构造,和第五章六节提到羔羊"像是"被杀过的,两处用法一样。意思不是似乎被杀过,而实际上没有被杀过;乃是说它有被杀过的样子,但实际上现在还活着。且兽的一个头只是受过致命伤,但不是兽本身曾被杀。

　　"但那致命伤却医好了。全地的人都很惊奇,跟从那兽" 兽的一个头受了伤,是它失败的记号。它的伤被医好,却被世人看为是大成就,全地的人就都去跟随它。

　　十三4 "因为龙把权柄交给了兽,大家就拜龙,也拜兽,说:'有谁可以跟这兽相比? 有谁能与它作战呢?'"

　　世人因为龙把权柄给了兽,就拜龙又拜兽。他们称赞龙和兽,是因为它们作战的能力。世人借用旧约常见的赞美上帝的话来称赞兽,认为无人能与它相比,与它作战。

　　十三5 "龙又给了那兽一张说夸大和亵渎话的嘴巴,也给了它权

[⑫] "每当上帝主要的敌人灭亡时,就是兽似乎被打败了,但他还会以别的形式复活,直到历史的终结……我们不应将基督主要的敌人局限于某个时代的历史人物。这就是说,正如基督的统治跨越了整个教会时代,他终极宿敌(魔鬼及其仆人)的罪恶活动也跨越了同样的时间",参见 Beale, *The Book of Revelation*, p.691.

柄可以任意而行四十二个月。"

"龙又给了那兽一张说夸大和亵渎话的嘴巴" 这里的"给……一张……嘴巴(口)",其意思是准许他、帮助他,或教导他(路二十一 15 原文为"给你们口",中文译作"给你们口才")。这里是龙准许兽说夸大和亵渎上帝的话。

"也给了它权柄可以任意而行四十二个月" 这就是第十一章二节所说,上帝准许外族人践踏圣城的时间。这些悖逆的行动不是兽自己能做的,是龙准许它做的。而龙准许它任意而行的四十二个月,就是上帝准许外族人在圣城任意而行的时间。所以,最终这些罪恶的势力能这样行,仍是上帝所准许的。

十三 6 "兽就开口向上帝说亵渎的话,亵渎他的名和他的帐幕,以及那些住在天上的。"

"兽就开口向上帝说亵渎的话" 情况就如同那"不法的人"所做的一样(帖后二 3～4)。

"亵渎他的名和他的帐幕,以及那些住在天上的" 这句话的构造,版本的读法有不同的意见。按大多数学者的意见,应该取消"以及"一词。将句子解释作"就是"那些住在天上的:兽要"亵渎上帝的名,和他的帐幕,就是一切住在天上的"。⑬

十三 7 "它得了允许能跟圣徒作战,并且能胜过他们;又有权柄给了它,可以管辖各支派、各民族、各方言、各邦国。"

"它得了允许能跟圣徒作战,并且能胜过他们" 兽从龙得到许可,去与圣徒作战,并且胜过他们。战争失败一定导致许多圣徒被杀害,但肉体死亡不是真正的失败。基督曾借着死,去败坏那掌死权的(来二14)。圣徒在战争中虽被兽胜过,但最终他们是真正的得胜者(十五 2)。

"又有权柄给了它,可以管辖各支派、各民族、各方言、各邦国" 它

---

⑬ 许多版本都有"以及"一词,但有些极好的版本却有καί,如 א、P046 等。不过,一些研究版本的学者仍然认为此字可能是抄写的人加上去的,参见 TCGNT, p. 748. 新近的解经学者,如 Aune, Mounce, Beale 都认为应该取消καί.

的权柄范围无所不及，由此可见当时罗马帝国版图之广。

十三 8　"所有住在地上的人，名字没有记在创世以来被杀的羊羔之生命册上的，都要拜它。"

"所有住在地上的人……都要拜它"　这里的"它"是单数。第四节说，世人"拜龙，也拜兽"。但从第五节开始，就更清楚地显出这一场悲剧的真正主角是龙，所以这里记载所有住在地上的人（除了已经记在生命册上的人），都在拜龙。

"名字没有记在创世以来被杀的羊羔之生命册上的"　这语句可以有两种不同的解释，主要的分别是"在创世以来"一语所站的位置。按和合本的译法："凡住在地上，名字从创世以来，没有记在被杀之羔羊生命册上的人"，意思是属主之人，他们的名字从创世以来，就被记在羔羊的生命册上了，而其他人则没有被记载。这个解释符合圣经的教训，如第十七章八节所讲的。而新译本的译法，意思是指羔羊是在创世以来就已被杀的。这解释也符合圣经的教训，如使徒行传第二章二十三节及彼得前书第一章十九、二十节所讲的。在本节的经文，因为在字句的构造上，"在创世以来"一语，紧接着"被杀的羊羔"，⑭所以新译本的翻译较好。

十三 9　"凡有耳的，就应当听！

　　10　如果人应该被掳，就必被掳；如果人应该被刀杀，就必被刀杀。在这里圣徒要有忍耐和信心！"

"凡有耳的，就应当听"　这句话基本上和第二章七节等处的意义完全一样，只不过因为是诗的体裁，字形稍有不同，意义是呼召人要听下面重要的话。此语在前面第二、三章的七封书信中都出现过。

"如果……就……如果……就……"　第十节的内容是用两个条件式的句子写成的，它的构造是"若……如何，必……如何"，或"如果……如何，就必……如何"，⑮这两句话的希腊文构造很不正常，版本的见证

---

⑭ τοῦ ἀρνίου τοῦ ἐσφαγμένου ἀπὸ καταβολῆς κόσμου.
⑮ εἴ τις ... εἰς.
　 εἴ τις ... ἐν.

也很不清楚。两句话的前半句都没有动词,第二句的前一半有一个不定式的被动词,[16]第一句的前一半就没有。第一句的后一半有一个主动式动词,[17]第二句的后一半,则只有一个不定式的被动词。[18] 因为这是诗歌,所以这样的构造,也不太意外。

在意义方面,基本上有两个不同的解释。第一,是按和合本的译法:"掳掠人的必被掳掠,用刀杀人的,必被刀杀。"这译法是根据一个较晚的抄本的读法,[19]一些较早期的英译本也多倾向于此译法。但这样的译法,有点"以牙还牙"的意味,好像显出一种报复的动机;这与主给信徒的吩咐似乎不大吻合。第二,是按新译本的译法,"如果人应该被俘掳,就必被俘掳;如果人应该被刀杀,就必被刀杀"。这译法是按一个较早抄本的读法。[20] 一些晚期的英译本(如 NASB、NIV)多倾向于此译法,虽然不一定每一个字词都如此表达。第二个看法表达的意思和本节最末一句话所说的"在这里圣徒要有忍耐和信心"比较符合。

(vii) 地里上来的兽(十三 11～18)

十三 11 "我又看见另一只兽从地里上来。它有两个角,好像羊羔,说话好像龙。"

"另一只兽从地里上来" 第一个兽强大凶猛,是从海里上来的;强大的敌人是乘船而来,如同罗马的势力(参见十三 1 的注释);此兽是"从地里上来"的,可能是从本地兴起来的敌人。

"它有两个角,好像羊羔,说话好像龙" 它的外表样子温和,好像"羔羊"。它不是有七头十角,只有两个角;但一开口说话,就像龙一样的可怕;它就像一个披着羊皮的狼(太七 15)。

尽管样子不同,两个兽都是撒但的使者。而且此兽不单要遵行龙的旨意,还要尽力去讨好、高举第一个兽。这种现象是在龙的势力范围

---

⑯ ἀποκτανθῆναι.

⑰ ὑπάγει.

⑱ ἀποκτανθῆναι.

⑲ 这是 A,即 Alexandrinus 抄本,是第五世纪的抄本。

⑳ 是 א,即 Sinaiticus(第四世纪的抄本),及 P⁴⁷(第三世纪后期的蒲草纸抄本)。

之内,常见的运作方式。这就反映出当时教会所面对的整个政治环境。地方上的政权所服事的,是抵挡上帝的属灵势力,但它眼前迫切的目标,是要得罗马政权的喜悦。

　　十三 12 "它在头一只兽面前,行使头一只兽的一切权柄。它使全地和住在地上的人,都拜那受过致命伤而医好了的头一只兽。"

　　"它在头一只兽面前,行使头一只兽的一切权柄" "在……面前"表示得着授权。⑳ 龙授权给第一只兽,第一只兽授权给这一只兽,它就去使人拜第一只兽。它的权柄是经过第一只兽间接从龙得来的。它顺服了第一只兽的权柄,也就是顺服了龙的权柄。

　　"那受过致命伤而医好了的头一只兽" 有些学者将此兽解释作罗马传说中的尼禄王。但有关尼禄王的传说只是一个谣传,没有事实的根据,而且这里说"受过致命伤",只是此兽的七个头中的一个头,而不是整个兽死去了。因此,这里所讲的,只是此兽曾有过的代表性经历。

　　十三 13 "它又行大奇事,甚至在人面前叫火从天上降在地上。"

　　撒但有能力给它的使者行奇事。而且它行的奇事很多时候是模仿上帝的仆人所行的,如同法老的仆人能模仿摩西所行的神迹(出七11～12)。这里第二个兽叫火从天上降在地上,也就好像以利亚先知曾求上帝降火在地上(王上十八 38～39;王下一 10～12)一样。

　　十三 14 "它得了能力,在头一只兽面前能行奇事,迷惑了住在地上的人,吩咐住在地上的人,要为那受过刀伤而还活着的兽做个像。"

　　"它得了能力,在头一只兽面前能行奇事,迷惑了住在地上的人"撒但本身的特长就是要迷惑人,现在第二个兽直接或间接地从撒但得了能力,去行奇事迷惑人,使人可以听它欺骗的话,去为第一个兽做一个像。

　　"要为那受过刀伤而还活着的兽做个像" 因为当时拜皇帝的事已很普遍,现在给第一个兽做像,当然是为要拜它。前面已经两次提过此

---

⑳ Aune, *Revelation*, vol. II, p.758;BAGD, ἐνώπιον, 5c.

兽曾受致命伤(十三 3、12),这里是第一次说它受的是"刀伤"。

十三 15 "又有能力赐给它,可以把气息给兽像,使兽像能够说话,并且能够杀害那些不拜兽像的人。"

"又有能力赐给它,可以把气息给兽像,使兽像能够说话" 撒但能使由物质制造而成的形象可以有气息,好像有生命一样,甚至能够说话,只是它不是真正的生命。法老术士手中的杖可以变作蛇,但此蛇在亚伦的杖所变的蛇面前,站立不住。魔鬼的作为可以以假乱真,也就可以使得世人接受他的工作。

"并且能够杀害那些不拜兽像的人" 此兽有能力杀害不拜兽像的人,不过圣经并没有说,它会去杀害所有不拜兽像的人。正如但以理时代,尼布甲尼撒王所造的金像一样。王曾下令,不拜金像的人要受死,但要被处死的并不多(但三章)。而且但以理的三个朋友虽被扔在火窑中,上帝却保守了他们不被烧死;不过上帝也没有应许所有要受刑罚的人都得蒙保守。这里所说拜兽像的人也是如此。一定有人因不肯拜兽像,而被杀死。但也一定不会是所有不肯顺服撒但的人都要殉道。

十三 16 "那从地里上来的兽,又要所有的人,无论大小贫富,自由的和作奴隶的,都在右手或额上,给自己作个记号。"

第二个兽又叫所有的人,不论身份、地位等阶级,都要在右手或额上,盖上第一个兽的记号。有学者认为此记号可能是指逃走的奴隶或逃兵被捉回时,要在他身上盖的印记,作为一种刑罚,也可以保证他不再逃跑。⑫ 不过这里所用的字,是指代表所有权的印记。⑬ 人有了兽的印记,就表明是属于兽的,就如同第七章三至四节所讲的,属上帝的人要被永生上帝的印所印,⑭表示他们是属上帝的,在审判中,他们要得上帝的保守。

---

⑫ Mounce, *The Book of Revelation*, pp. 261f.
⑬ 通常印在逃走的奴隶身上的印记,称为στίγμα,即英文的"stigma"。而这里用的是χάραγμα,通常是指王的印记,表示他的主宰权。
⑭ 那里用的是σφραγίζω,表示有合法主权的印。

十三 17 "这记号就是兽的名字或兽名的数字,除了那有记号的,谁也不能买,谁也不能卖。"

"这记号就是兽的名字或兽名的数字" 这句话乃回应第十六节末的话。当时所用的文字,多半是用字母代表数字。从第一个到第九个字母代表一至九,接着的九个字母代表十至九十,以后的字母代表一百、一千等。如此,一个名字的字母所代表的数目加起来,就是一个数目。拜兽的人所盖的记号就是兽的名字,或此名所代表的数目。

"除了那有记号的,谁也不能买,谁也不能卖" 所有拜兽的人都要有此记号。没有这记号的人不能买,也不能卖;换言之,不能参与社会上的正常活动,这就等于不能生存。跟随主的人,若不肯拜兽,自然没有兽的记号,就等于冒着不能生存的危险。

十三 18 "在这里要有智慧。有悟性的人,就让他计算兽的数字,因为这是人的数字,它的数字是六百六十六。"

"在这里要有智慧" 此语也可译作"这就是智慧"。下文所讲的,就是约翰所说的智慧。

"它的数字是六百六十六" 这句话在解经的历史上引起了无数的猜测。一般人计算的方法都是找到一个名字,从该名的字母去计算数目,直到凑足六百六十六为止。一位学者曾半讥笑地说:"如果要找到一个名字的数目是六百六十六,可以根据三个原则:第一,如果一个名字的数目不对,可以试加上一个名衔;第二,如果按希腊文的拼法数目不对,可以试用希伯来文或拉丁文;第三,不要太严谨固守该字的拼法。"⑮从一个字或名字计算它的数目,比较容易;但从一个数目推算一个字或名字,几乎是不可能的。⑯

根据启示录一贯的用法,数字都是用作代表的意义,因为整本启示录都是用"记号"写的。所以,情况如同二十四位长老、四活物、十四万

---

⑮ George Salmon, *A Historical Introduction to the Study of the Books of the New Testament* (London:J. Murray, 1899), pp.203f.

⑯ 历史上曾有很多这样推算出来的例子,但没有一个被人接纳的,参见 Aune, *Revelation*, vol. II, pp.770f. ; Beale, *The Book of Revelation*, pp.719f.

四千人。四匹马的审判。地的三分之一被烧毁。三年半和一千二百六十天等，这类的数字也都是代表性的用法。这里的六百六十六应该也不是例外。在启示录，"七"明显是一个完全的数字；"六"是不完全的数字。这里的兽从撒但得了极大的能力可以行奇事，甚至可以让兽像有生气，使它能说话。它叫全世界的人都要拜它，它要把自己高举得像上帝一样，但实际上，它不是上帝。在"六"的后面不论加上多少个六，仍然达不到"七"。在上帝容许它的时候，它可以任意高举自己；它也可以叫世上所有的人都印上它的名号，去敬拜它。但最终那些有上帝印记的人要胜过它(十五 2)。

(viii) 锡安山的羔羊(十四 1～5)

不同的人对启示录第十四章在整本书的构造上有不同的看法。有人认为它是新一段经文的开始；[127]有人认为它是前一段经文的结束。[128]按本书前面的分析，第十二至十四章是一组审判。这组审判所形容的，是启示录的中心思想，也是整个救恩历史的中心：弥赛亚与撒但之争。第十二章开始，约翰说他看见一个大异象，或如新译本称之为"奇伟的景象"，[129]是讲述弥赛亚的出生；到了第三节又有一个异象，[130]是大红龙的出现。这一大段经文所讲的，都是这两个"异象"(或"景象")主角的相争。第十二和第十三章让人看到龙好像渐渐得胜，好像要统治世界了。直到第十四章，我们才看见争战的真正结果：最后羔羊要得胜，要在天上的荣耀中与属他的人相聚，并要在地上施行审判。这结局对当时的约翰和众教会是极大的安慰和鼓励。等这些事过去了，才有第十五章的"另一个景象"，或异象出现，上帝要向世界行七碗的灾害。因此，第十五章的异象和第十二章的异象是平行的。所以第十四章的启示，是第十二章开始的启示的结束。这一切的事情对约翰来说都是未

---

[127] 如 Aune.

[128] 如 Beale.

[129] σημεῖον μέγα.

[130] σημεῖον(新译本译作"景象")。

来的,对今天的教会来说,也仍然是未来的,刑罚性的审判——就是全书的第二个异象——就要达到高峰,末日快要来到。

十四1　"我又观看,见羊羔站在锡安山上,跟他在一起的还有十四万四千人。他们的额上都写着他的名和他父的名。"

在第二个异象记载基督对世界的审判中,每一组的审判都以上帝百姓的赞美作结束;七印的审判后有第七章天上的赞美,七号筒的审判最末后有第十一章的赞美。现在七人物的审判就要结束了,第十三章描绘的是一幅极黑暗的图画,兽好像完全统治世界了。但其实七人物的异象还没有完成,下面还有启示。

"我又观看"　这语句在原文的构造是希腊文的特别用法,[131]用英文和中文都很难自然地表达出来。这里可译作:"我观看,啊!",或者"噢!",表示极大的惊奇,或者惊讶,或者惊喜。当约翰看见兽在统治世界,落在失望中时,忽然看见属主之人与羔羊一同在锡安山上,他有说不出来的惊喜,只可用"啊!"来表达。

"见羊羔站在锡安山上"　"锡安山"是上帝悦纳的地方,也是上帝施行拯救的地方(参见珥二32)。此处的"锡安山"当然是指天上属灵的锡安山,因为下文说那十四万四千人是在"宝座前,〔和〕在四个活物和众长老面前"(第3节)。

"跟他在一起的还有十四万四千人。他们的额上都写着他的名和他父的名"　如同第七章所讲的(第4节),被盖印的人共有十四万四千人。但这两处经文的十四万四千人是指同一班人呢,还是不同的人呢?有人认为可能是指不同的人,因为一处是在地上,一处是在天上。还有人指出第十四章的"十四万四千人"没有冠词,所以应该不是指第七章所讲的,[132]而是指另一班人。上文第七章已经解释过(参见七4的注释),那里天使所印的十四万四千人,是指上帝行七印的审判时,地上所有属主之人。十四万四千是一个完全的数目,他们都要被印;凡是真正

[131] εἶδον, καὶ ἰδού在启示录出现过十多次,是要引起特别注意的语句。
[132] Homer Hailey, *Revelation：An Introduction and Commentary*（Grand Rapids：Baker, 1979）, p.302.

属主之人,都要得保守,一个也不会遗漏。第十四章所讲的,是指经过多样的审判、逼迫(包括兽和兽像的迫害),一切为主殉道的人,都要在天上的锡安山与主同在。他们也是十四万四千,一个都不会被遗漏。第七章所讲的,是指在审判考验中的属主之人;第十四章所讲的,是指在天上的锡安与主同在的人。他们的数目都是十四万四千,意思是两处所指的,都包括所有属主之人,一个都不会被遗漏。

十四 2 "我听见有声音从天上来,好像众水的声音,好像大雷的声音;我所听见的声音,又像琴师弹奏的琴声。"

约翰听见了极大的声音,雄伟感人,他用几种象征的方法来形容:"像众水""像大雷""又像琴声"。但他没有说声音是从哪里来的,到下一节才说明是圣徒歌唱赞美的声音。

十四 3 "他们在宝座前,在四个活物和众长老面前唱新歌;除了从地上买来的那十四万四千人以外,没有人能学这歌。"

"他们在宝座前,在四个活物和众长老面前唱新歌" 跟随主的圣徒在天上上帝的面前唱新歌赞美他。圣经中提到的"新歌",都是指蒙恩之人为上帝的得胜和他的拯救,向他献上赞美。第五章九节的"新歌",是天上的长老和四活物因羔羊用自己的血把人从罪中赎出来,有权开七印,而献上的赞美。或有人认为所有胜过兽和兽像的人,因上帝的得胜,所唱的摩西和羔羊的歌(十五 3f.),也是"新歌"。旧约多次提到上帝的百姓因蒙拯救而唱"新歌"赞美他(诗三十三 3,四十 3,九十六1,九十八 1)。

"除了从地上买来的那十四万四千人以外,没有人能学这歌" 唱这新歌,不是用技术学得来的,除了"从地上买来"的人,即被羔羊的血买赎的人之外,别人不能学这歌。只有被买赎的生命,才能唱此新歌。

十四 4 "这些人没有跟妇女在一起而使自己玷污,他们原是童身的。羊羔无论到哪里去,他们都跟随他。这些人是从世人中买来的,作初熟的果子归给上帝和羊羔。"

这节经文讲出这十四万四千人的几个特征。第三节末说他们是

"从地上买来的"；本节末又说他们是"从世人中买来的"。这两个语句好像是括弧的两端，把第四节包起来，中间所讲的就是这些人的特性。这里讲到这些人的三件事：他们是童身的、他们一直跟随着羔羊，以及他们是初熟的果子。

"童身"　这里不是讲肉身有否婚姻生活的问题。在属灵代表的意义上，是表达灵里的纯洁、忠贞。以色列被上帝称为犯奸淫的妇人，因为他们敬拜偶像（何二章开始，全书都在讲论此问题）；保罗说他把教会如同贞洁的童女献给了基督（林后十一2）。天上锡安山的十四万四千人是童身的，专心跟从基督，从来没有敬拜别的神。他们是羊羔纯洁的新妇（二十一9），与世上的"大淫妇"成强烈的对照（十七1）。

"羊羔无论到哪里去，他们都跟随他"　就如基督在地上时，信主的人被称为是跟随他的人。羔羊无论往哪里去（他为了救赎人类的缘故，要承受痛苦、逼迫、牺牲和误会），他们都跟随他。

"作初熟的果子归给上帝和羊羔"　在旧约的时候，百姓要用初熟的果子献祭；在新约，此语多用作象征的意思。基督是属主之人复活初熟的果子，我们蒙恩得救的人也是万物中初熟的果子。按物质的生命来说，初熟的果子是其他果子的代表。一棵树初熟的果子如何，以后所结的果子也如何。这些被买赎回来的初熟的果子如何，以后所有被买赎回来的人，也要如何跟随主在锡安山的福气中，一同享受他的同在。

十四5　"在他们口中找不着谎言；他们是没有瑕疵的。"

"在他们口中找不着谎言"　这十四万四千人的生命有两个特征：纯洁和真实；他们是童身的，他们口中没有谎言。这是跟随主到底的人必须有的特征。只有这样的生命才能在压力、逼迫，甚至灾难中，不会向恶势力低头、妥协。

"他们是没有瑕疵的"　正如旧约祭物中的火祭所代表的意义，必须没有残疾（利一3，三1、5）。这里的"瑕疵"主要是指道德和灵性上的瑕疵。[13]

---

[13]　ἄμωμος，此字在新约中，除了本节以外，共用过七次（弗一4，五27；腓二15；西一22；来九14；彼前一19；犹24），所有这些用法都是指灵性的瑕疵。

(ix) 最后审判前的两个插曲(十四 6～20)

(一) 天使的信息(十四 6～13)

　　时间已经很紧迫了，上帝最末要施行的审判快要临到了。上帝向世人要发的警告、提醒、呼召等都已讲过，但是人还不肯悔改。从第十二章开始，上帝已把他对世人的整个计划再次讲明；上帝的救恩、撒但的反抗，两者最终的结局都摆在人的面前。讲完这些启示以后，可以说上帝在这里作了一个总结。这个总结取了两个"插曲"的方式写出。第十四章六节和十四节，都用"我又观看"或"看见"开始，好像是有两个具体的异象出现了。此用语与第十三章一、十一节和第十四章一节相似。表达同样意思的用法，也在第十二章三节用过。现在约翰在这两段经文中采用这样的笔法，就表示这两个插曲的异象值得注意。第十四章开始的时候，记载锡安山的羔羊与圣徒同在的美景，是敬拜上帝之人的结局，那些敬拜兽和兽像的人要如何呢？

　　第一个插曲讲到三个天使向世人宣布面对未来的审判前的警告(十四 6～13)；第二个插曲是未来最末后审判的预告(十四 14～20)。

　　天上胜利的羔羊和跟随他的人，在荣耀中显现以后，就有三位天使来传达他们的信息。三位天使的信息是互相连接、互相配合的。第一个天使的信息是向普遍不相信、不顺服上帝之人说的(第 6～7 节)；第二个信息是向抵挡上帝的恶势力大巴比伦说的(第 8 节)；第三个信息是向那些跟随兽和兽像之人说的(第 9～11 节)。这三个信息都是审判的信息。

　　十四 6　"我又看见另一位天使在高空飞翔，有永远的福音要传给住在地上的人，就是各邦国、各支派、各方言、各民族的人。"

　　"我又看见另一位天使在高空飞翔"　这里约翰用"另一位"，[⑬]大概是他文体上的一个特征，因为在上文第十二章九节以后，再没有提到过别的天使，所以这里的"另一位"，无从比较。而且下文也是无从比

_____

⑬ ἄλλον.

较，因为第八节明明说那是第二位天使，所以这里的"另一位"，也不是和这位天使相比。并且第八和九节讲到第二和第三位天使时，原文都用"另一位第二位"和"另一位第三位"，⑬所以这里的"另一位"，显然是作者文体的特征，没有什么特别的意义，中文也无法表达。

这位天使就如同在号筒的审判中，宣布祸患的鹰一样，在"高空飞翔"（参见八 13），因为他的信息是要传给所有住在地上的人。

"有永远的福音要传给住在地上的人"　这里所用的"福音"和"传"，在原文是出于同一字根。⑭因为两个字的字首都有εὐ-，是"好"的意思，所以圣经用此字，都是指"传好信息"，或"好信息"。⑮通常教会用的"传福音"或"布道"，也是此字。

这里天使所传的是"永远的福音"。通常新约用到"福音"一词，都有定冠词，是指主耶稣在十字架上所成就的救恩。但这里用的"福音"没有冠词，而且又加上"永远的"，所以，"永远的福音"大概与十字架的福音有所不同。特别这里说明是要传给所有住在地上的人，这是上帝从永世就定好在世上的旨意，到末日他要执行出来。下一节要讲出此"永远的福音"的内容。

"传给住在地上的人"这语句，当然也是代表性的意义。上帝有方法可以使住在地上的人都得到此信息，但却不一定是说要人都直接用耳朵听到天使的声音，所以假设约翰认为地是一块平面的地方，是没有必要的。⑯

十四 7　"他大声说：'应当敬畏上帝，把荣耀归给他！因为他审判的时候到了，应当敬拜创造天、地、海和众水泉源的那一位！'"

这是第一位天使向普世的人所发的呼召，是人基本的责任：要敬畏上帝，将荣耀归给他。

保罗在罗马书第一章讲到人犯罪的表现时，就说过上帝的永能和

---

⑬　ἄλλος ἄγγελος δεύτερος（另一位第二位）；ἄλλος ἄγγελος τρίτος（另一位第三位）。

⑭　εὐαγγέλιον（"福音"）；εὐαγγελίσαι（"传"）。

⑮　参见 GELNT，§33. 在新约中用此字的动词时，通常是关身时态的字（εὐαγγελίζεσθαι），而不是用主动时态（εὐαγγελίζειν），但两字的意义分别不大。

⑯　如同奥恩所假设的，参见 Aune, *Revelation*, vol. II, p. 824.

神性,借着他的创造都已经显明出来;世人虽知道上帝,却不承认他。不把他当作上帝来荣耀他,也不感谢他,所以上帝的忿怒就向人显明出来(罗一 18～21)。

世人落在上帝严厉的审判之下,现在上帝最后审判的时候到了。启示录已显明,上帝曾多次呼召人,给人机会悔改,但人不肯悔改,上帝最后的审判就要施行了。这是上帝从起初就定好的旨意,是"永远的福音"。这是审判的信息,好像不是"福音"。但圣经上的"福音"永远是包括这两方面的:上帝差遣他儿子到世上来,不是要定世人的罪,而是要使世人借着他得救。"信他的,不被定罪;不信的,罪已经定了"(约三 18)。蒙恩和定罪是平行的,是同一件事的两面。

十四 8　"又有第二位天使接着说:'倾倒了! 大巴比伦倾倒了! 它曾经叫列国喝它淫乱烈怒的酒。'"

"第二位"　第六节的注释曾提过,本节有"另一位第二位"天使的字样。虽然有一些较弱的版本免去了"另一位"一字,但多半较好的版本都有此字。不过,由于此字是作者文体的特征,所以中文不必将它译出来。

"倾倒了! 大巴比伦倾倒了"　此语跟第十八章二节的用法完全一样,一个是预告,一个是形容事情发生的情况。"大巴比伦"一语应该是出自但以理书第四章三十节。该节记载巴比伦王尼布甲尼撒在最得意、自大的时候所夸口的话:"这大巴比伦城不是我用大能大力建造作我的京都,为显我威严的荣耀吗?"在但以理的时代,巴比伦是世界上最强大、骄傲、迷信、奢华、压迫上帝百姓的势力。在约翰时代,在属上帝的人眼中,罗马可以说有同样的性质。所以约翰很恰当地用上巴比伦作为这样抵挡上帝的恶势力代表。在使徒晚年时代,以巴比伦代表罗马,可能是教会的暗语中常见的用法。彼得在他的书信中,也曾以同样的名字称呼罗马(彼前五 13)。

"它曾经叫列国喝它淫乱烈怒的酒"　这句话解释上有些困难。按字句的构造,中文的译法本来很恰当,按字面解释也不困难;只是"烈怒的酒"一语很多时候在启示录都是指从上帝来的忿怒或者刑罚(十四 10,十六 19,十九 15)。这里如果说是"巴比伦烈怒的酒",而下两节又说是"上帝烈怒的酒",则显得有些特别。"烈怒"一词最基本的意思是指"强烈的感情"。⑬ 当然这里用的是象征的话,这样的解释会比较正确。列国都被她淫乱情欲的酒灌醉了。

十四 9　"又有第三位天使接着他们大声说:'如果有人拜兽和兽像,又在自己的额上和手上受了记号,'"

"第三位天使"　这里的词句和前一节一样,也是"又有另一位,第三位天使"。

"大声说"　第七节同样记载第一位天使"大声说",表示郑重。

第十三章末了记载着当兽像得了权柄的时候,只有那些拜兽像和身上有它记号的人才能做买卖,在地上存活(十三 17)。现在第三位天使的信息宣布这些拜兽像的人要受到上帝的审判。

十四 10　"他就必定喝上帝烈怒的酒;这酒是斟在上帝震怒的杯中,纯一不杂的。他必定在众天使和羊羔面前,在火与硫磺之中受痛苦。"

"他就必定喝上帝烈怒的酒"　第九和十节是一个条件式结构的句子。这样的句子的前一半是讲"条件",或假设的句子,后一半是讲"结果"的句子:若是有这样的情况,就必有这样的结果。例如,如果下雨,路就一定会湿滑。此处经文的句子所用的文法构造、动词的时态等,都显出这里说的条件和结果的关系是绝对肯定的;⑭若有这样的情况,就必定会有这样的结果。若有人拜兽像,就必定要喝"上帝烈怒的酒"。没有人可以幸免。"上帝烈怒的酒"代表上帝的刑罚,拜兽像的一定要接受他所要施行的刑罚。不论是什么原因,政治势力或经济压力,只要向撒但的力量妥协,一定要从上帝接受刑罚。

"这酒是斟在上帝震怒的杯中,纯一不杂的"　这句话在翻译和解

---

⑬　BAGD 解释 θυμός 的第一个意思是"passion",故将本节"烈怒的酒"译作"wine of passionate immorality"。奥恩将本节"烈怒的酒"译作"情欲的酒"(The wine of her immoral passion),参见 Aune, *Revelation*, vol. II, p. 831.

⑭　即第一类条件从句(First Class Conditional Clause)。

释上都有些不容易。"斟在"一词也可能是指"预备"的意思，[140]指将不同的酒，或甚至别的东西混在酒内；使酒达到一定程度的性能，或味道（吕振中译作"调好"）。"纯一不杂"[141]用作形容词时，是借用当时人喝酒以前搀上一定比例的水的做法；"纯一不杂"的酒是指没有搀水的酒。到那时，拜兽像的人要喝上帝忿怒的酒，受上帝大怒的刑罚。这种刑罚包括上帝一切忿怒的表达，没有一点冲淡，或者减轻的现象，而是上帝预备好他所要施行的刑罚。

　　这样的刑罚是从上帝的震怒而来，并非什么自然定律演变的结果。人若把手放在火上，必被烧伤，这是自然定律运作的结果；人犯法，当受法律的制裁，这是当权者意志的表达，不是物质的自然定律的运作。上帝是轻慢不得的，存心背叛上帝的人，必受当得的刑罚，是他定意刑罚他们。

　　"他必定在众天使和羊羔面前，在火与硫磺之中受痛苦"　悖逆的人得罪的是神子基督，他们也要在圣天使和羔羊面前受刑罚；他们要在火与硫磺之中受痛苦，如同所多玛和蛾摩拉的人一样（创十九 23～25）。这里说的"火与硫磺"，当然是象征，但词句代表的意义一样，末日这些人所要受的痛苦，就如同所多玛和蛾摩拉人在火与硫磺中所受的痛苦。

　　十四 11　"他们受痛苦的烟往上冒，直到永永远远。那些拜兽和兽像的，以及接受它名字的记号的人，日夜得不到安息。"

　　"他们受痛苦的烟往上冒，直到永永远远"　末世的人所受的痛苦也有不同的地方，就是他们的痛苦不是暂时的，乃是永远没有停止的，正如下文第二十章十节所说，他们要去的地方，就是魔鬼和兽，并假先知所在的地方，在那里"他们必昼夜受痛苦，直到永永远远"。但"受痛苦"一语没有"除灭"，或"使之消失"的意思。[142]

　　"那些拜兽和兽像的，以及接受它名字的记号的人，日夜得不到安

---

⑭ BAGD, κεράννυμι, 1.

⑭ BAGD, ἄκρατος；Aune, *Revelation*, vol. II, p. 833.

⑭ 参见 BAGD；Beale, *The Book of Revelation*, p. 262.

息" 这段经文表示他们的痛苦没有停止,因为地狱是永远的。地狱既
是永远的,在地狱中受痛苦的被造之物当然也是永远地存在,不论是撒
但和他的使者,还是拜兽像的人;他们受的痛苦也许是肉体上的,是心
理上的,或是心灵的。⑭ 永远的地狱刑罚肯定是圣经的教训。

　　十四 12 "在这里,那些遵守上帝的命令和耶稣的信仰的圣徒,要
有忍耐。"

　　"在这里……圣徒,要有忍耐" 在原文,这句话是放在句首。这里
"忍耐"一词所要表达的是"坚忍""持守"的意思,多过"忍受"的意思。
整个句子要表达的是忍耐的意义,或忍耐的重要。"这"就显出了圣徒
的忍耐:就是要遵守上帝的命令,和耶稣的信仰。

　　"遵守上帝的命令和耶稣的信仰" 在撒但的使者、兽和兽像得势
的时候,拜兽和兽像的人就可以存活;有"耶稣信仰"的人,不肯拜兽和
兽像,就要受逼迫。遵守上帝命令的人,就是遵守耶稣信仰的人。遵守
耶稣信仰,就是以耶稣为相信的对象,正如第二章十三节的用法一样。
这样的人当然不肯去拜兽和兽像,不论此兽用什么形象出现,凯撒也好,
尼布甲尼撒也好,属主之人都不会拜它;这样不肯去拜此兽和兽像的人,
就会受逼迫,甚至丧失性命。在这里就显出了圣徒的忍耐:宁可作任何
牺牲,也要遵守上帝的命令和耶稣的信仰,或者说对耶稣的信心。

　　十四 13 "我听见从天上有声音说:'你要写下来! 从今以后,那
在主里死去的人有福了!'圣灵说:'是的,他们脱离自己的劳苦,得享安
息了,他们的作为也随着他们。'"

　　"我听见从天上有声音说" 圣经上没有说此声音究竟是从上帝来
的,还是从天使来的;但圣经每逢有这样的用法,总是带有上帝的权威,
是应当遵行的(参见一 10,十 4、8,十一 12,十六 1,十八 4 等)。

　　"你要写下来" 有几次约翰得到命令要把所看见的,或者所听见
的写下来(一 11、19,二十一 5),但有时又叫他不可以把所见的写下来
(十 4),他都照着行了。

_____

⑭ 参见 BAGD, βασανίζω, βασανισμός.

"'从今以后,那在主里死去的人有福了!'圣灵说:'是的,他们脱离自己的劳苦'""从今以后"一语在这一节经文的位置和意义,都引起解经家的不同意见。它可以有两个写法,此语是由两个字组成,若分开写,[15]意思通常是"从今以后";两个字若连在一起写,[16]通常则是"真的""是的""确实"等意思。[17]多数的新约希腊文编辑都选用分开的写法。[18]

"从今以后"一语在希腊文版本的位置是放在"那在主里死去的人有福了"之后,所以在解释上,此语可以与上面的句子连在一起,正如中文译本所表达的。这是按句子构造较自然的解释;但这样解释可能有一个困难:如果是从今以后在主里死去的人有福了,那么从前为主殉道的人如何呢? 所以,另一个解释是将"从今以后"一语与下文的句子连在一起。这样是将重点放在"脱离自己的劳苦"上,那么,"从今以后",即他们为主受苦的事以后。那些为主殉道的人在死去以后就有福了,因为他们脱离了自己的劳苦,得享安息了。这样的解释虽然使原文的句子显得生硬,因为在上一句和下一句之间加上了"圣灵说,是的",但这样对句子的解释也不是不可能。

"得享安息了,他们的作为也随着他们" 或者如和合本的翻译,他们"做工的果效也随着他们"。这里所说的"作为"或"工作",不是指他们在地上的好行为,乃是他们忠心至死,忍耐持守着"对耶稣的信仰"。[19]

在压力底下,不肯拜兽和兽像的人,可能要受苦,甚至失掉性命;可是他们在肉身死亡以后就有福了。他们不必再受压迫,脱离了世上的劳苦;他们在上帝面前可以享受永远的福气。

(二) 收割地上的庄稼(十四 14～20)

这段经文记载着两个异象,第十四至十六节记载那位好像人子的,坐在云上,用他的快镰刀收割地上的庄稼。第十七至二十节记载着另

---

[15] ἀπ' ἄρτι.

[16] ἀπαρτί.

[17] 参见 BAGD.

[18] 如 Nestle-Aland、Black、Metzger 等。奥恩则选择连在一起的写法,参见 Aune,*Revelation*, vol. II, p. 839.

[19] Beale, *The Book of Revelation*, p. 768; Mounce, *The Book of Revelation*, p. 278.

一位天使,用他的快镰刀,收取地上的葡萄,扔在上帝忿怒的压酒池中。

十四 14 "我又观看,见有一片白云,云上坐着一位好像人子的,头上戴着金冠,手里拿着锋利的镰刀。"

"我又观看" 这语句在这一大段经文中多次出现,都是表示约翰又看见了一个新的异象。

"见有一片白云,云上坐着一位好像人子的" 这形象是常用来表达弥赛亚末日降临的形象,如同但以理书第七章十三节和启示录第一章七节的用法。[150]

"头上戴着金冠,手里拿着锋利的镰刀" 他所戴的冠冕,是胜利者的冠冕,[151]不是皇冠。基督此时是战败敌人的得胜者,不是统治一切的君王。

十四 15 "有另一位天使从圣所出来,对那坐在云上的大声呼喊:'伸出你的镰刀来收割吧! 因为收割的时候已经到了,地上的庄稼已经熟透了。'"

"镰刀" 这是农人收割庄稼用的工具。

"收割的时候已经到了" 农人整年辛勤地工作,到了收割的时候,就表示他们一年的工作完成了,所以圣经常用收割庄稼来代表上帝在地上工作完成时,来结束一切的阶段(参见太九 37～38;路十 2;约四 35～38),也就是末日的审判。在收割的时候,可能好坏的产物都有,有麦子,也有稗子(参见太十三 30)。上帝在末日收割的时候,也要叫属主之人进入福气,叫背叛之人承受刑罚(参见太十三 40～42)。

---

[150] 多位学者,如 Beale,Aune,Mounce 都如此解释。但有些学者,如莫里昂,则认为下文说另有一位天使从圣所出来,要吩咐这位坐在云上的去收割,所以这位坐在云上的,应该不是荣耀中的基督,因为不应该有别的天使有权柄吩咐基督做什么。原则上这样的立论是合理的。但另一方面,这位天使是从圣所出来的,也就是说他是从父上帝面前出来的,是为父上帝传达旨意。这时基督的工作还没有完成,直到他将国交给父上帝,他做弥赛亚的工作才完成(林前十五 24),所以,现在他接受父上帝的命令不是意外的事。

[151] στέφανος.

十四16 "于是那坐在云上的向地上挥动镰刀,地上的庄稼就被收割了。"

这节经文当然是象征的话语。原文直译是:坐在云上的,把镰刀抛在地上,地就被收割了。整个收割过程就如此笼统地交代了,并没有说明细节。

从第十四章十七节开始,约翰解释收割葡萄的异象。通常圣经用到收割葡萄放在压酒池中,都是指上帝忿怒和刑罚的施行;压酒池也常被称为"上帝忿怒的压酒池"。在前一个异象,即收割庄稼的异象中,如果是指末日上帝要把麦子和稗子分开,有的得救赎,有的受刑罚,那么,这里则是单单讲到对背叛者的刑罚。

十四17 "又有另一位天使从天上的圣所出来,他也拿着一把锋利的镰刀。"

这位天使也是从上帝面前出来的,为要执行他的旨意。用镰刀收割葡萄(参见第18节),较为特别。莫里昂认为约翰这里的用法,是受约珥书第三章十三节的影响。[⑫] 当然这只是象征。

十四18 "接着,又有一位天使从祭坛那里出来,是有权柄掌管火的;他向那拿着锋利镰刀的天使大声说:'伸出你锋利的镰刀来,收取地上葡萄树累累的果子吧!因为葡萄已经熟透了。'"

"接着,又有一位天使从祭坛那里出来" 就是从上帝面前出来。

"是有权柄掌管火的" 圣经的一般用法,"火"的出现常与审判有关,例如:上帝对所多玛、蛾摩拉的审判(创十九章);主耶稣所说的地狱的永火(太十八8;路九54);启示录的硫磺火湖(十九20,二十10)等。有可能因这样的缘故,犹太的传统中就有掌管火的天使。[⑬] 这是圣经唯一讲到掌管火的天使的经文。不过,它所表达的意思很清楚。

"他向那拿着锋利镰刀的天使大声说" 正如第十五节的天使向坐

---

⑫ Morris, *The Revelation of St. John*, p.186. 虽然孟席加上特别的注释,但此用法仍是不平常,参见 Mounce, *The Book of Revelation*, p.281, n.40.

⑬ 参见奥恩所引用的资料;Aune, *Revelation*, vol.II, p.846.

在白云上的一位"大声说"一样,表示他要传达一个重要的信息。

"伸出你锋利的镰刀来,收取地上葡萄树累累的果子吧! 因为葡萄已经熟透了" 意思是他们恶贯满盈,拿着镰刀的天使要向他们施行审判了!

十四 19 "于是,那天使向地上挥动镰刀,收取了地上的葡萄,把葡萄扔在上帝烈怒的大压酒池里。"

前一个天使挥动镰刀把庄稼收取了(第 16 节),进入了上帝给他们预备的地方。这次天使也挥动镰刀,收取了葡萄,却将他们扔进上帝的审判中去。

十四 20 "那压酒池在城外被踹踏,就有血从压酒池流出来,涨到马的嚼环那么高,流到三百公里那么远。"

"那压酒池在城外被踹踏" 这里所说的"城",经文并没有讲明是何城,我们也不必猜测了。因为用的词句都是象征。在酿酒的时候,葡萄放进压酒池,经过踹踏,葡萄汁就流出来,可以酿酒。

"就有血从压酒池流出来" 末日被收取放进压酒池的,是背叛上帝的人,一经踹踏,就流出血来。这都是象征,显出上帝刑罚的可怕。

"涨到马的嚼环那么高,流到三百公里那么远" 这里形容血流出来的数量和范围。血流得有"马的嚼环"那么深;"三百公里"差不多就是整个巴勒斯坦那么长。换言之,整个巴勒斯坦都充满了血。末日的审判当然也不会只限于巴勒斯坦。

(Ⅴ) 七碗的审判(十五 1~十六 21)

在启示录,约翰所见的第二个异象,是刑罚性的审判,主要包括三组的审判:七印、七号筒和七碗的审判。描述这三组审判之前,每一处都有一段形容天上情况的经文。天上预备好了,天上的一切受造之物都向上帝发出赞美,称赞他审判的公正和应得的荣耀。而且这里的赞美似乎比七印前和七号筒前的赞美更隆重,气氛更严肃;因为这是第二个异象最末一组的审判。刑罚和警告性的审判就要结束了,毁灭性的审判就快要开始了。

(i) 天上的赞美(十五 1～8)

　　整个第二个异象，就是基督在世界中的异象，可以说是用三组刑罚性的审判表达出来的：七印的审判、七号筒的审判和七碗的审判。在这三组审判的第二组和第三组之间，加插了七人物的异象。在这七人物的异象中，从妇人要生产，直到三位天使宣布刑罚和人子收割的预告，就把"撒但抵挡基督"到最后"撒但要受刑罚"，整个争战的原委都描绘出来了。然后七碗的审判要出现，约翰称之为"末后的七灾"(十五 1)；到这七灾应验，第二个异象就完成了。

　　上帝对世人的审判，可以说是他替那些曾为主受苦的人，伸流血的冤(参见六 9～11)。因此，在审判施行的时候，天上有祷告、赞美的声音(参见第五、八章等)。同样在第十五章开始，天使将要把七碗的灾倒在地上的时候，天上也满有赞美的声音。

　　这一段经文其实也可以分成两段：第一至四节讲述天上的赞美，第五至八节则讲述七碗之灾的预备。

　　十五 1　"我看见天上有另一个景象，又大又奇。有七位天使掌管着末后的七灾，因为上帝的烈怒在这七灾中发尽了。"

　　"有另一个景象"　第十二章一节提到的妇人，和第三节提到的大红龙，都出现"景象"一词，和这里出现的"景象"原文相同，⑭此字基本的意思是"记号"。记号的用意是用来代表别的东西。这里的记号所代表的，是表达上帝最后忿怒的七灾。虽然这七灾以后还有上帝的刑罚，但七碗的灾在第二个异象中，是上帝施行刑罚性审判的最末后的灾。

　　"因为上帝的烈怒在这七灾中发尽了"　"发尽了"一语可以有"满足"了，或"完成了"的意思。此语在讲到旧约的预言时，有应验的意思(参见路十八 31)。上帝的一切计划、旨意，在这末后的七灾中都成就了。

---

⑭ σημεῖον.

十五2 "我又看见好像有一个搀杂着火的玻璃海；也看见那些胜过了兽、兽像，以及兽名的数字的人。他们都站在玻璃海上，拿着上帝的琴。"

"我又看见好像有一个搀杂着火的玻璃海" 约翰这里用的象征词句很明显，他所看见的，"好像"一个玻璃海，如同第四章六节所看见，不是一个真实的玻璃海。此玻璃海好像"搀杂着火"。"火"常代表试炼、考验，甚至流血、上帝的忿怒等。因此有人认为此搀杂着火的"玻璃海"，是指着圣徒要经过火一般的试炼，才能胜过敌人撒但和兽的逼迫。[155] 但有人则认为启示录提到"火"的时候，经常是指上帝对撒但和他的使者的刑罚。[156]

"也看见那些胜过了兽、兽像，以及兽名的数字的人。他们都站在玻璃海上，拿着上帝的琴" 胜过"兽""兽像"和"兽名的数字的人"，就是指那些不肯拜兽、兽像和不肯接受兽名数字记号的人。他们得胜是因为他们在属上帝的事上站立得稳；在得胜的过程中，也许曾失去他们肉身的生命，但在上帝面前他们是得蒙喜悦的。他们拿着上帝的琴要赞美他。

十五3 "他们唱着上帝仆人摩西的歌和羊羔的歌，说：'主啊！全能的上帝，你的作为又伟大又奇妙！万国的王啊，你的道路又公义又真实！
4 主啊！谁敢不敬畏你，不荣耀你的名呢？因为只有你是神圣的，万国都要来，在你面前下拜，因为你公义的作为已经显明出来了。'"

"他们唱着上帝仆人摩西的歌和羊羔的歌，说" 这句话表面上看来意思很清楚，但解释上却有些困难。按一般的译法，应该有两个

---

[155] 遂特认为玻璃海上的火光代表殉道者要经过火的试炼，参见 Swete，*The Revelation of St. John*，p.193；杰道则称此图画为"天上的红海"，是圣徒需要经过的考验，参见 Kiddle，*The Revelation of St. John*，pp.300f；莫里昂同意此解释，参见 Morris，*The Revelation of St. John*，p.188.

[156] 毕尔强调启示录提到火时，多是指上帝对仇敌撒但和他的使者的审判。第十五章提到摩西的歌，及前后经文的灾害，可能自然使人想起百姓过红海的经历；但红海最终也是上帝用来审判埃及的工具。所以约翰所见的，如果是指红海，其意义也包括对撒但的审判，参见 Beale，*The Book of Revelation*，pp.789f.

"歌"，⑮但实际上只有一个"歌"。而且原文重复使用"歌"字，所以不适宜解释作"摩西和羔羊"两位一同作的一首歌。再者，圣经从没有出现过羔羊的歌。因此，这里最好是按毕尔的解释，将经文译作"上帝仆人摩西的歌，就是羔羊的歌"，⑯意思是这首歌的内容，主要是赞美羔羊：因他成就了伟大的救赎，他配受赞美。

在旧约摩西所作的歌之中，没有一首和这里所写的完全一样。但在旧约的诗歌中，特别是那首被称为"摩西之歌"的（出十五章；申三十二章），摩西颂赞上帝的内容，称颂上帝刑罚恶人和救赎他百姓的恩典，都跟这首歌的内容非常相似。现在将这些赞美转来应用在羔羊身上，完全合适。

"主啊！全能的上帝" 严格来说，这是指父上帝说的，但在赞美的人的思想中，把主和上帝合起来不分，是可以理解的。

"你的作为又伟大又奇妙……你的道路又公义又真实" 诗歌的开始称颂上帝的伟大、奇妙、公义、真实。这是旧约赞美诗常见的用语，并没有说出什么具体的事来显明上帝的伟大、奇妙。

第四节的构造很有力，也很美，他是那么伟大、奇妙、公义、真实的上帝，谁敢不敬畏他，不荣耀他的名呢？然后又讲出人应当敬畏他的两个具体理由：第一，因为只有他是"神圣的"；第二，他"公义的作为已经显明出来"。⑲ 因为我们的主，全能的上帝，是神圣的，他公义的作为已经显明出来，万国都要来敬拜他。

十五 5 "这些事以后，我观看，见天上安放约柜的帐幕的圣所开了。"

---

⑮ τὴν ᾠδὴν.

⑯ 句中的 καί，可解释作 epexegetical 的用法，译作"就是"，这是较好的解释，参见 Beale, *The Book of Revelation*，p.792.

⑲ 在原文的句子构造，从"只有你是神圣的"开始，一共有三个 ὅτι，所以，贝克威思、莫里昂都解释这里一连有三个"因为"，都是讲人应当敬畏上帝的理由，参见 Beckwith, *The Apocalypse of John*，p.675；Morris, *The Revelation of St. John*，p.189.但按和合本及新译本的解释，把中间的一个 ὅτι 看作结果或是目的，毕尔解释作"so that"，这样的解释比较适合，参见 Beale, *The Book of Revelation*.

"*这些事以后,我观看*" 表示一个新的异象开始了。虽然第十五章一节曾笼统地介绍过这七位天使和他们掌管的七灾,这里要详细地解释七碗之灾的内容。

"*安放约柜的帐幕的圣所开了*" 这里表达上帝的作为的方法和第十一章十九节的笔法差不多一样。在旧约,百姓在旷野的时候,还没有圣殿,但他们有了约柜和安放约柜的帐幕。安放约柜的帐幕代表了上帝同在的地方(参见民十七 7)。所以,约翰把安放约柜的帐幕看作圣殿的圣所。

十五 6 "*那掌管着末后七灾的七位天使,从圣所出来,穿着清洁明亮的细麻衣,胸间束着金带。*"

"*那掌管着末后七灾的七位天使,从圣所出来*" 表示他们从上帝面前出来。他们还未能够执行七灾的审判,因为七碗要到下一节才交给他们,不过他们从上帝面前出来,就表示已经从上帝得着授权,掌管末后的七灾了。

"*穿着清洁明亮的细麻衣,胸间束着金带*" 天使的装束显出他们纯洁尊贵。

十五 7 "*四个活物中有一个,把盛满了活到永永远远之上帝的烈怒的七个金碗,交给了那七位天使。*"

"*四个活物*" 它们常在上帝的审判中,执行特别的使命。在第二个异象的第一组审判,人子揭开七印的时候,四活物命令审判出现(六 1f.);在这最末一组的审判,也是由一个活物将审判的碗交给天使去执行。

"*金碗*" 这词和第五章八节提到盛香的"金炉",在原文是同一个字。[⑯] 一个是盛着圣徒的祷告,由四活物拿着献给上帝;一个是盛着上帝的忿怒,由四活物拿来交给审判的天使。这是启示录对"金碗"的两处用法,孟斯认为有可能约翰要借此提醒圣徒应注意祷告与上帝审判的关系。[⑯]

---

⑯ φιάλας.
⑯ Mounce，*The Book of Revelation*，p. 289.

　　十五 8　"因着上帝的荣耀和大能,圣所中充满了烟,在那七位天使降完七灾以前,没有人能进入圣所。"

　　"圣所中充满了烟"　不是因为七碗或七灾,乃是因为上帝的荣耀和大能,表明上帝的同在,显明上帝的威严和荣光。这是天上,上帝当然在天上,不过在此极严肃的时刻,上帝的同在当然特别显著。所以,这里约翰所用的,是加重语气形容的话语。

　　"降完七灾以前,没有人能进入圣所"　这里用的"没有人",⑯不是单指"人类"的人,这是中文不得已的表达方法;"人"在此所包括的,是所有的被造之物。

（ii）七碗的倾倒（十六 1～21）

　　天上都预备好了,就要倾倒七碗的灾害了。七碗的灾被称为"末后七灾"(十五 1、6)。"末后"的意思,不是指整个末日的审判最末了的一组灾,乃是第二个异象,上帝在世界中施行的刑罚性审判中最末的一组灾。在七碗以后还有毁灭性的审判。七碗的灾和前两组的灾害有不同的地方,因为这是"末后"的灾。七印和七号筒的灾,在第六与第七灾之间都有些显著的插曲(第七章、第十章),但第六碗和第七碗之间却没有插曲。再者,前两组的最末一灾,都没有自己清楚的内容,第七印只是引进七个号筒;第七号筒也只是引进天上的赞美,及天上圣所的门被打开带来的一些现象,而不是第七号筒自己的内容。但第七个碗倾倒下来以后,就带来了对巴比伦大城的审判。

（一）前三碗的审判（十六 1～7）

　　七碗的审判和前面的两组审判(七印和七号筒),在组成上都有些不同;前两组审判的前四个灾都很相似,后两个或三个的性质就不同了。这七碗则是前三个很相似,也都比较简单;后四个的性质则每个都有不同。

---

⑯ οὐδείς.

十六 1　"我听见有大声音从圣所里发出来,向那七位天使说:'你们去,把上帝烈怒的七碗倒在地上!'

　　　　2　第一位天使去了,把碗倒在地上,就有恶性的毒疮,生在那些有兽的记号和拜兽像的人身上。"

"有大声音从圣所里发出来"　七印要揭开的时候,是先有四活物发声,吩咐首先四印带来的四匹马和骑马的出来行刑。七号筒吹响的时候,没有特别的命令吩咐他们,天使就按次序吹响号筒。这七碗倾倒的时候,则有"声音"从圣所发出,吩咐天使把碗倒在地上。这声音大概是上帝自己的声音,因为这时天上的圣所充满了他的荣耀,没有人能进入圣所(十五8)。

"把上帝烈怒的七碗倒在地上"　这些碗所带来的灾害,性质有些像出埃及记提到的灾害,或者像七号筒带来的灾害,例如:使水变成血,黑暗笼罩着他们的地,身上生毒疮等。不过,出埃及记的灾害和号筒的灾害常是局部发生于地上的,如灾害只临到某一地区,或临到某一种人与物。或者是部分受到影响,如只伤害地上三分之一的人。这里就不再有这样的限制了。

"就有恶性的毒疮,生在那些有兽的记号和拜兽像的人身上"　"毒疮"是非常令人难以忍受的(参见伯二7～8)。照样第一碗带给人的痛苦是极其难以忍受的。

十六 3　"第二位天使把碗倒在海里,海水就变成好像死人的血,海里的一切生物都死了。"

水是人生命中不可缺少的物质;现在那本来可以叫人维持生命的物质,变成了"像死人的血"一样。死人的血凝固、变坏,成了对人有害的东西。"海里的一切生物都死了",像死人的血的东西,不能维持任何生命。

十六 4　"第三位天使把碗倒在江河和众水的泉源里,水就变成了血。"

第三碗的灾就像第三号筒的灾一样,使江河的水变成了血。第三号筒的刑罚只是使水变苦,没有使水变成血;但两者的效果一样,都是叫生命不能生存。不过它们有一个分别:号筒的灾只使江河三分之一的水变苦,这里却是众江河和众水的泉源都变成了血。刑罚越来越严厉,就越接近最末的审判。

十六5 "我听见掌管众水的天使说:'今在昔在的圣者啊! 你这样审判是公义的,'"

"我听见掌管众水的天使说" 我们很难确定这位天使是谁。虽然犹太人的传统中有时提到有特别的天使掌管某些特别的物质,⑮但圣经上很少有这方面清楚的记载。第七章一节讲到有天使掌管地上的四风;但这风是审判的风,不是普通的风。只有在第十四章十八节讲到有掌管火的天使。所以这里所说的天使,就是指将碗倒在江河同众水上的天使。

"今在昔在的圣者啊! 你这样审判是公义的" 约翰听见这位天使在颂赞上帝。天使颂赞上帝,因为他是永远圣洁的,他所行的也永远是公义的。世人受审判,是因他们的罪;他们受的刑罚是他们应得的。

在此天使所说的话在文法构造上有些特别,翻译上不容易,所以中文译本所表达的都不清楚。在"你这样审判"一语前面有"因为"一词,⑯而全句中,"你……是公义的"站在最重要的位置。全句如果直译出来,可这样写:"你是公义的,今在昔在的圣者啊,因为你审判了这些"。如此就显出天使将上帝审判世界,看为他"显明是正义的"一个理由。然后在第六节开始又有一个"因为",进一步解释"上帝的审判显明他是公义的"的理由,"因为他们曾流圣徒和先知的血……"

十六6 "因为他们曾流圣徒和先知的血,现在你给他们血喝,这是他们该受的。"

"他们" 指那些受审判的世人。

---

⑮ 如以诺壹书常提到这一类的话:掌管雨的天使(六十六22);掌管风的天使(六十九22);掌管日、月、星的天使(七十五3)等。
⑯ ὅτι ταῦτα ἔκρινας.

　　"流圣徒和先知的血"　"流"表示"逼迫至死"的意思。

　　"现在你给他们血喝，这是他们该受的"　为主的名殉道的人最终要得公义的上帝为他们伸冤。在审判中要给这些世人"血喝"。正如第三、四节所讲的，世界上的水都变成血了，他们没有别的水可喝，只能喝血。人当然不能喝血，所以他们就不能存活。这是他们该受的刑罚。

　　十六 7　"我又听见祭坛中有声音说：'是的，主啊！全能的上帝，你的审判真实、公义！'"

　　"我又听见祭坛中有声音说"　这句话的构造在解释上有些困难。按照原文直译，应作"我听见祭坛说"。多个中英译本都如此翻译，⑯但和合本及多位学者，都和新译本的译法一样。毕尔更认为此处的用法和第十六章一节的用法相似，此声音可能是来自上帝自己，或来自一位天使，甚至此声音是代表祭坛底下圣徒的灵魂。

　　此声音颂赞上帝的审判是完全真实公义的。

(二) 第四、五碗的审判 (十六 8～11)

　　十六 8　"第四位天使把碗倒在太阳上，太阳就得了能力，可以用火烤人。"

　　第四号筒吹响的时候，天体受击打，三分之一就变黑暗了。这里第四个碗要直接倒在太阳上面。太阳所得着的能力，"可以用火烤人"，可能是从上帝，或从天使得来的。本来是给人祝福的太阳，现在成了使人受苦的工具。这一切都是代表上帝直接审判的作为。

　　十六 9　"人被高热烧烤，就亵渎那有权柄掌管这些灾难的上帝的名，并不悔改，把荣耀归给他。"

　　过去世人受到上帝的刑罚时，他们只是惧怕，想要逃避，甚至要求死。现在他们竟然亵渎上帝，仍然不肯悔改。人心变得越来越刚硬。他们所做的不是无知，他们知道有权掌管这些灾难的是上帝，就亵

---

⑯　如思高本、吕振中译本、NIV、RSV、NEB 等。孟斯认为作者是将"祭坛"人格化，参见 Mounce，*The Book of Revelation*.

渎他。

十六 10 "第五位天使把碗倒在兽的座位上,兽的国就黑暗了。人因为痛苦就咬自己的舌头。"

"兽的座位" 指兽的王位。撒但把他的王权给了兽,现在审判临到了兽的统治权。不论将此王权解释作罗马的政权,还是任何拒绝上帝的政权,分别都不大。上帝的审判临到它时,它就黑暗了。

"兽的国就黑暗了" 黑暗带来的是痛苦、混乱、没有盼望(参见出十 21～29;摩八 9)。

"人因为痛苦就咬自己的舌头" 这是极端的、没法控制的痛苦。此痛苦可能是从极端失望而生的内心痛苦而来,也可能是直接由肉身来的痛苦。福音书也多次将黑暗与痛苦连在一起用(太八 12,二十二 13 等),来形容失落之人的痛苦。

十六 11 "他们又因为所受的痛苦和所生的疮,亵渎天上的上帝,并不为自己所作的悔改。"

第一碗的审判使他们所生的疮,可能也是他们痛苦的一个原因。不信的人所受的这些刑罚是他们应得的,但上帝如此刑罚,仍有一个目的:盼望他们因此悔改,所以在此第二个异象中多用"他们仍不肯悔改"这一类的话,来表达上帝期望他们悔改的心。但这里是启示录全书最后一次用这样的话了。第二个异象的刑罚性的审判就要结束了,第三个异象是"基督的得胜",他要施行毁灭性的审判来毁坏抵挡他的势力。

(三) 第六、七碗的审判(十六 12～21)

十六 12 "第六位天使把碗倒在幼发拉底大河上,河水就干了,为了要给那些从东方来的王预备道路。"

第六碗的灾也有点儿像第六号筒的灾。第六号筒吹响的时候,那被捆绑在幼发拉底河的四个使者被释放,他们就带着撒但的奇特马军来做杀戮、毁坏的工作。

"把碗倒在幼发拉底大河上,河水就干了" 表示不再有任何拦阻,敌人可以任意过来。上帝最初应许给亚伯拉罕作为以色列百姓的地业，是由东至幼发拉底河。幼发拉底河以东居住的人，是始祖时代不认识的人，他们是凶猛强大的民族。而且在以色列的历史中，这些国家都是百姓的敌人，如巴比伦、亚述、玛代、波斯等都是百姓所惧怕的强敌。因为有幼发拉底河的拦阻，河东的敌人不那么容易过来，所以，幼发拉底河成了百姓的一个屏障。现在这屏障除去了，上帝百姓的敌人可以自由地过来攻打他的百姓了。

"那些从东方来的王"　"王"一词是复数。东方的诸王是指谁呢？解经家有多种不同的看法，或者猜测。下文就把这经文的意义指出来了。

第十三至十六节的经文，通常称之为"哈米吉多顿的战争"，可以看作第六碗及第七碗之间的一个插曲，正如第六印和第七印之间，及第六号筒和第七号筒之间的插曲一样。但如果这样做，则使得第六碗的灾害变成只有一节经文，又令各碗的内容在长度上有些不平衡；而且印和号筒的插曲不是与第六个灾害有太直接的关系，但第十三节及以下的内容直接与第六碗的灾害连在一起。因此，这一段经文在组织的形态上可以看作一个插曲，但在解释上我们就不把它分开处理了。

十六 13　"我看见三个污灵，好像青蛙从龙口、兽口和假先知的口中出来。"

这一节经文开始解释第六碗的内容和所要引进的审判。

"三个污灵，好像青蛙"　这些灵是污秽的，因为它们是从污秽里面出来的。它们的样子像青蛙，使人厌恶、惧怕，代表上帝刑罚的东西（参见出七 8～14）。

"龙口、兽口和假先知的口"　它们显然就是第十三章所讲的龙、海里上来的兽，以及从地里上来的兽。这三个联合在一起，就代表一个以撒但为首，似乎组织完整且抵挡上帝的力量。

从地里上来的兽是假先知，它有两个角好像羔羊，说话却像龙（十三 11），它装成像羔羊，实际上却是撒但的使者。假先知就是要装成上帝的使者来欺骗人。[166]

十六 14 "他们原是鬼魔的灵,施行奇事;它们到普天下的众王那里去,叫他们在全能上帝的大日聚集作战。"

"他们原是鬼魔的灵,施行奇事" 第十三至十四节的标点符号的写法,有值得斟酌的地方。按原来语句的构造,第十三节末的标点不应该是句号,最多也只能用分号,[167]表明这两节经文是紧密地连在一起的。第十四节的第一句话是解释第十三节的第一句话:这三个是污秽的灵,因为它们是鬼魔的灵。[168]"鬼魔"一词在圣经中常译作"鬼",[169]平常称为邪灵,有别于撒但或魔鬼。[170]换言之,这三个污灵就是"邪灵",是撒但的使者,是跟随撒但的那些堕落天使。原文直译可作"它们是灵,是污鬼"。[171]它们要行神迹,要用这些"神迹奇事"去诱惑世上的众王。

"它们到普天下的众王那里去,叫他们在全能上帝的大日聚集作战" 普天下所有不跟从基督的王,被鬼魔所引诱,要带领他们的百姓与全能者作战。这战争要发生在"全能上帝的大日"。这日是全能者的大日,因为这是基督要征服所有抵挡他的人,是要完全胜过一切敌人的日子。而且这日是全能者自己定的日子,而不是世上任何君王所定。

十六 15 "(看哪,我来像贼一样! 那警醒、看守自己衣服的是有福的! 他就不至于赤身行走,让人看见他的羞耻。)"

"看哪,我来像贼一样" 贼是在人没有防备的时候来,主自己也曾说过,他再来的日子没有人知道,甚至连他自己都不知道(参见太二十

---

[166] 有些解经家认为这里的兽代表邪恶的属灵势力,是历史中上帝百姓面对的强横势力。遂特认为是指约翰时代教会面对的罗马政府,参见 Swete, *The Apocalypse of St. John*, p. 206. 毕尔则认为可能是指百姓历史中面对的巴比伦,参见 Beale, *The Book of Revelation*, pp. 831f. 上帝的时候到了,这些势力都会过去。

[167] UBSGNT, GELNT 都是用分号(semi-colon)。

[168] "三个污灵,好像青蛙"在原文(第 13 节)是放在句末,然后开始第十四节。

[169] δαιμόνιον, demon.

[170] διάβολος, the Devil.

[171] διαμονίων 的用法是同位语所有格(genitive of apposition),因为圣经没有别的经文支持"鬼魔"还有灵的解释。

四42〜44;可十三32)。贼来的时间是人没法防备的,所以人应当常作预备。在人没有预备的时候贼若来了,自然要受亏损。照样,在全能者的大日来到的时候,如果我们属主之人没有预备,也自然要受亏损。现在我们已经知道撒但的使者、那些鬼魔,要用假的言行引诱人跟从它,所以属主之人要格外小心,警醒预备,免得受亏损。

"那警醒、看守自己衣服的是有福的" 那些警醒等候的人有福了。这是启示录提到七次祝福的应许中的第三次,详细意思可参见第一章三节的注释。

十六 16 "污灵就把众王聚集在一个地方,希伯来话叫哈米吉多顿。"

结束第十五节对信徒提醒的话以后,约翰又恢复他在第十四节的叙述。

"污灵就把众王聚集在一个地方" 他们"聚集",是要与全能者作战。

"希伯来话叫哈米吉多顿" 此地方的名称和所代表的意义曾引起一些争议。希伯来话的"哈",是"山"的意思,"米吉多顿"通常是指"米吉多",所以此名可解释作米吉多山。但这里的困难是,根本没有一座米吉多山。米吉多本身是一个城市,位于迦密山的东南,在迦密山脉的北麓。历代志称犹大的约西亚王与法老尼哥作战时,死在法老尼哥弓箭手下的地方是"米吉多平原"(代下三十五22)。士师记说底波拉和巴拉与夏琐王作战,胜过夏琐将军西西拉的地方,是在"米吉多水亭"(士五19)。米吉多是在平原地,却是占据一个南北、东西走向的交通要道。在以色列的历史中,有过多次重要的战争在米吉多附近发生。⑰ 这些战争在以色列的历史上,都有决定性的作用,所以这里的哈米吉多顿的战争,可能是代表一个撒但和他的使者与上帝决定性的战争,如此就要导致撒但最后的失败。因此这里的哈米吉多顿,或米吉多山一名的意义,也是高度象征性的,如同第十一章的两个见证人,第十三章的六百六

---

⑰ 参见《圣经新辞典(K-Z)》,中国神学研究院译,香港:天道书楼/中国神学研究院,1996年,页140及以下。

十六的数目一样,不能用具体的人或地方等来解释。如同历史上米吉多山的战争,是决定胜负的战争,这里的米吉多山战争,也是撒但要失败的地方。

十六 17　"第七位天使把碗倒在空中,就有大声音从圣所的宝座上发出来,说:'成了!'"

第七碗的审判在很多方面都与第七号筒的审判相似。第一,两者都引出天上的声音,或圣所里发出来的声音;第二,两者都引出地震、闪电、响声、雷轰、大冰雹等灾害;第三,两者都引出圣所里发出的评语:"成了";虽然第七碗引出的评语更肯定、更坚决(比较十一 15~20 的记载)。这两个灾害就引出上帝审判的高峰。

"第七位天使把碗倒在空中"　这句话跟第十六章一节记载天使把碗倒在地上好像有点不符合。但"倒在地上"一语,从天上的角度来说,就是"倒下去"的意思,不一定是指"倒在地面上",因为第四位天使是把碗倒在太阳上,也不是倒在地面上。而且这里的"空中",也没有必要一定解释为上帝对"空气"的审判。⑬

闪电、雷轰、冰雹都不是从地上出来的,再加上地震,就等于包括了整个的大自然。第七碗倒出来的时候,整个大自然都成了上帝刑罚人的工具。这象征的意义比将每一个自然灾害具体解释出来,更加实际。

"就有大声音从圣所的宝座上发出来,说:'成了!'"　这"大声音"应该是上帝的声音(参见十六 1)。"成了"表示基督作为审判的主,要做的工作都完成了,上帝永世的计划就要实现了。但事实上,基督的工作还未曾完成,下文记载他还有许多工作要做:大巴比伦还没有被毁,撒但还没有受最终的审判,对世人最后的审判还没有执行。不过在上帝的计划中,他要向人施行警告性或管教性的审判,都已经施行过了。在那些审判中,上帝一直盼望人肯悔改,但是人不肯悔改。那时人若肯悔改,上帝还会给他们机会。现在机会已经过去了,他要做的都已经成

---

⑬　周联华认为这里"空中"是指空气,因空气受到刑罚,呼吸空气的人都要承受不得了的惩罚,参见周联华:《启示录》,香港:基督教文艺出版社,2001 年,页 282。

了。从此以后,上帝要按他既定的旨意完成一切,一切都已成了。

十六 18 "于是有闪电、响声、雷轰和大地震,自从地上有人以来,没发生过这么大的地震。"

启示录有四次类似的对自然现象的记载。每次的显现都与第二个异象的审判其中一样灾害有关,也都是显出上帝特别的威严和荣耀。前两次在第四章五节和第八章五节,是在七印和七号筒的审判之前;后两次在第十一章十九节和本节,是在七号筒和七碗灾害之末尾。第一次的出现没有包括地震,最末一次则说明是"大地震",而且是"自从地上有人以来,没发生过这么大的地震"。在末日的时候,人可能经验过多次的地震,这次是特大的地震,为要叫人知道这是上帝的作为,为要叫他们警醒。

十六 19 "那大城裂为三段,列国的城也都倒塌了。上帝也想起巴比伦大城来,要把自己烈怒的酒杯递给它。"

"那大城裂为三段,列国的城也都倒塌了" 这里提到城遭受毁坏,大概是因为"大地震"的缘故。对"大城"的解释,学者有许多不同的意见。因为第十一章八节曾讲过"大城"是耶路撒冷,所以一些老一辈的学者,特别是一些德国的学者,[14]都将"大城"解释作耶路撒冷。又有学者将"大城"解释作巴比伦,或以巴比伦作为罗马的代表。[15] 也有人将"大城"解释作罗马。[16] 但布鲁斯和其他一些学者的解释,认为"大城"是代表人凭自己的智慧,倚靠自己,不倚靠上帝的心。[17] 整体来说,最后的解释最为合理,也最合乎启示录一书对城市一类的名词的用法。

---

[14] 如 B. Weiss、E. Lohmeyer,引述自 Aune,*Revelation*,vol. II,p. 900.

[15] 如 Charles,*Revelation*,vol. II,p. 52.

[16] 孟斯认为在约翰时代的人心中,罗马明显就是撒但势力的中心,参见 Mounce,*The Book of Revelation*,p. 304.

[17] F. F. Bruce,*Revelation*,The International Bible Commentary(Grand Rapids: Zondervan,1986),p. 657;莫里昂、杰道等都取类似的看法,参见 Morris,*The Revelation of St. John*,p. 201;Kiddle,*The Revelation of St. John*,p. 332.

十六 20　"各海岛都逃避了，众山也不见了。"

因为地震的厉害，世界的地形都要改变了。这里用的修饰词句和讲述第六印打开时的情况所用的差不多(六 14)。下文将讲到巴比伦受罚的时候，城被毁的情况，所用的话也和这里差不多(十八 21~22)。山和海岛逃避了、不见了，就表示完全被毁坏了。

十六 21　"有大冰雹从天上落在人的身上，每块重约四十公斤。由于这冰雹的灾，人就亵渎上帝，因为这灾太严重了。"

"有大冰雹从天上落在人的身上，每块重约四十公斤"　圣经多次提到上帝施行审判的时候，降下"冰雹"(八 7；出九 22~26；书十 11；结三十八 22)。但别处用的"冰雹"没有这样大。"四十公斤"重的冰雹是很难想象的，原文用的字眼是"他连得"。⑩ 他连得是当时计算重量最大的单位，他们没有现在用的升、斗、斤、两、磅、吨等单位。一他连得约等于四十公斤，但具体重量不重要。"冰雹"如果这样大，若落在人身上，或任何事物上面，都要被毁坏，此刑罚具严重的毁灭性。

"由于这冰雹的灾，人就亵渎上帝，因为这灾太严重了"　这里并没有特别提到人仍不肯悔改，像前几次曾提过的(十六 9、11)。前面用到"他们仍不肯悔改"的话，表示上帝仍然给他们机会悔改，他仍然盼望他们悔改。现在他们一再拒绝悔改，上帝知道他们的心太刚硬了，悔改的机会已经过去，他不再期望他们悔改了。

---

⑩ ταλαντιαία.

肆　第三个异象：基督的得胜（十七 1～二十一 8）

（Ⅰ）七样审判（十七 1～二十 15）

　　启示录的第二个异象，讲到基督在世界中的审判，是占全书篇幅最多的一个异象（第四～十六章，共十三章，占全书的一半以上）。这现象出现的其中一个原因，当然是有许多资料需要解释，并且作为背景预备人接受要来的审判，如羔羊的身份和工作、在审判下属主之人的情况、世人背后抵挡上帝的势力等。另一方面，也是要显出上帝直到末了对世人的长久忍耐，在这段时间，基督要施行多种审判：印的审判、号筒的审判、碗的审判。上帝给人多方面的提醒、各种各样的机会。到最末后，人始终不肯悔改，上帝只有施行毁灭性的刑罚了。

　　第三、四这两个异象在几方面都有些相似，或者对照。第一，领受这两个异象时，约翰都是在地上，一个是在旷野（十七 3），一个是在一座高大的山上（二十一 10）。第二，两个异象的主角都是一位妇人，前者是一个骑着朱红色兽的淫妇，后者是羔羊的新妇——新耶路撒冷。第三，这两个异象的结局有强烈的对比：一个是完全地被毁灭；一个是在上帝面前得荣耀，也使他的荣耀彰显。这是整本启示录，也是基督的工作，最终的结局。

（ⅰ）巴比伦的审判（十七 1～18）

（一）骑着红色兽的大淫妇（十七 1～6）

　　十七 1　"拿着七碗的七位天使中，有一位来跟我讲话，说：'你来，我要把那坐在众水之上的大淫妇所要受的审判指示你。'"

"拿着七碗的七位天使中，有一位来跟我讲话，说" 这位天使到来要向约翰解释那坐在众水之上的大淫妇的异象。这里词句的用法跟下文第二十一章九节的用法十分相似，那里说七位拿碗的天使中，有一位来向约翰解释羔羊新妇的异象。因为这样词句的关联，有些解经家就认为这两个异象所启示的，都是七碗的审判内容，所以要这些天使来解释。[①] 但实际上除了这两位都是拿着碗的天使以外，很难看出这两个异象的内容有什么特别的关系。

但另一方面，这两个异象如此连在一起，可能是要显明在最末的两个异象中，把上帝对整个世界的最终目的完全成就了：抵挡上帝的势力被毁灭，羔羊的新妇（新耶路撒冷）要实现。现在天使就要将淫妇的奥秘向约翰解释出来。

"那坐在众水之上的大淫妇" 此异象的用语，当然和全本启示录的用法都一样，是高度象征性的。而且图像所指的对象都不能具体化，不过所代表的方向又十分清楚。此淫妇是"坐在众水之上的"，"众水"指多种民族、群众、邦国、方言的人（第15节）。

第三节提到的妇人，就是本节的"大淫妇"；她又是骑在朱红色的兽上，兽有"七头十角"。妇人所骑的兽的七头是七座山，也就是七位王（第9～10节）。妇人额上写的名号是"大巴比伦"（第5节），她骑的兽代表的却是罗马（第9～12节）。妇人所骑的兽代表罗马，但天使又称她为"有权柄统治地上的众王的那座大城"（第18节）。根据这样的形容，此淫妇和她所骑的兽所代表的是同一件事，就是当时的罗马政权，和此政权所代表的一切。巴比伦在她的极盛时代，是当时世上一切权势的代表，是世人所畏惧又向往的。照样罗马在使徒时代对世人的影响力，比古时的巴比伦，有过之而无不及。她集中了世上的权势、荣华、富贵、物质的享受于一身，对世人有极大的诱惑力，如同一个淫妇一样，本质上是邪恶、污秽、抵挡上帝的。但使徒和教会是在她的权势下生活，不敢公开讲罗马的名字，而是用"巴比伦"来代表她，这是很自然的用法（参见彼前五13）。

"所要受的审判" 现在她受审判的时候到了。其实这里还没有讲

---

① 参见 Beale，*The Book of Revelation*，pp.847f.

到对她的审判，只是宣布对她的刑罚，真正的审判要在下一章才提到。

十七 2　"地上的众王都跟她行过淫，住在地上的人也都喝她淫乱的酒醉了。"

地上的各国都与此政权有交往，从它得到好处，享受过它的丰富，而酒醉了。

十七 3　"我在灵里被天使带到旷野去，看见一个妇人，骑着朱红色的兽，这兽布满了亵渎的名号，有七头十角。"

前两节经文是天使宣布给约翰知道的，现在要讲约翰亲自看见的异象。

"我在灵里"　约翰的意识进入了另一种生存境界（参见一 10 的注释）。

"被天使带到旷野去"　这是一个适合上帝施行审判的境界。第十二章的旷野，是上帝供养那生男孩的妇人的地方（十二 14）；这里的旷野是上帝审判那大淫妇的地方。两者都是上帝所拣选的地方，也是没有人能干预的地方。

"看见一个妇人，骑着朱红色的兽"　妇人所骑的兽的形象，跟第十三章一节所讲的兽的形状差不多完全一样，作者似乎是有意要讲出两只兽的关系。此妇人骑在兽上，她是靠着兽来行她所要行的。

"这兽布满了亵渎的名号，有七头十角"　此兽的特点，包括全身有"亵渎的名号"，有"七头十角"（参见十三 1 的注释）。兽的全身都遍满了"亵渎的名号"，兽的亵渎可能就是指罗马皇帝自称为神、为主一类的亵渎；因为它有"七头十角"，而这"七头十角"都是指罗马的七座山和罗马的多位王。所以，此妇人所代表的，是整个罗马帝国的势力。

十七 4　"那妇人穿着紫色和朱红色的衣服，佩戴着金子、宝石和珍珠的装饰，手里拿着金杯，盛满了可憎的物，和她淫乱的污秽。"

"紫色和朱红色"　它们是两种名贵的颜料。"紫色"是一种有壳的海产制成的颜料；②"朱红色"是一种从树身上生的小虫制成的颜料。③ 因为提炼的过程麻烦，所以这两种颜料都是很贵重的。穿上这种颜色的衣服，就表示豪华，甚至奢侈。

"佩戴着金子、宝石和珍珠的装饰" 这几样的装饰，加上她身穿名贵的衣服，就显出她的奢华和富有。

"手里拿着金杯，盛满了可憎的物" 表示她可以尽情放纵，享受败坏的果效。

十七 5 "她额上写着一个名号：'奥秘，大巴比伦，地上的淫妇和可憎的物之母。'"

这节经文的用语构造稍为特别，可以有两种不同的译法。可以将"奥秘"一词看作对整个名号的形容词，如此就可以译作"她额上写着一个奥秘的名号：大巴比伦"。④ 另一个译法是将"奥秘"看作名号的一部分。⑤ 按整体来看，前者的译法将"奥秘"一词看作名号的形容词，译作"妇人额上写的是一个奥秘的名号"比较好。因为妇人的名号是奥秘的名号，所以在第七节天使才要将妇人的奥秘解释给约翰听。

十七 6 "我又看见那妇人喝圣徒的血，和那为耶稣作见证的人的血，喝醉了。我看见了她，就大大惊奇。"

"圣徒的血" 第四节讲到此妇人所过的，是奢华富贵的生活，但她手里又拿着"金杯"，里面盛着"可憎的物"。其中的"可憎的物"，可能就是"圣徒的血"。这些血就是受此妇人逼迫而被害的圣徒的血。

"大大惊奇" 圣徒为主作见证而舍命，此妇人却以喝他们的血为乐，而陶醉不已。约翰看见这样的情况，就"大大惊奇"。

----

② 参见 BAGD，under πορφύρα.

③ 参见 BAGD，under κοκκός，2.

④ 吕振中译本，思高本，RSV，NEB，Charles，Aune 和 Mounce 都认为应当如此译。

⑤ 如和合本，新译本，NIV 和 AV 都如此翻译。

(二) 对大淫妇和兽的异象的解释 (十七7～18)

　　十七7　"天使对我说:'你为什么惊奇呢? 我要把这妇人的奥秘,和驮着她的那七头十角的兽的奥秘告诉你。'"

　　"奥秘"　这里所用的字,是单数,表示同一个"奥秘"是关乎这妇人和兽的。妇人和兽是同一件事的两部分,是互相关联、不能分开的。下文要讲的"奥秘"是关乎妇人的事,也是关乎驮着她的兽的事。第十七和第十八章经文要解释此"奥秘":第十七章大多数的内容是解释兽;第十八章则讲到妇人被毁灭。

　　十七8　"你看见的那兽,先前在、现今不在、将来要从无底坑上来,然后走向灭亡。住在世上的人,凡是名字在创世以来没有记在生命册上的,看见了那先前在、现今不在、将来还要出现的兽,就都要惊奇。"

　　"先前在、现今不在、将来要从无底坑上来,然后走向灭亡"　这里用来形容兽的话,好像是故意要模仿启示录形容主的话。主是那位"今在、昔在、以后要来的"(一4、8,四8),此兽好像也差不多,不过不完全一样,它是"现今不在的"。它不是永存的,只是在某些事上它模仿得像基督,但永远不能完全像主。再者,它"将来要从无底坑上来",又好像基督一样。主曾受死,又从死里复活,要活到永永远远(一18)。兽也曾受了致命伤,那伤却医好了(十三3)。将来这兽虽然要从无底坑上来,不过它不是要活到永远,乃是要"走向灭亡"。这一切的形容语句,都显明此妇人所骑的兽,是撒但的使者,如同第十三章的兽一样。

　　"凡是名字在创世以来没有记在生命册上的"　这句话的意思并不表示上帝起初就定好了最终每一个个别的人的名字,哪些是在生命册上,或哪些不是在生命册上,以后绝对不会更改。经文多次记载有人经过审判,"仍不肯为他们所行的悔改"这一类的话。如此就表示人若肯悔改,上帝就有恩典给他们。这样的话只是表示上帝从最初就有他的计划。

　　"住在世上的人……就都要惊奇"　世人看见兽的显现就惊奇,有人认为可能此兽将来的出现是世人惊奇的原因。⑥ 但实际上在启示录这样的文体里，没有必要如此具体地解释世人要惊奇的原因。一个兽竟然有这么大的影响力，控制了罗马的君王，即是控制了世界，当然会使世人惊奇了。

十七 9　"在这里需要有智慧的心。七头就是那妇人所坐的七座山，"

"在这里需要有智慧的心"　这句话的用法跟第十三章十八节的用法相似，在那里约翰提醒读者，在解释六百六十六的数目时，要有"智慧"的心。了解兽所代表的意思时，也是如此，这里译作"心"的字，可以包括知识、头脑和普通常识。⑦ 在明白此兽所代表的意义的时候，我们要有一颗这样的"心"，然后还要有"智慧"。这样的意思虽然似乎复杂，却也清楚。

"七头就是那妇人所坐的七座山"　这句话就把兽所代表的意思整体地表明出来了。"七座山的城"或"坐在七座山上的城"是当时作者通常用来暗指罗马的字眼。⑧

十七 10　"也就是七位王：五位已经倒了，一位还在，另一位还没有来到；他来的时候，必须存留一会儿。"

"也就是七位王"　这是解释上一节的"七头"。按照旧约的一些用法，"山"有时可以代表一个王权，或者王。⑨ 所以兽的七头可以代表罗马的七个王。

这一节经文的下半节和第十一节在解释上引起了许多困难。大概是为了这样的经文，约翰才讲了第九节的话（"在这里需要有智慧的心"）。或说要有智慧和"头脑"来了解，要记得约翰是用记号来表达他

⑥ 孟斯引用 RSV 的译法，就认为是有如此解释的可能，参见 Mounce, *The Book of Revelation*, p. 313.
⑦ ὁ νοῦς.
⑧ 《圣经新辞典（K-Z）》，页 502。
⑨ 参见耶利米书第五十一章二十五节，另参 Ladd, *A Commentary on the Revelation of John*, pp. 227ff.

所看见的异象。

"五位已经倒了，一位还在，另一位还没有来到；他来的时候，必须存留一会儿" 如果要用这七个头代表历史上的七个王，看起来好像顺理成章，但实际上有许多困难。很多解经家都将此七个王看作罗马七个皇帝的代表。一般的解释都以奥古斯都作为第一个皇帝；顺序下去，尼禄是第五个皇帝。在尼禄以后，罗马政府变得极其混乱，一年多就换了三个王。如果不计算这三个王，则下一个是维斯帕先，他在位的时候应该就是"一位还在"的皇帝，也就是约翰写启示录的时代。维斯帕先作皇帝的年代是公元 69 至 79 年，这与我们在导论提到启示录应写于公元 90 年左右的观点不符合，而且维斯帕先作皇帝时代，也没有明显地逼迫教会和犹太人。再者，如此解释是将奥古斯都看作罗马帝国的皇帝。实际上在奥古斯都以前，罗马已经有一个凯撒大帝在掌权。凯撒没有称自己为皇帝，只用"掌权者"（Imperator）的称呼，但大多数的罗马历史学家记述罗马帝国的历史时，都是以凯撒作为罗马的第一个皇帝。如此则这里所说的五位、一位、另一位等的年代就更难计算了。再加上此计算法将那三位在位很短暂的皇帝完全不计算在内，似乎也过于牵强。

此外，有人从完全不同的角度解释此异象，例如阿尔福德将此七头解释作历史上七个国度：[10]埃及、亚述、巴比伦、波斯、希腊（是已成过去的第五个国）、罗马（是当时存在的国）、未来的国（将要兴起，以基督教为主体的国，如君士坦丁时代的国）。赖德则认为第七个国是未来要兴起反对上帝的国度，是由敌基督的势力主使的政权。[11]

根据以上归纳的几个观点，可以稍微看出这段经文解释上的困难。按照启示录一向用语的方法，"七"和"十"常是用作代表完全的数目，此兽的"七"头、"十"角大概也不例外。

此处所讲的妇人是代表罗马政权的大巴比伦，兽是驮着她的，为她使用，按着她的意思行的工具。妇人以她的富有、奢华、放纵、残忍，要借着兽的权势去亵渎上帝、抵挡上帝、逼迫圣徒。七头十角的兽是从无

---

[10] Alford，*The Greek Testament*.

[11] Ladd，*A Commentary on the Revelation of John*，pp. 229f.

底坑上来的,撒但要拿出他的所有力量,用尽他一切的方法,去与羔羊作战,最终他们要走向灭亡。当时的人对一个七头十角的怪兽,可能觉得惊奇,但可以想象得到它那可憎可怕的样式。人看到此兽驮着妇人最终走向灭亡,是一个极大的安慰。如此解释这妇人和兽的异象,应是最合理的看法。

十七 11　"那先前在、现今不在的兽,就是第八位。他也是出于那七位中的一位的,并且正在走向灭亡。"
这节经文的用语似乎更难解释。
"那先前在、现今不在的兽"　这是天使要向约翰解释的奥秘(第 8 节)。上文第十节提到的七位王,是指此兽的七个头,现在要讲到兽自己。它又是与那七位王同列,而且又是出于那七位中的一位。单从这一节经文,按字面来看,将此兽解释作尼禄王,好像是自然的事,但实际上尼禄复生的事只不过是一个传说,是不可能发生的。特别是从上帝的启示来看,没有可能将尼禄复生的事看为事实。同时此兽也不可能是指图密善,因为此兽"现今不在",虽然有人认为图密善就是第二个尼禄。⑫ 如果启示录是在公元 90 年左右写的,则应正是图密善在位的时候。
"第八位"　意思不是说此兽接续前面的七个王,按历史的次序排行第八位。⑬ 此兽是"第八位",它不是前面七位里面的一位。
"出于那七位中的一位的,并且正在走向灭亡"　这是一个不大恰当的译法。⑭ 孟斯直接称它为敌基督。⑮ 虽然它可以用人形显现,但它却是一切抵挡上帝势力背后的主使者。它要出现,并做最后的努力,结果是"走向灭亡"。

---

⑫ Aune, *Revelation*, vol. III, p. 950.

⑬ 毕尔解释这里的"八",不单单是一个数目字,而是像"七"一样,有一个重要的象征意义。在初期的教会,人认为上帝六天完成了创造,第七天休息了;到第八天是一个新创造的开始。同样,基督也是在第八天,即七日的第一日,从死里复活。此兽称为"第八位",是一个模仿上帝的拙劣做法,参见 Beale, *The Book of Revelation*, p. 875.

⑭ 孟斯译作:"他是第八位,因他与其他七位不同",参见 Mounce, *The Book of Revelation*, p. 316.

⑮ Mounce, *The Book of Revelation*, p. 316.

　　所以这节经文应当这样翻译："那先前在、现今不在的兽,乃是第八位。它与那七位不同,并且正在走向灭亡。"这样的解释比较适合。

　　十七 12　"你看见的那十角,就是十王,他们还没有取得王权;但要跟兽一同得着权柄,作王一个时期。"

　　"十角,就是十王"　不是指罗马皇帝,因为他们现在"还没有取得王权"。很多解经家认为这些王是那些在边远地方,如巴比伦以东的一些地方,或一些省份掌权的人,他们的王权是罗马皇帝或别的大国颁予的。[16] 或者如路加福音第十九章十二节所讲的,有些贵族要从皇帝取得王权。约翰在此是用这些材料为例,来比喻末世这些势力要合在一起来抵挡上帝。这里用的"十王",也不是指一定有十个王,"十"只是一个表示完全的数字。

　　"但要跟兽一同得着权柄,作王一个时期"　这些王取得权柄,就与兽联合,和兽一同作王。他们要得权柄的时间很短;这里译作"一个时期"的字,原文是"一个小时",[17]意思是极短的时间。

　　十七 13　"他们同心合意,把自己的权力权柄交给那兽。"

　　这是地上众王的目的:把自己的权柄能力交给兽,让兽去与羔羊作战。在下文第十七节又讲到众王同心合意把国献给兽,而且此"同心合意"的心是上帝给他们的。上帝如此引导,或感动他们,要他们同心合意去顺从兽,是要去遵行上帝的旨意,也就是要去推翻、毁坏那淫妇。

　　十七 14　"他们要跟羊羔作战,羊羔必胜过他们,因为他是万主之主,万王之王。那些与羊羔同在、蒙召、被选、有忠心的,也必胜过他们。"

　　这里约翰预告众王与撒但和羔羊作战的结果。

---

⑯ 参见 Beale, *The Book of Revelation*, p.878.

⑰ μίαν ὥραν,代表一个很短的时间,参见 BAGD, ὥρα 2β = a very short time, a moment. 毕尔认为此语表达了当时的人所知道的最短时间,参见 Beale, *The Book of Revelation*, p.879. 奥恩认为此语可能译作"突然地"(suddenly),参见 Aune, *Revelation*, vol. II, p.852.

"羊羔必胜过他们,因为他是万主之主,万王之王" 这个对弥赛亚尊敬的称呼,似乎很熟悉,除了启示录曾有一次跟此节差不多的称呼以外,同样的称呼在圣经其他地方再没有出现过。第十九章十六节将名字的次序掉转过来,称基督为"万王之王,万主之主"。旧约申命记第十章十七节称耶和华为"万神之神、万主之主"(诗一三六 2～3 的用法相同)。但以理书第二章四十七节则称上帝为"万神之神,万王之王"。

"那些与羊羔同在、蒙召、被选、有忠心的,也必胜过他们" 蒙召的人得胜,是因为他们与羔羊同在,并非羔羊因为有属他的人同在,才能得胜。

十七 15 "天使又对我说:'你所看见那淫妇坐着的众水,就是多种民族、群众、邦国、方言的人。'"

"那淫妇坐着的众水" 当时人常用"水"来代表所有的各种民族,以赛亚书第十七章十二至十三节就是个好例子。

"民族、群众、邦国、方言" 表示全地上的人都包括在内了。第五章九节用差不多同样的字句形容属主之人或教会,包括所有被赎的人。这里形容的,是所有支持淫妇或支持兽的人。

十七 16 "你看见的十角和那兽,都要恨那淫妇,使她荒凉赤身,又要吃她的肉,用火把她烧掉。"

到末后的日子,那"十角"所代表的王和"那兽"要联合起来攻击"那淫妇"。"那淫妇"所代表的巴比伦,是末日一切属世的荣华、富贵、奢侈、物质的享受、肉体的败坏等的综合代表。最后那兽被毁灭以前,上帝要感动兽和支持它的那些王去毁灭巴比伦(参见下一节)。

兽又会用极残忍、野蛮的手法对付她:使她荒凉赤身,吃她的肉,用火烧掉她。

十七 17 "上帝要众王行他的旨意,就把意念放在他们心中,叫他们同心把自己的国献给那兽,直到上帝的话都实现为止。"

"上帝要众王行他的旨意,就把意念放在他们心中" 上帝是万王之王、万主之主,当然他在掌管一切。他将意念放在兽和众王的心里,他们就要遵行。他们所行的，也许是他们自己不愿意做的，或者是他们不明白所做之事的意义，因为他们所做的，是恶者自相残杀。但他们仍以为是自己的意思，因此他们同心要去做；或者他们没有力量去拒绝，无论如何都要去做。

　　"叫他们同心把自己的国献给那兽，直到上帝的话都实现为止"这是上帝叫他们做的。"同心"一词，[18]跟第十三节的"同心合意"原文相同（参见该节的注释）。这里的"国"跟第十三节的"权力权柄"意思相同。[19] 上帝要他们这样做，是要完成他的旨意。

　　十七 18　"你看见的那妇人，就是有权统治地上的众王的那座大城。"

　　有权统治地上众王的，也就是有权统治世界。本章经文一再提到"那妇人"的豪华、富有、奢侈、败坏，她也称为巴比伦，代表当时的罗马，也是代表末日在整个世界拥有一切财富权势的"大城"（参见十七 3 的注释），就是统治一切的政权。

(ii) 巴比伦的毁灭（十八 1～24）

　　第十七章开始，天使对约翰说要把大淫妇将受的审判指示给他；但实际上第十七章只是介绍大淫妇和她所骑的兽，只有在第十六节提到她要受的审判。现在天使要比较详细地讲述巴比伦将要受的审判了。不过本章经文虽然只提到巴比伦的审判，但她所指的当然不是地上的巴比伦，也不单是她所代表的约翰时代的罗马政权，乃是整个世界抵挡上帝、反抗上帝的势力，不论是政治也好，经济也好，商业也好，这一切在末日都要被毁坏。

　　整章经文所用的，差不多都是讥讽性的诗歌体裁。在启示录这样的书中，有这样的诗歌的描述，内容就显得更加生动了。

---

⑱ μίαν γνώμην.

⑲ Aune, *Revelation*, vol. III, p. 958.

(一) 刑罚巴比伦的宣告(十八 1～3)

十八 1　"这些事以后,我看见有另一位掌大权柄的天使,从天上降下来,他的荣光照亮了大地。"

"这些事以后"　表示在约翰的叙述过程中的一个次序。

"我看见有另一位掌大权柄的天使,从天上降下来"　这"另一位"表明他不是第十七章一节的那位天使。那位拿着碗的天使已经在施行审判,这位天使是刚从天上来的。他掌握着"大权柄",可能是指他有了特别的权柄,去施行毁灭大巴比伦这样的审判。

"他的荣光照亮了大地"　他从天上刚刚降下来,即刚从上帝面前出来,所以他面上反映出上帝的荣光,正如摩西从上帝面前回来,他的面上放光一样(出三十四 29～30)。

十八 2　"他用强有力的声音呼喊说:'倾倒了! 大巴比伦倾倒了! 成了鬼魔的住处,各样污灵的监狱,一切污秽可憎之雀鸟的牢笼。'"

"他用强有力的声音呼喊说"　这位天使面上的荣光和他强有力的声音,更加强了他所宣布的信息的权威:巴比伦要受的审判是肯定的了。

"倾倒了! 大巴比伦倾倒了!"　这里用了两次的"倾倒了",是一个表达肯定和一次就已成就的行动的动词。[20] 在约翰的思想中,巴比伦的倾倒如同一个已经成就的事实。

"成了鬼魔的住处,各样污灵的监狱,一切污秽可憎之雀鸟的牢笼"

第二节余下的三句话,都是形容巴比伦倾倒以后的荒凉景象;到那时,巴比伦的荒凉景象到了没有人可以居住,反而成为鬼魔住处的地步。当然我们要记得约翰所用的是象征性、代表性的话语。巴比伦所代表的,如果是一个抵挡上帝、败坏的世界政权,那么对整节经文的解释,就要按此原则来决定了。到那时,巴比伦要被污秽的灵所充满,成为可憎的地方。经文所用的"住处、监狱、牢笼",原文是同一个字,[21]表

---

⑳ 不定过去时(ἔπεσεν).

㉑ φυλακή.

示它是一个令人厌恶、可怕的地方。㉒

　　十八3 "因为各国都喝她淫乱烈怒的酒醉了;地上的君王与她行淫,世上的商人因她奢华挥霍就发了财。"

　　"因为各国都喝她淫乱烈怒的酒醉了" "淫乱"指宗教方面的败坏、不忠心。"烈怒的酒"可以译作"情欲的酒"或"强烈情欲的酒"(参见十四8的注释)。各国都因她的淫乱和情欲的吸引而酒醉了,这是巴比伦倾倒的原因。

　　"地上的君王与她行淫" 表示那时地上的各国都要参与她败坏抵挡上帝的宗教行动。

　　"世上的商人因她奢华挥霍就发了财" 供应巴比伦奢侈、放纵享受的需求,使商人都发了财。巴比伦以物质的丰足来吸引人背叛上帝。

(二) 对属上帝子民的呼召(十八4~8)

　　十八4 "我听见另一个声音从天上来,说:'从那城出来吧,我的子民! 免得在她的罪上有分,受她所受的灾难;'"

　　"我听见另一个声音从天上来,说" 一般来说,这样的句子可能是指另一位天使传的信息,但下一句话"我的子民",就显出这位说话者可能是上帝或基督。不过第五节讲到上帝时,又用第三人称的称呼;所以有人主张这里的声音来自基督,可能是最好的解释。㉓

　　"从那城出来吧,我的子民!" 在旧约圣经,上帝曾多次呼召他的百姓从犯罪的城中出来,与恶人分离(赛四十八20,五十二11;耶五十一35~45)。旧约所讲的,很多时候是指上帝的百姓要离开这些城市;但在末世,上帝要刑罚整个世界上败坏的政权;所以百姓需要离开的,是这些城所代表的——反抗上帝、拜偶像和一切败坏的行为和想望等。

　　"免得在她的罪上有分,受她所受的灾难" 上帝叫他的子民离开那城,有一个双重的目的:叫他们不要在她罪恶的行动上有分,也不要

㉒ 多位学者都提出,这里的用语可能是反映旧约对巴比伦刑罚的预言(赛十三19~21;耶五十一33ff.等)。

㉓ 参见 Morris, *The Revelation of St. John*, p.216; Charles, *Revelation*, vol.II, p.96.

在她所受的刑罚上有分。

十八 5 "因为她的罪恶滔天，上帝已经想起她的不义来。"

"罪恶滔天" 这词句可以说是一个很恰当的翻译，以一个成语译另一个文字的成语。两个成语都是象征，表示罪大恶极。

"上帝已经想起她的不义来" 这也是一个象征式或拟人式的用法，是旧约祷告中常用的话。约伯求上帝记念他不过是他用泥土造的人（伯十 9）；上帝记念拉结，使她能生育（创三十 22）。在这些事以前，上帝并不是把他忘记了，只是他的时候未到，才没有行动。等时候到了，他要按他旨意行动，就如同他想起了要做的事。这里对巴比伦的刑罚也是如此，时候到了，他想起了她的罪行和不义。

十八 6 "她怎样待人，你们也要怎样待她；照着她所作的，加倍报应她；用她调酒的杯，加倍调给她。"

因为这节经文也是诗歌体裁，所以用语有不容易解释的地方。这里的几个动词，如"待""报应""调"，都是用祈使语气（Imperative）。[24]这些动词讲的对象，或是说这些动词的主词应该是谁呢？是上帝自己，还是天使？或是上帝所差派，去执行这些审判的人呢？如何定这些动作的主词，可能影响我们将这些动词解释作祈使语气。但不论如何决定这些动词的文法形式，都不影响这节经文的基本意义。在末日的时代，巴比伦曾以残忍、不人道的方式对待上帝的子民，现在圣徒要求上帝为他们伸冤，是合理的。

"照着她所作的，加倍报应她" 这句话的文法构造也比较特别，意思是照她所做的，完全地、充足地报应她。[25]

"用她调酒的杯，加倍调给她" 这句话的意思也是一样。她曾用淫乱情欲的酒使人酒醉，现在要用加倍力量的酒给她喝，却是上帝忿怒的酒。

---

[24] "待"：ἀπόδοτε；"报应"：διπλώσατε；"调"：κεράσατε.

[25] 原文直译可作"照她所作的加倍的行为，加倍地报应她"。两次用上"加倍"一词，是当时的惯用语，来表达充足或完全相称的报应；参见 Beckwith, *The Apocalypse of John*, p.715.

十八 7　"她怎样炫耀自己，怎样奢华挥霍，你们也要怎样给她痛苦悲哀。因为她心里常常说：'我坐着作女王，我不是寡妇，决不会看见悲哀。'"

这里继续叙述巴比伦所要受的刑罚。她受的刑罚要与她的恶行相称，她的自大、狂傲、炫耀自己，不单得罪上帝，也因她的骄横、自负，而欺压、逼迫上帝的子民。现在要按着她犯罪的程度，给她痛苦悲哀。

"我坐着作女王"　她自以为已经作了皇后，有儿女可以供养她，拥护她。罗马是世界的国王，是世界的皇帝，全世界都是她的儿女。需要的时候，全世界都要来拥护她，供养她。她永远不会孤单，不会有缺乏。她的骄傲、自负将是她要受刑罚、遭毁灭的原因。

十八 8　"因此，在一日之内她的灾难必然来到，就是死亡、悲哀和饥荒；她还要在火中被烧掉，因为审判她的主上帝是大有能力的。"

"因此"　指巴比伦骄傲、自负。

"一日之内"　就是忽然之间，审判就要临到她。

"灾难必然来到，就是死亡、悲哀和饥荒"　这些灾难是她认为不可能临到她身上的，因为她拥有地上的一切奢华。她有财富、有儿女、有权势，这是她可以倚靠而得着保障的人或物。

"她还要在火中被烧掉，因为审判她的主上帝是大有能力的"　火烧是末日审判的一部分（参见林前三 13；彼后三 10f.）。这种情况好像是不可能发生的事，但一定会发生，因为这是上帝的作为，上帝是大有能力的。

这节经文有两个讲原因的词汇，"因此"和"因为"，㉖前者是讲巴比伦要受审判的原因，后者是讲她的审判将是这种形式的理由。

（三）世人为巴比伦悲哀（十八 9～20）

整段经文是一首哀歌，可以分成三小段：第一段是地上众君王的哀歌（第 9～10 节）；第二段是地上商人的哀歌（第 11～17a 节）；第三段是

㉖　"因此"：διὰ τοῦτο；"因为"：ὅτι.

船长、客旅和水手的哀歌（第 17b～20 节）。

十八 9 "地上的众王，就是跟她一同行邪淫、骄奢无度的，看见焚烧她的烟的时候，就必为她痛哭捶胸。

10 他们因为害怕她所受的痛苦，就远远地站着，说：'有祸了！有祸了！这大城，巴比伦，这坚固的城啊！一时之间你的审判就来到了！'"

"地上的众王" 指那些曾和巴比伦或罗马有不正当的关系，只顾物质上骄奢享受的人。

"看见焚烧她的烟的时候，就必为她痛哭捶胸" 他们看见巴比伦被焚烧，只能远远站着，为她悲哀。一方面他们无能为力，帮不了巴比伦；另一方面，也怕自己被牵连，也受刑罚。

"有祸了！有祸了！这大城" 这句悼词在三段哀歌中都有出现（第 10、16、19 节），可能是表达世上的君王、商人和水手对巴比伦-罗马的同情和哀悼，但更可能是因见罗马的过度挥霍，而生嫉妒的咒语。㉗在这种情况下，巴比伦被毁，不单他们要发出嫉妒的咒语；而且这么大的城要在一时之间受了审判，他们自己的国将如何呢？所以他们这样哀悼是自然的事。

"一时之间" 转眼之间，不但是突然，而且是极快的意思。这语句的原文和第十七章十二节的"一个时期"是同一个原文（参见十七 12 的注释）。㉘

十八 11 "地上的商人也为她悲哀痛哭，因为没有人再买他们的货物："

地上的商人为巴比伦的倾倒而悲哀痛哭，不过，使他们如此悲哀的真正原因却不一样。巴比伦或罗马是当时最富有的国家，差不多全世

㉗ Morris，*The Revelation of St. John*，p. 21. 另参孟斯形容当时罗马过分奢华的一些情形。他引用《他勒目》(Talmud)的话说，世上的财富有十份，罗马得了九份，其余的整个世界得了一份，参见 Mounce，*The Book of Revelation*，p. 329.

㉘ μιᾷ ὥρᾳ.

界的财富都在她们手里，而她们又大肆挥霍。因此，世上的商人都靠他们发了财（十八 3）。现在巴比伦被毁灭了，商人没有机会赚这样的钱了。他们完全是为失了得利的门路而悲哀。

十八 12　"就是金、银、宝石、珍珠；细麻布、紫色布、丝绸、朱红色布；各样香木，各样象牙制品，各样极贵重的木器、铜器、铁器、大理石制品；

13　肉桂、荳蔻、香料、香膏、乳香；酒、油、面粉、麦子；牛、羊、马、车、奴仆、人口。"

这两节经文列出了这些商人所经营的商品。所列的三十三或三十四种货物中，可以分成几大类：第一类是贵重的金、银、珠宝等装饰品。第二类是细麻布、丝绸等名贵的衣服材料。第三类是珍贵的家私、木器、象牙、铜、铁、大理石等。第四类是贵重的美食、调味的香料、各种粮食。第五类是车、马、奴仆、人口等服务的需要。此名单中所列出这么多的美物，也只不过是代表性的，意思是奢华生活所需要的一切都预备齐全了。

这里所讲的商品，有许多都无需解释，人都知道是极贵重的物件。如金、银、宝石、珍珠、象牙、贵重的木器、大理石等类的制品，都是富有人家的装饰品。

但有些物品在今天不认为是很名贵的，在当时都是极贵重的货物，例如紫色布、朱红色布等。

"紫色布"　是君王贵族才会用的，因为这种颜料是从一种海产、有壳的鱼提炼出来，非常稀少，极其贵重。

"丝绸"　是从中国运过去的。

"朱红色布"　这种布的颜料是从一种雌性、寄生在树叶上的虫，干死以后提炼出来的。㉙

"香木"　是一种非洲出产的深棕色极硬的木材。㉚

"肉桂、荳蔻"　这些香料都是从东方特别运过去的，是一般人不会使用的香料，极其贵重。

㉙ BAGD, πορφύρα（紫色）；κόκκινος（红色）。

㉚ BAGD, θύϊνος.

"奴仆、人口" 前者是当时社会中普遍存在的现象。"人口"的用法比较特别,可能就是指奴仆说的。[31] 不幸的人落在奴仆的地位,就等于是一种货物。

十八 14 "你所贪恋的果子离开你了! 一切珍馐美味、华丽的美物,都从你那里消失,再也找不到了!"

这一节经文的构造比较特别。从第十一节开始,作者都是站在第三者的位置叙述巴比伦的遭遇。现在好像完全没有交代,也没有给读者任何预备,作者突然改过来,直接用第二人称的语气,向巴比伦讲话。

但我们若记得这是一篇讥讽性的哀歌,这样的转变并不突然。

整章经文所显示的巴比伦,是一个只顾肉体物质的享受,过放纵奢华的生活,心中没有上帝,而且要抵挡他,反对他。现在这一切都要过去了。

"你所贪恋的果子" 这句话当然是象征的用法,[32]意思是"你心里所想望的",都离开你了。

"一切珍馐美味、华丽的美物" 可能是指"食物",但也可能不是。[33] 这一切都从巴比伦消失了,再也找不到了。

十八 15 "贩卖这些货物,借着她发了财的商人,因为害怕她受的痛苦,就远远地站着,痛哭悲哀,

16 说:'有祸了! 有祸了! 这大城啊! 就是一向穿着细麻布、紫色、朱红色的衣服,佩戴着金子、宝石和珍珠装饰的,

17a 一时之间,这么大的财富竟荡然无存!'"

上文第十二至十四节讲完了商人售卖给巴比伦-罗马的货物清单,

---

[31] 奥恩在此译作"奴仆,也就是人"(slaves-namely,human beings),参见 Aune, *Revelation*, vol. III, p. 993.毕尔则认为"人口"(ψυχάς ἀνθρώπων)是希伯来文代表"奴仆"的通用语,参见 Beale, *The Book of Revelation*, p. 910.

[32] 奥恩用申命记第十二章二十至二十一节来形容这句话的意义,参见 Aune, *Revelation*, vol. III, p. 1003.

[33] 毕尔将 τὰ λιπαρὰ καὶ τὰ λαμπρὰ 译作"极贵重和荣华之物"(The costly and splendid things),参见 Beale, *The Book of Revelation*, p. 910.

及对罗马的两句提醒以后,约翰再恢复讲述商人的哀歌。哀歌的开始和前面君王的哀歌差不多,只是君王的哀歌是从军事力量的强大来哀悼她:"巴比伦,这坚固的城啊!"(第10节)

商人也是远远地站着,无能为力地痛哭悲哀。他们对巴比伦-罗马的哀悼则是注重他们所失掉的物质奢华。悼词所提到的,都是第十二、十三节所说卖给他们的美物。

富有的罗马人一向穿着细麻布、紫色布、朱红色布做的衣服,佩戴的是金子、宝石和珍珠的装饰。他们也是一时之间,失去了这么大的财富。

十八 17b　"所有船长、旅客、水手,以及凡是靠海谋生的,都远远地站着。

18　他们看见了焚烧她的烟,就喊叫说:'有哪一座城能与这大城相比呢?'"

巴比伦倾倒以后,所有靠航海业务为生的人也要悲哀。按罗马所处的位置,她与世界的一切来往,大多数是要依靠海运;所以航海业的收入,多半要靠罗马的生意。做买卖、运送货物的、做水手的,或者为生意到处往来的人,都要靠罗马的生意。所以他们看见焚烧罗马的烟往上冒的时候,他们喊叫说:"有哪一座城能与这大城相比呢?"再没有别的地方能给他们带来这么多的生意。他们哀悼的原因,也是因自己利益的得失。

十八 19　"他们又把尘土撒在自己头上,痛哭悲哀,喊着说:'有祸了!有祸了!这大城啊!凡是有船航行海上的,都因这城的财宝发了财;一时之间她竟成了荒场!'"

"把尘土撒在自己头上"　表示极大的悲哀。但他们的悲哀主要是因为他们的财源受了影响。

"凡是有船航行海上的,都因这城的财宝发了财"　这句话的"财宝"一词,译作"财富"会更好。

"一时之间她竟成了荒场"　这句悼词基本上和第十、十七节的用法一样。

十八 20　"天哪,你要因她欢喜! 众圣徒、众使徒、众先知啊,你们也要因她欢喜! 因为上帝已经在她身上为你们伸了冤。"

结束这段哀悼的诗歌以前,注意力转向了属上帝的人,有声音呼召他们要欢喜。这声音可能来自第十八章一节的天使。

"天哪,你要因她欢喜"　天使呼召"天"要欢喜。孟斯引用第十二章十二节的用法,认为这里的"天"指所有住在天上的圣徒,包括众圣徒、众使徒及众先知。[34]毕尔则认为启示录在此的用法是反映出约翰受了耶利米书第五十一章四十八节的影响("天地和其中的一切,都必因巴比伦的倾覆欢呼")。[35]所以这里的"天"是指天上地下所有的圣徒。但按这里词句的构造,"天"一字是单数,下文提到的圣徒、使徒和先知各自都有冠词,所指的对象似乎极其具体。所以这里所指的,是天上的信徒,或已在天上的教会比较好。[36]

"众圣徒、众使徒、众先知啊,你们也要因她欢喜"　在巴比伦受到严厉审判的时候,天上的声音呼召圣徒、使徒、先知要欢喜。这种似乎是幸灾乐祸的态度,有人认为基督徒不应当这样做。下文约翰给我们指出要这样做的原因。

"因为上帝已经在她身上为你们伸了冤"　这句话很难翻译。若直接译出来,可作"因为上帝已经审判了她对你们的审判"。[37]巴比伦-罗马逼迫属上帝的人,是他们对信徒的审判,但他们的审判是不公义的,现在上帝就"审判"了他们这样不公义的"审判",但上帝的审判是公义的。中文译作"为你们伸了冤",就是表达这个意思。上帝把世人对基督徒不公义的"审判"更正过来了。第六章十节祭坛底下的圣徒曾向上帝呼求:"你不……给我们伸流血的冤,要到几时呢?"现在上帝的时候要到了。在末日的审判中,上帝要给他的儿女伸冤,所以属他的人应当欢喜。

---

[34] Mounce, *The Book of Revelation*, p. 333.

[35] Beale, *The Book of Revelation*, p. 916.

[36] 这里的词句要解释作当时信徒极度兴奋,高兴地欢呼。这不是理智的神学,而是情感的呼喊,不要过分理智地解释。过分理智不是最好的解释方法,参见周联华:《启示录》,页312。

[37] ὅτι ἔκρινεν ὁ θεὸς τὸ κρίμα ὑμῶν ἐξ αὐτῆς.

(四) 巴比伦被毁灭 (十八 21～24)

十八 21 "有一位大力的天使,把一块好像大磨石一样的石头,举起来抛在海里,说:'巴比伦大城也必这样被猛力抛下去,决不能再找到了!'"

"有一位大力的天使,把一块好像大磨石一样的石头,举起来抛在海里" 这些句子反映出作者可能受到耶利米书的影响。耶利米先知得了启示,论到巴比伦要受的灾难;耶利米就写在书上,交给王的大臣西莱雅,嘱咐他说,当西莱雅跟从西底家王去巴比伦的时候,他要把书带去。在巴比伦把书上的预言读出来。因为耶和华说,将来巴比伦受审判的时候,巴比伦要永远灭亡。然后把一块石头拴在书上,扔在幼发拉底河,表明巴比伦也要如此沉下去,永远不再兴起(耶五十一 59～64)。

现在这位大力的天使,要把一块石头抛在海里,使它永远不再浮起,以表明巴比伦所受的刑罚就是要如此被毁灭,永远不再兴起。

"巴比伦大城[罗马]也必这样被猛力抛下去,决不能再找到了" 巴比伦的灭亡是"被猛力抛下去"的,是出于上帝具体的刑罚,而不是渐渐退化而消失。末日审判是上帝积极的作为,而不是自然现象的发展。

十八 22 "弹琴、奏乐、吹笛、吹号的声音,在你中间决不能再听到了! 各样手艺技工,在你中间决不能再找到了! 推磨的声音,在你中间决不能再找到了!"

"决不能再" 这语句共出现了六次(第 21、22[3 次]、23[2 次]节),是一个极其加重语气的词,³⁸表示不可能改变了。这是上帝最后的审判,不再有任何改变的可能了。

这里提到几种乐器弹奏时所发出的声音,但再也听不到了。

"手艺技工" 指一些拥有较精细手艺的工人。

"推磨" 指一般妇女的日常工作。

一般正常生活的表现:乐声的享受、技艺工作的成品、家庭日用的

㊳ οὐ μὴ ... ἔτι.

需要，这一切都没有了，巴比伦不再有任何生命迹象了。

十八 23 "灯的亮光，在你中间决不能再照耀了！新郎新娘的声音，在你中间决不能再听到了！你的商人一向都是地上的大人物，万国都因你的邪术受了迷惑。"

"灯的亮光，在你中间决不能再照耀了" 一个像巴比伦那样的大城，若没有灯光，将显得极其荒凉。不过此城如果已没有生命迹象，当然是荒凉的。

"新郎新娘的声音，在你中间决不能再听到了" 表示没有婚嫁的声音，就没有任何欢乐、喜笑的声音。

这些话都只是为了加强巴比伦受审判以后的荒废、凄凉的景况。一个没有生命的情况，我们只能想象。

"你的商人一向都是地上的大人物，万国都因你的邪术受了迷惑" 这两句话的词句构造和上半节的构造很不同。本章第二十一节下半节至第二十三节上半节，都是形容巴比伦受审判后的荒凉景况；第二十三节下半节至第二十四节都是讲到巴比伦受审判的原因。在原文，第二十三节下半节的两句话，开始都有"因为"一词。[39] 第二十四节开始的时候，有一个"和"字，[40]而且第二十三节末是一个逗号，就表示这两节经文是相连的，都是在第二十三节末的"因为"的下面，讲出另一个原因。和合本没有把两个"因为"译出来。新译本只将第二个"因为"译出来。思高本及吕振中译本都将两个"因为"译出来了。

将第二十三节上半节的两个"因为"清楚译出来，再加上第二十四节的开始（原文的"和"字），就看出了这两节经文都是讲论审判巴比伦的"三个原因"。[41]

所以，第二十三节下半节的正确译法是："因为你的商人一向都是地上的大人物，因为万国都因你的邪术受了迷惑。"这些巴比伦的商人，因着巴比伦的财富而发了财，成了世上有影响力的人。又因他们的邪

---

[39] ὅτι.

[40] καί.

[41] Aune，Beckwith，Beale，Mounce 等都同意此解释。

术把万国迷惑了,骗取了多国的财富。

十八 24 "先知、圣徒和地上一切被杀的人的血,都在这城里找到了。"

属上帝的人的血在"这城里找到了",意思就是他们都在这城里遭杀害。这样的城市受上帝的审判是他们该得的。这里所指的,可能是在罗马统治下,基督徒所受的迫害;但也许是指古时巴比伦的残忍行为,来代表这样政权的罪行。这是巴比伦大城要受审判的第三个原因。

(iii) 天上的赞美和羔羊的婚筵(十九 1～10)

第十八章二十节记载天使呼召先知、圣徒和使徒要欢喜,因为上帝要为他们伸冤。现在巴比伦已被审判了,所以天上充满了赞美的声音。

(一) 天上的赞美(十九 1～5)

十九 1 "这些事以后,我听见天上好像有一大群人大声说:'哈利路亚!救恩、荣耀、权能都属于我们的上帝,'"

"这些事以后" 指上文天使讲论巴比伦受审判之后。

"我听见天上好像有一大群人大声说" 约翰听到天上"好像一个大声音",⑫从一大班群众中间发出来。事实上大概不是一个大声音,只是像一个大声音。此声音是谁发出,也没有说明,也许是天上的圣徒,但也可能是天使。

"哈利路亚!救恩、荣耀、权能都属于我们的上帝" "哈利路亚"一语,是直接从希伯来文音译过来的,原文的意思可说是"赞美耶",⑬就是赞美耶和华。此语在旧约诗篇经常出现,有时在一篇诗篇的开始(如诗一四五～一五○篇等),有时出现在一篇诗的末了(如诗一○三～一○六篇等)。在中译本的新约圣经里头,"哈利路亚"只在启示录中出

---

⑫ "好像……大声"原文直译"好像一个大声音"(ὡς φωνήν μεγάλην)。
⑬ 即"赞美 ya",ya 是"耶和华"一名的简称。

现（十九 1、3、4、6），都如此音译过来的。[44] 这样的译法显得雄伟动人。

　　现在圣徒和天使同声赞美上帝，因为只有他有权能完成人类的救赎，除灭世间的罪恶，因此所有的被造物都要赞美他。

　　十九 2　"因为他的审判是真实公义的。他审判了那大淫妇，那以淫乱败坏了世界的；并且为他的仆人向淫妇伸了流血的冤。"

　　全世界都要赞美上帝，不单因为他有权柄完成人类的救赎，审判世上的罪恶；而且他的审判是真实公义的。他的审判现在临到了统治全世界的大巴比伦，因为是她使世界背叛上帝，不忠于他。另一方面又因为属上帝的人在巴比伦手下受了逼迫，现在上帝要审判巴比伦，为属他的人伸冤。这都显明了上帝的审判的真实和公义。

　　十九 3　"他们再一次说：哈利路亚！烧淫妇的烟往上冒，直到永永远远！"

　　所有的群众再次向上帝发出赞美，更加强了第一节的"哈利路亚"。这一节经文词句的构造不是太清楚。

　　"哈利路亚"的下一句，前面有一个"和"字。[45] 一般的翻译都跟从新约希腊文编辑的看法，把这一句话和"哈利路亚"连在一起，都看成整个赞美歌词的一部分。查理士则认为第二句话开始的"和"的用法，是受希伯来文法的影响，在此用来引进一个解释原因的句子。群众赞美上帝，因为巴比伦彻底地毁灭了，烧她的烟直冒到永远。[46] 两个解释表达的意义分别不大。

　　十九 4　"那二十四位长老和四个活物，就俯伏敬拜那坐在宝座上的上帝，说：'阿们！哈利路亚！'"

　　正如第二个异象开始时的天上景象，那二十四位长老和四活物看见羔羊从坐宝座的那位手里接过书卷，他们就一同赞美羔羊（五 8～

---

[44] 旧约的诗篇把其意思译出来："你们要赞美耶和华"（הַלְלוּ־יָהּ）。

[45] ἀλληλουϊά καὶ ὁ καπνὸς αὐτῆς ....

[46] Charles, *Revelation*, vol. II, p. 120.

10）；这里他们也同样献上赞美。不过这次他们赞美的对象是坐宝座的上帝。他们赞美的话是回应天上大群众的赞美。

"阿们！哈利路亚" 这里的用法和诗篇第一○六篇四十八节的用法一样，[47]只不过诗篇将"哈利路亚"的意思翻译出来了。"阿们"表示他们完全赞同天上群众的话，因上帝审判了罪恶，为属他的人伸了流血的冤，要赞美他，正如第二、三节所讲的。

十九5 "接着有声音从宝座发出来，说：'所有上帝的仆人哪！凡是敬畏他的，无论大小，你们都应当赞美我们的上帝！'"

"有声音从宝座发出来" 这声音乃是呼召所有敬畏上帝的人，要来赞美我们的上帝。此声音是谁发出的呢？这里称上帝为"我们的上帝"，所以不会是上帝自己发出的声音，也不会是基督的声音，因为基督讲到上帝时，他是用"我的上帝，也是你们的上帝"（约二十17），他不用"我们的上帝"。但另一方面，这里说此声音是"从宝座发出来"，似乎应该是指上帝的声音。不过在启示录，将"有声音从宝座发出来"解释作有声音"从宝座那里"，或"从宝座周围"发出来，是很合理的。[48]所以此处的声音可能是一位长老，或一位活物，或一位天使所发出的。

（二）羔羊的婚筵（十九6～10）

旧约将以色列百姓比作上帝的妻子，新约将教会比喻作基督的新妇，是圣经常见的用法（如何西阿书；以弗所书，特别是第五章）。这是一个很完美的比喻，来表达爱与忠心的关系。夫妻最终的目标应该是完全的结合。启示录要解释的，是基督工作最终的目标，就是完成他身为弥赛亚最终的工作。所以基督要接纳教会作他的新妇，是他完成他的工作时必须做的事。不过，要举行羔羊的婚筵，必须等到基督完成救赎、审判罪恶的一切工作以后，才可以实行，如同第二十一章开始所描

---

[47] "阿们！你们要赞美耶和华。"（אָמֵן הַלְלוּ־יָהּ）

[48] "从宝座"的原文是 ἀπὸ τοῦ θρόνου，另一处经文（二十一3）用法差不多（ἐκ τοῦ θρόνου），新译本译作"有声音从宝座那里发出来"，因为那声音显然不是上帝发出的。按文法来说，如果第二十一章三节的经文可以译作"从宝座那里发出来"，那么，这里的经文当然更可以译作"从宝座那里发出来"。

述的。所以这里只是一个预告。启示录的笔法和其他叙述事物的笔法一样：有时需要追述(如第十二章记载关乎基督降生的事)，有时需要预告(如这里所记的羔羊婚筵)。不过具体的文字是用启示文学和象征文字的体裁。

十九 6　"我又听见一个声音，好像一大群人的声音，像众水的声音，又像大雷的声音，说：'哈利路亚！因为主、我们全能的上帝作王了！'"

"我又听见一个声音"　这声音是天上来的，但约翰没有具体说是谁发出的。

"好像一大群人的声音，像众水的声音，又像大雷的声音"　此声音像一大群众的声音，但却不是；又像大水的声音和大雷的声音，却又不是。它的声音雄伟感人，震动人的心弦，却不是人所发出的声音。它所说的，是一个世界所等候的大好消息。现在所有的被造之物一同赞美。

"哈利路亚！因为主、我们全能的上帝作王了"　这里用了"主、我们全能的上帝"来称呼上帝，圣经用的不多。第一章八节，上帝自称"全能的上帝"；第十一章十七节的众长老赞美上帝时，称他"主啊！全能的上帝"，但没有用"我们"一词。

现在"我们全能的上帝作王了"，不是说他作教会的王。因为统治世界的主权的代表巴比伦被毁灭了，我们的主、全能的上帝绝对的王权正式彰显出来了。他才是全能的上帝，他"作王"了。

十九 7　"我们要欢喜快乐，把荣耀归给他！因为羔羊的婚期到了；他的新娘也自己预备好了。"

"我们要欢喜快乐"　这是天上的群众向上帝赞美的时候，彼此勉励。主耶稣在登山宝训教导门徒说，人若因主的缘故逼迫他们，他们应当"欢喜快乐"(太五 11～12)，因为他们将来在天上要得的赏赐是大的。现在时候到了，罪恶的权势被毁灭了，属上帝的人应当"欢喜快乐"。新约只有这两处经文将欢喜与快乐两个词汇如此连在一起用。⑭ 这两个词如此用法,明显是指末日的"欢喜快乐"。

"他的新娘也自己预备好了" 现在不单世界预备好了,羔羊的新妇也预备好了,这是我们应当"欢喜快乐"的原因。

十九 8 "并且有光洁的细麻衣,赐给她穿上;这细麻衣就是圣徒的义行。"

接着,约翰用启示录一贯所用的象征性词句,解释上一节新妇预备好了的意思。

"有光洁的细麻衣,赐给她穿上" "细麻衣"在当时是华贵的装束,但这里自然是指属灵的华贵,光明纯洁的外衣,如同第三章四至五节所说,圣徒穿白衣是表示他们的衣服没有被玷污,即没有向罪恶妥协。这"光洁的细麻衣"乃是赐给她的,不是她自己造的。新妇能有资格穿此"光洁的细麻衣",是因她在基督里蒙恩,白白地称义。但被称义的人,也必有义行在人面前表现出来。

"这细麻衣就是圣徒的义行"⑤ "义行"是被白白称义的人应有的自然表现。

十九 9 "天使对我说:'你要写下来:"被邀请赴羔羊婚筵的人有福了!"'他又对我说:'这都是上帝真实的话。'"

"天使" 本节和第十节,中文几次译作"天使"的字,原文只是代名词"他",中文将"他"译作"天使"是最合理的译法。

"邀请" 这词和圣经上常用的"呼召"或"召"原文相同。上帝的邀请就是上帝的呼召。此呼召是权威的呼召,也是恩典的呼召。

"有福了" 这是启示录七次蒙福的宣告中的第四个(其他分别是:一3,十四 13,十六 15,二十 6,二十二 7、14;参见一 3 的注释)。这里特别宣告被邀请赴羔羊婚筵的人有福了,其实所有被邀请的人,都是婚筵的主人,是

---

⑭ 其他表达同样意思的经文所用的字都不一样。彼得前书第四章十三节的意思差不多,所用的两个字跟这里也差不多,但文法的构造却不同。

⑤ 莫里昂认为这里译作"义行"的字,应该解释作"条例""规则"。但 BAGD,δικαίωμα,2,列出此字的第二个意思是"好行为"(good deeds),这是一个合理的解释。

新妇的一部分。不过前两节指整个教会作为羔羊的新妇，庆祝婚筵，这里
是指基督徒个人，参与婚筵，与主有亲密的交通，是一件最蒙福的事。

"这都是上帝真实的话" 这句话可以是指羔羊的婚筵，若是指全
本启示录，也同样适合。

十九 10 "我就俯伏在天使脚前要拜他。但他对我说：'千万不可
以这样！我和你，以及你那些为耶稣作见证的弟兄，都是同作仆人的。
你应当敬拜上帝！因为预言的精义，就是耶稣的见证。'"

"我就俯伏在天使脚前要拜他" 第九节记载天使吩咐约翰要把上
帝宣布赐福的话写下来，听到这样的吩咐，约翰可能以为说话的是上帝
自己，或者是基督，所以他就要拜这一位。第二、三章关于七封给教会
的书信中，吩咐约翰"要写下来"的话，都是主自己说的。第一章十九节
的命令也是主说的。第二十一章五节的命令是坐在宝座上的上帝说
的。第十四章十三节"要写下来"的命令和第十章四节"不要写"的命
令，都是一个从天上来的声音说的。所以，在第九节天使一吩咐他"要
写下来"，约翰大概自然就以为这是上帝给他的吩咐，于是他就要向这
位天使下拜。

"千万不可以这样" 圣经和初期教会行事中，从来没有基督徒向
任何人敬拜的记载，甚至有信徒就单单为了不肯敬拜上帝以外的对象
而丧失性命。所以约翰这里的行动不是表示他可能容许敬拜任何被造
物，而是他误以为这位与他说话的是上帝。于是这位天使对他说："千
万不可以这样！"

"我和你，以及你那些为耶稣作见证的弟兄，都是同作仆人的" 天
使和信徒同是上帝的仆人，我们的生命是为服事上帝，甚至天使都要服
事信徒，所以我们不要敬拜他们。

"预言的精义，就是耶稣的见证" "耶稣的见证"一语，可以有两种
不同的解释：第一，可以将"耶稣"看作我们作见证的内容或对象，所以
可以解释作"为耶稣作的见证"。⑤ 第二，可以将"耶稣"看作此语的主

---

⑤ 如和合本的译法，这也是莫里昂的解释，参见 Morris, *The Revelation of St. John*,
p. 228.

词,解释为"耶稣作的见证",意思是耶稣自己作的见证,或者说耶稣所传的信息,是整个预言的精义。㊷ 其实这两种解释,基本上意义分别不大。信徒为主作的见证和主自己的宣讲,最终应该没有分别。门徒应该单单敬拜主,因为只有他是我们服事、传讲的中心。

(iv) 基督的胜利(十九 11～21)

基督最后完全的胜利快要实现,大巴比伦已经毁灭了。那是胜利的开始,基督本身还没有以胜利者姿态亲身出现。现在时间到了,基督要带着得胜的审判者的荣耀、权能、英勇,亲自降临,预备完成弥赛亚救赎工作最后的一步启示。这段经文可以分成两部分:第一部分是基督胜利的显现(第 11～16 节);第二部分是抵挡基督者被毁灭(第 17～21 节)。

(一) 基督胜利的显现(十九 11～16)

十九 11 "我观看,见天开了。有一匹白马,那骑马的称为'忠信'和'真实';他按着公义审判和作战。"

"我观看" 约翰用了这语句,就表示他所见的异象,有了新的转变,或得到新的启示(参见四 1,六 2,十四 1 等的用法)。

"有一匹白马,那骑马的" 这幅图画和第六章二节所说的差不多,都是讲到一位得胜的战士,或者将军;不过两者的环境不同,所代表的意义也不同。第六章的将军是一位在末日上帝要使用独裁的、专制的军政势力来刑罚世人。这里所讲的,是已经得胜一切的弥赛亚,现在要来完成他的救赎工作。在末日人子完成救赎工作的时候,有两方面的工作他需要做:替属他的人伸冤和按公义审判罪恶,这是圣经一贯的教训。约翰福音第五章记载主耶稣讲到末日的审判时说,父不审判世界,他把审判的权柄交给子,而且子的审判是公正的(五 22～30f.)。使徒保罗也曾说,在末日上帝要借着他所立的基督,按公义审判天下(徒十七 31)。所以在末日,人子以得胜的将军的形象出现最适合。

这段经文有几个词句用作描述这位骑白马的将军,以加强对他的

㊷ 孟斯引用福特(Ford)作如此解释,参见 Mounce, *The Book of Revelation*, p. 342, n. 2.

信赖。

"称为'忠信'和'真实'"　"称为"一词就显出作者是要用这两个词——忠信和真实，作为他的名字，这也是绝大多数中英文译本的译法。[53] 这样的译法好过将这两个词用作形容词。因为作为他名字的解释，就更强地表达出他这两方面的本性。他是忠信的，所以他真实可靠。

"他按着公义审判和作战"　教会在当时的政权下曾受尽了不公义的对待，现在基督要按公义审判和作战，这对属上帝之人将是极大的安慰。

十九 12　"他的眼睛好像火焰，头上戴着许多皇冠，他身上写着一个名字，这名字除了他自己没有人认识。"

"他的眼睛好像火焰"　表示可以洞察一切；他的审判一定公义，没有任何事可以在他面前隐藏。

"头上戴着许多皇冠"　这里所讲的"皇冠"，不是运动场上作奖品的冠冕，而是代表王权的皇冠。他"戴着许多皇冠"，是因为他是万王之王、万主之主，地上的任何君王都不可与他同日而语。

"他身上写着一个名字，这名字除了他自己没有人认识"　当时普遍的观念，认为一个人的名字就代表他的本性；基督的身上写着他的"名字"，就是把他的本性彰显出来的记号。因着环境的限制，人当时不能完全领会。[54]

---

[53] 和合本，思高本，吕振中译本，ASV，RSV，NEB，NIV 等。

[54] 不同的解经家在此有许多不同的推测，孟斯认为可能是指中文译作"耶和华"一名的希伯来文的子音字母，即 YHWH，或者是腓立比书第二章九至十一节所说的那超乎万名之上的名，参见 Mounce, *The Book of Revelation*, pp. 334f. 有人认为可能是写在那位骑马者的大腿上的"万王之王，万主之主"，因当时主显现带着的光辉，旁边的人看不清楚。毕尔引用以赛亚书第六十二章二至三节、第六十三章一至三节等经文，认为这里所讲的，就是上帝应许要赐下的那位，他要得胜一切，作百姓的拯救者，参见 Beale, *The Book of Revelation*, p. 953. 查理士、奥恩认为此处作者强调有这样的名字写出，是要表达出这位骑马者有这样一个难以辨认的名字，就表示他是上帝，或者是上帝的一位特别的使者(如同创三十二 29；士十三 17～18 的记载)，参见 Charles, *Revelation*, vol. II, pp. 132f.；Aune, *Revelation*, vol. III, p. 1055.

十九 13 "他身穿一件浸过血的衣服,他的名字称为'上帝的道'。"

"他身穿一件浸过血的衣服" 正如以赛亚书第六十三章开始所讲的,这位以色列的未来救赎者,将来要带着得胜的记号出现,他的衣服沾上了血。他胜过敌人,践踏他们的时候,他们的血溅污了他的衣服。当然这是一种象征的笔法,却是一个很生动的描绘。[55]

"他的名字称为'上帝的道'" 第十一节曾说这位骑马者称为"忠信和真实",讲出代表基督本性的两个"名字",这里不单再次提到他的称呼,而且说明他的名字为"上帝的道"。这"道"自然就是约翰福音第一章所讲的,从太初就与上帝同在的那"道"。这"道"成了肉身,曾住在我们中间,彰显了上帝的恩典,成就了人类的救赎。这道"是活的"(来四 12),他是我们的"生命之道"(约壹一 1)。不单是一个道理,或上帝旨意的显明,乃是上帝活泼的旨意,是弥赛亚自己。

十九 14 "天上的众军,都骑着白马,穿着洁白的细麻衣,跟随着他。"

"天上的众军,都骑着白马" 上文一直讲述弥赛亚以得胜将军的形象出现,下一节又讲述弥赛亚以口中的剑作武器,击打敌人;这里却突然讲到天军的出现,似乎有点突然。但圣经讲到末日主再来的时候,常提到有天使、天军陪着他来(参见太十六 27;可八 38;犹 14 所讲的"千万圣者",也可能是指天上的圣徒)。天军都骑"白马",像他们的将军弥赛亚一样。

基于下文讲到他们穿上洁白的细麻衣,所以莫里昂认为天军可能指圣徒。[56] 但由于别处的经文多次提到在末日主再来时,有天使天军

---

[55] 因为这是象征式的表达,解释上就有不同的意见。凯尔德认为这里的"血",是指殉道者的血,要蒙主永远记念。但这样的用法没有任何别处经文的支持,参见 Caird, *A Commentary on the Revelation of St. John the Divine*, pp. 243ff. 莫里昂则认为这里的"血"是指基督十字架的血,参见 Morris, *The Revelation of St. John*, p. 230. 这思想的确满有吸引力,不过这里的经文是指末日的审判,而不是指十字架的救赎,这样的解释也不大适合。所以用以赛亚书的背景来解释这段话比较适合,这也是很多学者的看法。

[56] Morris, *The Revelation of St. John*, p. 231.

和他一同来临(太二十六 53),所以孟斯认为这里的天军应该是指天使。[57] 不过从第十七章十四节的见证,在末日主再来时,特别是要毁灭羔羊的敌人时,那些蒙召、被选、有忠心的圣徒,也必与他一同出现。因此这里的"众军"应该包括蒙召的圣徒,也包括天使。

"穿着洁白的细麻衣" 他们的衣着和羔羊的新妇所穿的一样(十九 7~8)。

十九 15 "有一把利剑从他口中吐出来,他要用这剑击打列国,他必用铁杖治理他们;并且还要踹全能上帝烈怒的压酒池。"

下文约翰用几幅图画来形容这位胜利的将军的工作。

"有一把利剑从他口中吐出来,他要用这剑击打列国" 这是第一幅形容弥赛亚工作的图画,却是启示录中一个很特别的图像。虽然旧约有弥赛亚的"口如快刀"一类的词句(如赛十一 4,四十九 2 等),但称他口中有"利剑",是新约才有的用法。上文第十三节称基督是"上帝的道"或上帝的话;希伯来书说上帝的道比两刃的剑更锋利(来四 12);第一章十六节说人子口中"有一把两刃的利剑";第二章十六节也说人子要用他口中的利剑与别迦摩人作战,就是审判他们;这里讲到末日的审判时就说,弥赛亚要用口中的利剑击打列国。以上列举的经文表明了基督口里的话,是上帝的旨意,要成为定世人永远刑罚的器皿。

"他必用铁杖治理他们" 这是第二幅形容弥赛亚工作的图画。"他们"一词也是指着列国说的。基督不但要用他口中的剑审判世人,也要用"铁杖"执行刑罚。诗篇第二篇九节说,他要用铁杖击打他们,或者打破他们。

这里用的"治理"一词,通常是"牧养"的意思。但若治理的对象是那些不顺服的世人时,则有"管教""刑罚"或"毁灭"之意。所以这两方面的思想都同样重要:对那敬畏上帝的人,弥赛亚的牧养要使他们得着造就,得牧养;对那不顺服的人,要引致他们毁灭[58]和遭刑罚。此处译作"治理",就是要表达这个意思。

---

[57] Mounce, *The Book of Revelation*, p. 346.

[58] 参见 BAGD, ποιμαίνω, 2. a. γ.

　　"还要踹全能上帝烈怒的压酒池" 这是第三幅图画。"烈怒"一词在原文是将两个"怒"字放在一起使用,加强语气,表示极端的忿怒。⑤⑨ "压酒池"表示最后彻底毁灭性的刑罚。葡萄放在池里,经过踹压,果子就完全被毁坏。上帝施行这样的刑罚,是因为世人硬心顶撞他,不肯悔改,惹动他的"烈怒"。第十四章十九节同样用"压酒池"来形容上帝的刑罚。这里更清楚地说明执行此审判的,是那位得胜的将军。

　　十九 16　"在他的衣服和大腿上,写着'万王之王,万主之主'的名号。"

　　本段经文曾多次提到这位骑白马者的名字,或称呼(如第 11、12、13 节等),这里又加上一个更显著的名字:"万王之王,万主之主"。这名字可能是受到旧约对上帝称呼的影响(如申十 17;但二 47 等)。第十七章十四节也称羔羊为"万主之主,万王之王",只是将两词的次序调换过来。保罗在提摩太前书第六章十五节的用法,连次序都和这里一样。保罗的用法就特别显出此名在当时的教会,已被接纳为一个对在末世、荣耀中要显现的基督的尊称。过去的巴比伦王尼布甲尼撒,或约翰时代的罗马皇帝,都自称为王、为主,但得胜的基督才是统治一切的王和主。

　　这里有一个问题可以拿来讨论一下。究竟这两个名字如何写法?写在何处?但圣经都没有详细解释。两个名字是分开写在两腿上,还是写在一起呢?如何写在衣服"和"大腿上呢?⑥⓪ 事实上,字也许是写在他的衣服上,也可能写在大腿上,这些都有可能,却不是重要的问题。

(二) 敌挡基督者被毁灭(十九 17～21)

　　十九 17　"我又看见一位天使站在太阳中,向高空所有的飞鸟大声呼喊说:'你们来吧! 齐集起来赴上帝的大筵席!

　　　18　可以吃君王的肉、将领的肉、壮士的肉、马和骑士的肉,

---

⑤⑨ τοῦ θυμοῦ τῆς ὀργῆς.

⑥⓪ 毕尔认为可以将译作"和"的字(καί),作补充解释的用法,全句的译法可以是"写在他的衣服,就是大腿上",参见 Beale, *The Book of Revelation*, p. 963.

以及自由的、作奴隶的、大的、小的,所有人的肉。'"

得胜的将军,骑白马的万王之王、万主之主已经预备好了,要去完成他最后毁灭性的战争。

"我又看见一位天使站在太阳中" 表示那天使就是在半空中,如同在太阳中一样。这是一个适合向天空的飞鸟发命令的地方。

"可以吃君王的肉、将领的肉、壮士的肉、马和骑士的肉,以及自由的、作奴隶的、大的、小的,所有人的肉" 这场战争的对象是一切抵挡主基督的属世势力和这些势力背后的属灵势力。而这些势力被基督战败以后,他们的尸体要被暴露,成为飞鸟走兽的食物。

这段经文的词句,显然是与以西结书第三十九章所讲,耶和华上帝最终要审判以色列人的记载有关;并且这里如同以西结书一样,要显明的是,最终上帝的名要被高举,他向罪人施怜悯的日子已过去了。最后的审判施行时,不论人的身份、地位、社会背景,凡是抵挡上帝的人,都要同样被毁灭。

十九 19 "我看见那兽和地上的众王,以及他们的众军,都集合起来,要跟那骑白马和他的众军作战。"

"都集合起来" 这是一个被动式的分词,应当译作"都被集合起来"。[51]

在七碗的审判中,第六个碗倒出来的时候,就有三个污灵从龙、兽和假先知的口中出去,要召聚普天下的众王,叫他们在全能上帝的大日,聚集与上帝作战,就是哈米吉多顿的战争(十六 13～16)。虽然事前可能有多次小型不同的战争,但这是真正的末日战争,因为这次的战争以后,抵挡上帝的人要被毁灭。

十九 20 "那兽被捉住了;连同在兽面前用奇事迷惑人,使他们接受兽的记号,并且拜兽像的那假先知,也一起被捉住了。他们两个就活活地被抛在烧着硫磺的火湖里去。"

"那兽被捉住了;连同在兽面前用奇事迷惑人,使他们接受兽的记

_____

[51] συνηγμένα.

号,并且拜兽像的那假先知,也一起被捉住了" 这里描写兽和假先知都被捉住。他们既然被捉住,就表示他们带领去与基督作战的众军失败了。但作者在此并没有叙述战争的情况,或他们失败的经过,这是启示录常用的笔法。大巴比伦的倾倒也是一样。

"他们两个就活活地被抛在烧着硫磺的火湖里去" 当然这里所讲的都是象征,并不是说真有两个活物,或者活人被抛在火湖里。第十三章讲到那两个兽和兽像的时候(参见该处的注释),我们看见兽是代表当时抵挡上帝的政权。"烧着硫磺的火湖"代表一个受永远刑罚、从其中永远不得释放的地方。被抛在火湖里的兽,就永远不能再作恶。

十九 21 "其余的人都被那位骑白马的口中所吐出来的剑杀了。所有飞鸟都吃饱了他们的肉。"

"其余的人" 可能是指"兽与假先知"以外的人,就等于所有的世人,也可能是指地上的君王和众军以外的人,就是没有直接参与和基督作战的人。但既然这里用的是象征的话语,就不必分得那么清楚了。因此,这里所指的就是所有的人,他们都是不敬畏上帝的人。

"口中所吐出来的剑" 指主审判的话语要定他们的死罪。这些人要可怜地受死。

"所有飞鸟都吃饱了他们的肉" 尸首被飞鸟所吃,也是刑罚的一部分。

(v) 撒但的审判和千禧年(二十 1~6)

这一段经文,特别是其中有关千禧年的理论,可以说是启示录最受注意和最富争议性的经文。严格来说,有关千禧年的理论应该是属于教义的探讨,而不在"解经"的范围之内,但因为对这段经文的解释,很多时候都与个人对"千禧年"的看法有密切的关系,所以笔者会先将有关千禧年的理论讨论一下,以免在解释经文时,思想上发生混淆。

"千禧年"一词在圣经上没有出现过。在利未记第二十五章十一节,中文译本的"禧年"和这里的用法不同。启示录第二十章四至六节所用的"一千年"的字眼,是指主再来时,信徒要和基督一同作王的时候,这也就是千禧年的讨论中所指的"千禧年"。

一般讨论千禧年的理论,是讨论基督再来和千禧年实现在时间上的关系,共有三种不同的看法,分为后千禧年派、无千禧年派和前千禧年派。简单讨论如下。

(1)后千禧年派(Postmillennialism)

根据这一派的看法,教会就是地上的神国。教会的工作扩展开,福音传遍天下,信主的人数到了一个程度,整体来说全世界都是充满着属主之人,就表示天国已经临到世界,千禧年已来临,主耶稣就要再来,除掉罪恶的势力,成立永远的国度。主的再来是在天国已经在地上成立以后,所以称为后千禧年派。福音派的后千禧年派认为天国的来临,不是凭着人做的好事,乃是福音的力量征服了世界。他们相信主要亲自降临,才能结束现今的世界,成立永远的国度。在今天的教会中,千禧年时代已开始,因为主在人心里已建立一个属灵的国度。[62] 他们将第二十章所讲信徒与基督一同作王的事解释为象征或灵意。

这种看法可以说是起源于奥古斯丁的护教学,或者受了奥古斯丁的理论的大力支持。自从第四世纪君士坦丁成为罗马皇帝以后,罗马帝国和教会的关系密不可分。到第五世纪初,罗马帝国的势力逐渐衰落,到公元 410 年西哥特人攻陷了罗马,又入侵了奥古斯丁作主教的家乡北非。在当时一般人的眼中,罗马帝国的强盛就是教会的兴旺;罗马的衰落也就是教会的衰落。如今教会的前途如何呢? 奥古斯丁此时被迫要重新思想教会与罗马的关系,于是他就写了一本为教会立场辩护的书,通常中文译作《上帝之城》。[63] 其实此译法不大适合。当时欧洲的社会,有点儿像中国战国时代的社会,任何人有势力,能占领一个城,就可自称为一国(欧洲的"City-State"也是如此,有一个城就是代表一国)。所以,奥古斯丁的书就可以称作《上帝的国》。他在书中解释上帝的国与教会的性质。上帝的国不是地上的国,教会不是罗马。上帝的国乃是他在其中作王的、属他之人的国度。地上的国不论大小,都可能

[62] 柯楼士:《千禧年四观》,李经寰译,台北:中华福音神学院,1985 年,页 100。
[63] *The City of God*;ODCC, pp.180ff.

衰落、失败,但上帝的国却永远不会失败,而且要渐渐增长,直到有一天此国会充满天下。那时,此上帝的国就是教会。照这样推论,将来世界上有一天绝大多数的人都要相信主,千禧年就在地上实现,基督就要再来了。

奥古斯丁的理论将教会看成上帝的国和当时大公教会的看法完全符合。教会当时被政府接纳为国教。但其实真正的上帝的国是教会,不是罗马。罗马政府可以衰败,教会作为上帝的国反而要更加强壮,存到永远。为要支持他的理论,奥古斯丁就把千禧年解释作从主耶稣第一次降世开始,直到主第二次降临。第一次的复活是指信主之人属灵的复活,撒但被捆绑也是主第一次来到的时候就已发生的事。到了第十三世纪,阿奎那接纳了奥古斯丁的理论,[64]这就成了大公教会正式的信仰立场。

后千禧年派的人在解释他们的信仰立场时,[65]所用的支持理据,是从现在社会观察到的一些现象而得。例如基督徒数目的增加,教会数目的增加,神学教育的长进,宣教工作的扩展,科技的发展对福音工作的帮助;甚至人类基本文化的进步,如人权观念的改进,对儿童、妇女的重视,普世教育,以及医疗卫生的改善,都是福音扩展带来的副产品,这些都表示整个世界向着"黄金时代"走去。用现实世界观察得来的资料来解释圣经的方法是否正确,当然是另一个问题。就算此种方法可行,如此得来的资料也不一定如作者所想的那么乐观。今天信主的人数的确比使徒时代的数目增加了很多,但用今天真正基督徒的数目和全世界人口数目的比例来看,今天的世界并不那么像"黄金时代"。

撇开这些现实观察的现象暂且不讲,从解经的角度来看,将第二十章四至六节所讲的两次复活解释为两次不同的复活,一次是属灵的,一次是肉体的,是否合理呢?[66]

另一个重要的思想是,主自己曾多次说过,他再来的日子没有人知道,所以属他的人要时刻警醒等候(太二十四 36ff.;可十三 32ff.;路十

[64]　Thomas Aquinas;ODCC,pp. 1731f. Tenney,*Interpreting Revelation*,pp. 148f.

[65]　柯楼士:《千禧年四观》,页 95ff.

[66]　参见赖德对"前千禧年派"的解释;柯楼士:《千禧年四观》,页 25ff.

二 35ff.）。如果先有千禧年，在千禧年里的人就知道主大概很快就要来了，叫人"警醒"的动力就失掉效用了。从这种种理由来看，后千禧年派的解释令人难以接纳。

（2）无千禧年派（Amillennialism）

无千禧年派的立场也可以说从奥古斯丁的理论开始，他们认为启示录第二十章一至十节所记载的，乃是从主耶稣降生开始直到主再来时世界的情况，而不是有关主在地上的工作完成时的一些启示。他们如此解释末世论的原因可以从两方面看：一方面是因为他们对后千禧年派和前千禧年派的解释不满意；另一方面是因为他们认为整本启示录都应当用灵意的方法来解释。首先他们看出后千禧年派的解释不正确；按现实的情况看，千禧年不能因福音工作的果效而实现。而对前千禧年派的解释，他们认为前派的观点太注重在千禧年中物质的兴旺和肉体的享受。[67] 对这两方面的观念是对是错，都有它的理由。后千禧年派的立场我们已经看过。他们对前千禧年派的看法，或者是有过如此的解经家，但整体来说，这只是个误会。积极方面，他们认为千禧年的观念在全本圣经中只在启示录出现这一次，而启示录又是一本高度象征化的书。再者，根据无千禧年派的立场，他们通常将圣经出现的上帝的国解释作现在已经成就的事实，所以他们认为主耶稣第一次到来的时候，上帝的国或千禧年的国度就已经开始了。无千禧年派与后千禧年派对第二十章四至六节讲的两次复活，同样都是将第一次解释为灵里的复活，第二次解释作肉体的复活。

的确"千禧年"一词在全本圣经只在启示录出现过一次，而启示录又是一本高度象征化的书，只能用灵意来解释。但一个真理的表达在圣经上出现多少次，不是决定它真实性的关键。用象征化的词句表达一个属灵的事实，当然不能完全用物质的方法来解释，但属灵的解释却不能看作它不存在。而且启示录用了"复活"的字，在"他们都复活了"，"还没有复活"等句子中的"复活"，用的都是同一个动词。在同一个句子中出现两次的动词，解释作两种不同的复活，似乎很难令人

---

[67] 参见 William Childs Robinson，*Christ the Hope of Glory*（Grand Rapids：Eerdmans，1947），pp. 318ff.

接受。

　　从直接解经的角度来看,无千禧年派通常将启示录全书分成七大段,⑱这七段经文是平行的,"每一段都在描写基督第一次降临直到他第二次再来之间,教会和世界所发生的事"。⑲ 但他们没有详细说明这七段经文在时间上的关系。他们称这种解释为"渐进平行法",但如何渐进平行呢? 是否这七段经文的每一段都在讲同一段时间的事——从主第一次降临开始,直到天地末日作结束? 内容时间平行,只是属灵的情况渐近,还是这七段的开始相同,而结束的时间不同? 还是说这七段是讲同样时间内,不同阶段或段落的情况? 或这七段是讲一个时间内的事,不过开始的时间不同,最终都是讲到一个结束的时候? 这些问题都不容易回答。他们将启示录分段如下:第一段是第一至三章;第二段是第四至七章;第三段是第八至十一章;第四段是第十二至十四章;第五段是第十五至十六章;第六段是第十七至十九章;第七段是第二十至二十二章。他们用如此的分法,解释第二十章所讲的是从这一段时间的起头——主的降生,开始了弥赛亚的工作,就捆绑了撒但,直到主第二次到来,才将撒但扔在硫磺火湖里。但若用此方法解释第七段的经文,其他六段又是如何开始,如何结束呢? 其实,这样将启示录分段的方法很不自然,一方面没有经文结构的支持,而且这样对"捆绑撒但"的解释,给人一种感觉,是先有了结论,再用来解释圣经,而不是从解释经文得来的结论,来决定信仰的立场。

　　(3) 前千禧年派(Premillennialism)

　　按前千禧年派对整个启示录的解释,他们认为全书是一本有关末日的启示。书的体裁是启示文学,书的内容是将上帝在末日对整个世界的计划揭示出来。按照整本书的笔法来看,上帝在历史中已将救恩的福音传给世人,对那些硬心悖逆不肯悔改的人,基督在末日要亲自降临,审判整个世界,包括人类和鬼魔。等到这一切都完成了,上帝就要在他的公义和荣耀中降临,统治整个世界。在完成这最终救

---

⑱ Hendriksen, *More than Conquerors*, pp. 11ff., 113ff.;另参柯楼士:《千禧年四观》,页128ff.

⑲ 柯楼士:《千禧年四观》,页128。

恩的过程中,千禧年是一个必要的环节。按启示录的记载,在末日的审判中,基督要先毁灭属世一切抵挡基督的势力,包括第十七至第十九章所讲的一切;然后他要将撒但捆绑囚禁一千年。到那时,撒但再也不能任意搅扰世人,基督要使已死去的属主之人复活,和在地上的一切圣徒,与他一同作王。等这一千年的时间过去,撒但要被释放;但它的恶性不改,要再率领所有不肯悔改相信的人,与基督和圣徒作战。到那时,基督要迅速地征服撒但,并将他丢在硫磺火湖里,受永远的刑罚。接着就要开始白色大宝座的审判,如此就完成了基督整个的救赎工作。

另外,除了上文所说的前千禧年派的大体性质以外,还有时代论的前千禧年派。时代论的前千禧年派在解释基督再来的时间是在千禧年以前这一点的看法,与历史的前千禧年派的看法,基本上没有分别。只是在解释千禧年国度的性质上,两者的重点不同。他们过分强调按字面解经的原则,认为圣经上所讲的以色列人,都是指属肉体的以色列,不论是在新约或旧约,都是一样。弥赛亚来,是要作肉体的以色列人的王。在教会时代,以色列人拒绝了基督。到千禧年时代,基督要作以色列人的王。到那时,所有的以色列人,因为他们是属肉体的以色列人,就自然要得救。他们的理论造成了有两种得救的方法的看法,引起了严重的解经困难。

单从基督再来与千禧年实现在时间上的关系来看,历史的前千禧年派与时代论的前千禧年派的看法,基本上没有什么分别。两者都认为启示录的千禧年,是在末世历史的发展中一个具体的阶段。第十九章以前的事,是在千禧年以前要发生的,第二十章十一节以下的事,要在千禧年以后才会发生。

这样对末世的看法与旧约预言符合,如以赛亚书第十至第十四章等处所讲的,所以这也是犹太人传统的看法。初期教会的多位教父也是如此看法,如波利卡普(Polycarp)、殉道者查士丁、爱任纽等,甚至奥古斯丁在他写成上帝之城一书以前,都是前千禧年派。因此整体来看,前千禧年派是最自然的解释,也是多数人接纳的立场。

(一) 撒但被捆绑(二十 1～3)

二十 1　"我又看见一位天使从天上降下来,手里拿着无底坑的钥匙和一条大锁链。"

"我又看见一位天使从天上降下来"　这里经文并没有讲出这件事发生的次序,[70]但同样也没有说出这件事发生的时间,不可能是在第十九章的经文以后。[71] 第十九章记载审判了撒但的党徒之后,现在上帝差遣他的使者来对付撒但了。

"手里拿着无底坑的钥匙和一条大锁链"　"无底坑的钥匙"和"一条大锁链",当然都是象征。无底坑是撒但的使者、鬼魔等存在的地方(参见十四 2ff. 的注释),很难想象这样的坑会存在天上,但它却在上帝的掌管之下。这是上帝监禁撒但的地方,至于如何用锁链锁住他,如何用钥匙开启,什么样的锁链才可以捆绑身为灵体的撒但,这些问题当然不能按字面的意思去解释;但这些字句所代表的意义却很清楚。撒但的一切都在上帝的掌管之下,上帝有方法可以把他关起来、锁起来;若不是上帝释放他,他不可能任意行动。

二十 2　"他捉住了那龙,那古蛇,就是魔鬼,撒但,把它捆绑了一千年。"

"那龙,那古蛇,就是魔鬼"　这里所讲的撒但的名字和第十二章九节所用的差不多。

"把它捆绑了一千年"　这"一千"的数目当然也是象征性的,跟基督与门徒一同作王的时间一样。在这段时间内,撒但被捆绑在无底坑。

对"捆绑"一词,多数解释作"限制",或"减少"他的行动。自从主在十字架完成了救恩,他就大大地"限制了",或"减少了"撒但的活动,"千

---

⑩ 参见 Morris, *The Revelation of St. John*.

⑪ 毕尔解释这节经文时,用了很多理由来证明这里的"我又看见……"所讲的,在时间上不是跟着第十九章发生的。所以,第二十章所讲的,不是历史上在第十九章以后要发生的事,因此这里提及主与门徒一同作王一千年,不是指末日有一个千禧年,而是指主在地上开始施行他的王权;参见 Beale, *The Book of Revelation*, pp. 975f. 毕尔解释的结果,给人的感觉是,用了很多话解释一个仍然很难使人信服的理由。

禧年"在地上就已开始了。[72] 但实际上，"捆绑"一词的基本意思，用在人的身上，可以有物质上用链捆绑或监禁等意思，[73]而不是"限制"，或"减少"等意思。

当弥赛亚道成肉身降生在世的时候，撒但要吞吃他，毁灭他；现在上帝的时间到了，基督已胜过一切，要把撒但从人世间除灭。

二十 3 "天使把它抛在无底坑里，关起来，封上印，使它不能再迷惑列国，等到那一千年完了。以后，必须暂时释放它。"

"天使把它抛在无底坑里，关起来，封上印" 这一连串的行动都表示天使的谨慎，要确保撒但在无底坑里，不能逃脱，不能再出来迷惑列国。

"使它不能再迷惑列国" 上文的确讲到基督战胜地上的君王时(十九 20～21)，他已经毁灭了所有的国家，现在哪里还有"列国"可以被撒但"迷惑"呢？但按词句来看，第十九章被刑罚的人，是那些随着兽，积极与基督作战的人；他们不论是君王、将领或壮士等，都要被毁灭。除了这些人以外，还有人是过去没有积极地与基督作战，没有抵挡基督的人，这些人在撒但被释放的时候，要被他迷惑来与基督作战。

(二) 千禧年的实现(二十 4～6)

二十 4 "我又看见一些宝座，有人坐在上面，他们得了审判的权柄。我也看见那些因为替耶稣作见证，并且因为上帝的道而被斩首的人的灵魂。他们没有拜过兽或兽像，也没有在额上或手上受过兽的记号。他们都复活了，与基督一同作王一千年。"

"我又看见一些宝座，有人坐在上面" 约翰看见有"宝座"出现，就表示预备要使属主之人在千禧年与基督一同作王了。这里所讲的，大概是反映主自己在马太福音第十九章二十八节、路加福音第二十二章三十节所预言的情景。当然这些话都是用象征和记号表达出来的。

---

[72] 参见 Morris, *The Revelation of St. John*, pp. 235f.；Beale, *The Book of Revelation*, pp. 974f.

[73] BAGD, δεῖν, 1.2.

　　约翰并没有说他看见有多少个宝座，他用的只是一个复数的宝座的字（和合本译作"几个宝座"，新译本译作"一些宝座"，都将"多数"的意思表达出来了）。无千禧年派的人在此多半做一些猜想，以为这些"宝座"是在天上，[74]因为约翰并没有说是在地上，但同样约翰也没有说是在天上。而且上文刚说过有天使从天上"下来"捆绑撒但，接着又说撒但被释放后，迷惑"地上"的列国来与圣徒作战，加上经文也没有提到任何人改换地点，所以，这里的人坐在宝座上，与基督一同作王是在地上更为合理。实际上如果人不承认有千禧年，将这些宝座解释为在天上，或在地上，都没有意义。

　　"他们得了审判的权柄"　其实这里原来的用语，只是"审判给了他们"，[75]就是说审判的权柄给了他们。

　　"我也看见那些因为替耶稣作见证，并且因为上帝的道而被斩首的人的灵魂。他们没有拜过兽或兽像，[76]也没有在额上或手上受过兽的记号"　这里似乎是记载着当主再来时，有两种人要复活，与基督一同作王一千年：那些因给主作见证而被斩首的灵魂，"和"那些没有拜过兽和兽像，也没有受过兽的印记的人。

　　"被斩首的人"指为主作见证而殉道的人。在当时罗马帝国的法律里，按着犯人的身份，有两种不同的斩首刑罚。对上层社会的人士，他们犯了法，包括士兵，都不会斩首；若犯的罪严重，要是斩首，也只能用剑或大刀斩。对于较低下阶层的人士，最严厉的刑罚是上绞架；要是斩首，则是用斧头斩，而不是用刀、剑等。当然也有基督徒是在木架上被火烧死。[77] 本节经文用的"斩首"的字，是指用"斧头"斩首。[78] 表明当时基督徒不拜皇帝的罪，被认为是犯了极严重的罪。

　　另外一种要在此时复活的人，可能是那些"没有拜过兽和兽像"，也没有受过兽的印记的人。他们也是犯了极严重的罪，只不过没有因直

---

[74] 如 Morris, *The Revelation of St. John*, p. 236.

[75] καὶ κρίμα ἐδόθη αὐτοῖς.

[76] "他们没有拜过兽或兽像"，原文在此有καὶ οἵτινες. 此代名词是主格，所以应译作"和那些没有拜过兽和兽像"的人。

[77] 奥恩对罗马刑罚有较详细的讨论，参见 Aune, *Revelation*, vol. III, pp. 1084ff.

[78] "斩首"：πελεκίζω. "斧头"：πέλεκυς.

接殉道而被杀,但也是被逼迫致死的。就算按象征的解释看,在那么大的罗马帝国里,所有对上帝忠心的人,不一定都被斩首。

根据这些资料,有学者认为"千禧年"只是对这些复活的人的一种赏赐,⑦而不是一个普遍的情况。但根据哥林多前书第十五章五十二节及以下,和帖撒罗尼迦前书第四章十六节的记载看,所有属主之人都要复活,进入千禧年,与基督一同作王,应是上帝整个计划的一部分。

"他们都复活了" "复活"一词的用法,是指"开始活过来"或"得着了生命"。⑧ 所以,这里作"他们都复活了",十分恰当。⑧ 下文讲到这些从死里复活过来的人,要和基督一同作王一千年。这里就必须将此字解释作复活。

"与基督一同作王一千年" "作王""一千年"等词都是要用作记号的方式来解释。

二十 5 "其余的死人还没有复活,等到那一千年完了。这是头一次的复活。"

"其余的死人" 有解经家⑧认为这词句,是指第四节经文所讲的,那些被斩首的人以外的所有人。但除非我们认为"被斩首的人"代表当时世上所有信主的人,否则第四节的话就难以解释了。不过用"被斩首的人"代表所有信主的人,是一个很勉强的解释。所以,这里"其余的死人",是指"被斩首的人"和其他所有信主而死的人以外,所有不信而死去的人。

"等到那一千年完了" 这一千年过去了,其余的死人才复活,接受白色大宝座的审判。

"这是头一次的复活" 这些在与基督一同作王一千年以前复活的,是头一次的复活。

---

⑦ 孟斯指出,贝克威思可能有此倾向,参见 Mounce, *The Book of Revelation*, p.359.

⑧ ἔζησαν,进入式不定过去时(ingressive aorist).

⑧ 虽然莫理昂认为这不是圣经常用作复活的字,参见 Morris, *The Revelation of St. John*, p.237.但此处和第五节,两次都用同一个字来表达同样的思想,所以此字应是指着"复活"说的。

⑧ 包括 Mounce, *The Book of Revelation*, p.360.

二十 6 "在头一次复活有分的人是有福的、圣洁的,第二次的死没有能力辖制他们。他们还要作上帝和基督的祭司,与他一同作王一千年。"

"在头一次复活有分的人是有福的、圣洁的" 这是启示录第五个给属主之人祝福的应许。其余两个祝福是在第二十二章七节和十四节。他们是"圣洁的",因为他们是完全属于主的。

"第二次的死没有能力辖制他们" 不再有任何的搅扰和拦阻了,这是他们所要蒙的福。"第二次的死"一语只有在这里、第二章十一节、本章第十四节,及第二十一章八节出现过:意思是指永远的死亡,就是永远的刑罚。属主之人不再受此刑罚。

"他们还要作上帝和基督的祭司" 第一章六节和第五章十节都说过,这是上帝拯救人的目的,要作上帝的祭司。不过这里将"基督"和上帝放在同等的地位,属上帝之人要作"上帝和基督的祭司"。

"与他一同作王一千年" 这是属主之人再要蒙的福,是与基督"一同作王"。

(vi) 基督最后的胜利(二十 7~15)

(一) 撒但被毁灭(二十 7~10)

二十 7 "那一千年完了,撒但就要从监牢里被释放出来。"

撒但在无底坑的一千年,只是暂时被拘禁,也是试验他和试验世人的时候。经过了试验,很长时间没有受撒但的引诱,世人刚硬的心仍不肯回转。等到撒但按着上帝所定的时间被释放(参见第 3 节),他再去引诱世人,众人又再次跟从他来反抗上帝。

二十 8 "他要出来迷惑地上四方的列国,就是歌革和玛各,使他们聚集争战。他们的人数好像海边的沙那么多。"

"歌革和玛各" 这两个名字代表什么,不是很清楚,很难肯定它们是代表两座城还是两个王。一本新出版的圣经字典,⑧认为"玛各"可

---

⑧ "Gog & Magog," in ABD, vol. II, p. 1056.

能是一个地区的名字，"歌革"则是一个城的名字，这地区可能是在东边很遥远的地方。

以西结书第三十八、三十九章讲到这两种人要起来攻击上帝的百姓，最后要受到他的审判。这样的预言后来被犹太人解释为，上帝在末日要为他的百姓刑罚那些抵挡他百姓的敌人。这里约翰的启示大概就是说，在末日，撒但要作最后的努力，耸动世人联合起来抵挡上帝，结果要遭上帝最终的审判。千禧年后的这一个战争，可以说是结束世界上罪恶势力的最后战争。发动此次战争是由撒但主使，但这一切的成就，是在上帝的计划之中。

"他们的人数好像海边的沙那么多" 这些被撒但招聚来的人的数目极多，"像海边的沙"。"海边的沙"一语，旧约常用来形容上帝选民数目的众多，如亚伯拉罕的后裔(创二十二 17)、大卫的子孙(耶三十三 22)等。这里跟随以西结预言的用法(结三十八 15)，形容抵挡上帝的人的数目。

二十 9 "他们上来遍满了全地，围住了圣徒的营和那蒙爱的城，就有火从天上降下来，毁灭了他们。"

"他们上来遍满了全地" "遍满了"的用语，是当时特别讲到军队占领的范围广阔。由于圣地是一个南北较长的地面，这里却说列国的人遍满广阔的地面，似乎不大合适。所以曾引起一些解经家辩论。但此语是当时的军事通用语，字面的意思也许不大清楚，但中文的译法很恰当地把意义表达出来了。⑭

"围住了圣徒的营和那蒙爱的城" "圣徒的营"是表示属上帝之人的营；"蒙爱的城"当然是指耶路撒冷。撒但率领的军队遍满了全地，上帝的百姓在圣城周围安好了营，要来守卫圣城。撒但的军队把圣徒的营和圣城团团地围在中心。

"就有火从天上降下来，毁灭了他们" 撒但要来向上帝的营进攻了。但到真正开战的时候，用不着圣徒来防守，因有火从天上降下来毁灭他们。这一切当然都是按全本启示录的笔法来写的。撒但带来要反抗

---

⑭ 参见 BAGD，πλάτος，1.

上帝的人,不会真的如此遍满全地,用身体把耶路撒冷围住;圣徒也不可能全都去到耶路撒冷安营。但这些词句所代表的,是这场属灵战争在末日发生的时候,上帝要用他自己超然的刑罚把他们毁灭。这意思很清楚。

二十 10 "那迷惑他们的魔鬼,被抛在硫磺的火湖里,就是兽和假先知所在的地方。他们必昼夜受痛苦,直到永永远远。"

撒但是个灵体,被他迷惑跟从他来反抗上帝的人仍在肉体之中。这些人被火焚烧,被毁灭了,但这不是他们永世的结局。他们永世的结局是要到白色大宝座的审判时才能决定。撒但本身在这次的战争以后,就要和他的使者受同样的审判,如同第十九章二十节所记的,他们要一同承受永远的刑罚。

(二) 白色大宝座的审判(二十 11～15)

二十 11 "我又看见一个白色的大宝座,和坐在上面的那位。天地都从他面前逃避,再也看不见了。"

这是基督在地上要做的最末后的审判工作。

"我又看见" 表示约翰看见的启示中转入了一个新的阶段。

"一个白色的大宝座" 这情况和第五章记载约翰看见宝座的情况差不多。当然这也跟但以理书第七章记载上帝坐在宝座上的异象相似(但七 9ff.)。不过,这里说明宝座又"白"又"大",这样的形容就显出了上帝宝座的光耀和威严。

"坐在上面的那位" 经文没有说明坐在宝座上的那一位是谁,但从本书多次提到宝座的记载(参见四 2ff.,五 1ff.,七 15ff.,二十一 5ff.,特别是二十一 7),显然这位坐宝座的是上帝自己。没错,圣经的确清楚地说过在末日父要将审判的权柄交给子(约五 22、27;林后五 10;提后四 1),但另一方面,保罗又说审判的权柄是属于上帝的(罗十四 10)。

"天地都从他面前逃避,再也看不见了" 天地都因惧怕他,而不敢在他面前存在而逃避了,这样就显示出上帝的威荣。㉟

㉟ 孟斯认为这句话也有可能是指有形的天地真的消失了,为的是给新天新地预备地方,参见 Mounce,*The Book of Revelation*,pp.364f.

二十 12 "我又看见死了的人，无论大小，都站在宝座前。案卷都展开了，还有另一卷，就是生命册，也展开了。死了的人都凭着这些案卷所记载的，照着他们所行的受审判。"

所有已经死了的人都站在宝座前，预备受审判。

"无论大小" 指人们在世人眼中所占的地位（参见十三 16）。

"案卷都展开了" 这些"案卷"是记载世人行为的"案卷"。

"还有另一卷，就是生命册" 在主降临的时候，那些在主里面死去的人都要复活，他们是在头一次复活有分的人，他们有福了，圣洁了。他们不会受第二次的死。但可能有人已经信了主，但未能够经验第一次的复活，他们在"生命册"上有分，这时要按"生命册"的记载被分别出来，他们也不会经过第二次的死。

"死了的人都凭着这些案卷所记载的，照着他们所行的受审判" "死了的人"在此是指名字没有记在生命册上的，他们就要按着自己的行为受审判。这是圣经多次提到的教训（参见十八 6；罗二 6）。

二十 13 "于是海把其中的死人交出来，死亡和阴间也把其中的死人交出来，他们都照着各人所行的受审判。"

这里把"海""死亡和阴间"都人格化了，意思是末日审判的时候，不论在什么情况之下死去的人，都不能逃脱，也没有任何力量能帮助人逃脱上帝的审判。这种拟人式的笔法，启示录用过不止一次，例如第六章八节讲到死和阴间会骑着马来施行审判，并且它们得着权柄，能用刀、剑等去杀人。

"阴间"一词原是代表圣经的观念中，人死后和复活之间灵魂居留的地方，有时是指恶人死后停留的地方（如路十六 23），有时则可指任何人的灵魂死后居留的地方（如徒二 27、31）。这里不必强调它所代表的意义是指何种人。

二十 14 "死亡和阴间也被抛在火湖里。这火湖就是第二次的死。"

"死亡和阴间也被抛在火湖里" 兽和假先知已被抛在"火湖"里

（十九 20），撒但自己也被抛在"火湖"里（二十 10）。这"火湖"是一个永远受痛苦的地方，是一个永远受咒诅、与人隔绝的地方。从此以后，在主里有分的人就永远与死亡和阴间隔绝了。"死亡和阴间"也永远与人隔绝了。

"这火湖就是第二次的死"　这次的死亡表示永远在痛苦中，不再有盼望，永远与上帝隔绝。正如主耶稣所说，这就是那"为魔鬼和他的使者所预备的永火"（太二十五 41）。

二十 15　"凡是名字没有记在生命册上的，他就被抛在火湖里。"
"凡是名字没有记在生命册上的"　就是指在主里没有分的人。
"他就被抛在火湖里"　首先是兽和假先知被抛进去，然后是撒但，最后是那些不顺服、不属主的人，都被抛进去。如此就完成了基督的审判。

（vii）新天新地（二十一 1～8）

上文启示的重点是这个罪恶的世界在撒但的影响之下，顽强抵挡上帝的结果，基督审判一切的工作完成了。现在上帝要开始他新的工作，"看哪，我把一切都更新了！"（二十一 5）所以，这一段经文是从第三个异象到第四个异象，一个环节转换的交代，是第三个异象的结束，也是第四个异象的开始。作者提纲挈领式地交代了前一个异象如何完成。至于完成的经过当然无须再解释了，"因为先前的事都过去了。"（二十一 4）将要发生的事也只是用一句话来介绍一下，新天新地、羔羊的新妇新耶路撒冷就要出现了。但这新异象的详情要留待下一个异象来解释。如此讲清楚了，才开始下一个异象。

二十一 1　"我又看见一个新天新地，因为先前的天地都过去了，海也再没有了。"
"我又看见一个新天新地，因为先前的天地都过去了"　世界的审判完成以后，这天地都要"过去"，"新天新地"才能出现。但这天地如何"过去"呢？以赛亚说："天上的万象都必消残，天也像书卷一般被卷起"

(赛三十四 4),被卷起来就是使它消失。新约希伯来书说:"你要把天地像外套一样卷起来"(来一 12),旧的衣服可以卷起来丢掉。彼得说,在主来到的日子,天地都要被烈火熔化,"在那日,天必轰然一声地消失,所有元素都因烈火而融解"(彼后三 10)。这些当然都是象征的词句。天被卷起来就是使它消没,天又被火焚烧就熔化,这都不是用物质观念可以解释的。但表达的意义是,这些东西都失掉存在了,因为新的天地已经来到了,这一点很清楚。

"海也再没有了"　正如遂特所讲的,在古时人的观念中,"海"常是表达动荡不安,海面的航行也常是充满危险。⑯ 随着旧天地的过去,海也不再存在了。

二十一 2　"我又看见圣城,新耶路撒冷,从天上由上帝那里降下来,预备好了,好像打扮整齐等候丈夫的新娘。"

这节经文的构造基本上和本章第十节(下一个异象开始的话)差不多一样。这里只是先介绍一下,到下一个异象才详细解释。

"新耶路撒冷"　这词句在新约别处经文没有出现过。加拉太书第四章二十六节用过"那在上面的耶路撒冷";希伯来书讲过上帝所建造"有根基的城"(来十一 10),"天上的耶路撒冷"(来十二 22),"那将要来的城"(来十三 14)等。旧约的旁经则多次提到"新耶路撒冷",⑰是指一个圣徒要在里面享受喜乐、荣耀的地方。启示录则是指羔羊的新妇。

二十一 3　"我听见有大声音从宝座那里发出来,说:'看哪! 上帝的帐幕在人间,他要与人同住,他们要作他的子民。上帝要亲自与他们同在,要作他们的上帝。'"

"有大声音从宝座那里发出来"　虽然本书别处也用过"有声音从宝座出来"一类的话(如十六 17,十九 5),有时声音的来源不大肯定,多半可能是出于上帝自己。不过下文用第三人称"他"称呼上帝,所以声

---

⑯　Swete, *The Apocalypse of St. John*, p.276.

⑰　如 *Testament of Dan*, 5;12(但遗训); *II Esdrae*, 7;26(以斯拉续编下卷,或称以斯拉四书)。这些书都是主前第二世纪中期写成的。

音可能是从一位天使而来。这声音所说的话和以西结书第三十七章二十七节的差不多一样。以西结的话是上帝对百姓在复兴蒙恩以后要赐福给他们的应许，⑧这里同样也是上帝在末日要赐福他百姓的应许。

"上帝的帐幕在人间"　这里的"帐幕"跟约翰福音第一章十四节用的"住"字（"道成了肉身，'住'在我们中间"），及本节下一句出现的"住"，都是出于同一个字根，⑨此字乃表示长久亲自与人同住。

"他们要作他的子民……上帝……要作他们的上帝"　这句话是上帝和自己百姓立约的话。如同耶利米书第三十一章三十三节所说的，上帝要和他的百姓立约时，就是如此。这里"他们要作他的子民"一语中的"子民"是复数，表明是指多数的民族。⑩　在末日，在新天新地中，上帝要与他们立约、向他们施恩的，不是某一种族的人，不是单单以色列人，乃是多种民族。那时在新天新地的人，都是上帝的子民。

二十一—4　"他要抹去他们的一切眼泪，不再有死亡，也不再有悲哀、哭号、痛苦，因为先前的事都过去了。"

眼泪是忧伤痛苦的表现。擦去眼泪就是除去一切忧伤和痛苦。在第七章十七节、以赛亚书第二十五章八节等处，圣经都预言过，在末后上帝施恩的日子，他要擦去他子民一切的眼泪。死亡、忧伤、痛苦等都是属于现今世界的事，到新天新地时这一切就已经过去了。这节经文的意思也不能解释作"到那时人还会有眼泪"，所以才需要擦去。使人流泪的原因都没有了，人就没有眼泪了（参见七 17 的注释）。

二十一—5　"坐在宝座上的那一位说：'看哪，我把一切都更新了！'又说：'你要写下来，因为这些话是可信的、真实的。'"

"坐在宝座上的那一位说"　除了第一章八节记述上帝自我宣告以外，这是全本书中唯一一次上帝直接向约翰，也是向世人讲的话。有人认为第十六章一节和十七节，从宝座和天上圣所发出来的声音，也是上

---

⑧ 参见 Aune，*Revelation*，vol. III，p. 1122.

⑨ σκηνή, σκηνόω.

⑩ 圣经用的是 λαοί，不是 λαός.

帝自己的话。⑨ 但单单是从圣所发出,或从宝座发出的声音,不一定就是上帝自己的声音,如本章第三节的解释(参见该处注释)。

"我把一切都更新了" 这句话是那坐在宝座上,就是执掌统治一切大权的那一位亲口说的。在旧约时代,上帝曾应许说:"看哪,我要创造新天新地;先前的事不再被人记念"(赛六十五 17)。现在上帝执行新创造的时候到了。保罗说:"如果有人在基督里,他就是新造的人,旧事已经过去,你看,都变成新的了"(林后五 17)。保罗所说的"变成新的"的事物,单单是指人灵命里的一切,现在则真正是"一切"都更新了。

"又说:'你要写下来,因为这些话是可信的、真实的。'" 启示录有几处经文曾记载给约翰写下来的吩咐,都是上帝或主耶稣说的(一 11、19,比较十 4)。这里正在讲到上帝在说话,所以自然是上帝在吩咐约翰。他要把上帝的吩咐写下来,因为这些事,就是上帝要"把一切都更新"的话,是真实可信的。上帝的话是真实可信的,因为上帝是真实的(赛六十五 16 先讲出上帝是真实的,然后才在第 17 节讲"他要将一切都更新"的应许,就是要表达此思想),也因为上帝是可信的,所以他要将"一切都更新"的话,都是真实可信的。

二十一 6 "他又对我说:'成了!我是阿拉法,是俄梅格;我是创始的,也是成终的。我要把生命的泉水,白白赐给口渴的人喝。'"

"成了" 此动词是复数,主词没有讲出来。在七碗之灾的最后一个碗倒下来时,就有声音从宝座上出来,说:"成了"。那里用的(十六 17)和此处的"成了"是同一个字,不过这里是复数,那里是单数。⑫ 第十六章所讲的,是指上帝对此世界施行的刑罚性审判的最后一灾完成了;这里所讲的,应该是指上帝在现今的世界所做的一切,包括天地的更新都完成了。

"我是阿拉法,是俄梅格;我是创始的,也是成终的" 这句话也出现在第一章八节和第二十二章十三节。前两次都是上帝指着自己说的,最后一次则是基督指着自己说的(详细解释参见一 8 的注释)。此

⑨ Mounce, *The Book of Revelation*, p. 373, n. 18.
⑫ γέγοναν(pl.), γέγονεν(sg.).

外在第二章八节基督又称自己为"首先的，末后的"。这些名称都是指着上帝是一切的一切，也是掌管着一切的那位。一切都是出于他，也是为他而生存（西一 15～16）。作为这样的一位上帝，他也是一切的满足。

"我要把生命的泉水，白白赐给口渴的人喝" 这样的经文自然是反映以赛亚书第五十五章一节那一类经文的应许。在干渴中的人，生命的泉水能给他真正的满足。人没有别的办法去得这样的泉水，只有上帝白白赐下来的，人才能得着。

二十一 7 "得胜的，必要承受这些福分。我要作他的上帝，他要作我的儿子。"

"得胜的" 这词句是对七封书信那些肯听主的呼召、悔改离开他们的罪的人常用的称呼。这里也是指那些在压力底下，不肯向罪屈服的人。

"必要承受这些福分" 这些人要承受上文所讲的福气，如前面第三、四节所讲的。

"我要作他的上帝，他要作我的儿子" 这句话在撒母耳记下第七章十四节出现过。大卫迎接约柜到耶路撒冷之后，要为上帝的名建造圣殿；上帝的心喜乐，向大卫做出了应许。这些人不单要成为上帝的选民、上帝的百姓，而且和上帝有一个特别亲近如父子的关系。这是得胜者所得的福分之一。

二十一 8 "只是那些胆怯的、不信的、可憎的、杀人的、淫乱的、行邪术的、拜偶像的和所有说谎的人，他们的分是在烧着硫磺的火湖里。这就是第二次的死。"

解释这样的经文时，要特别留意经文在上下文的地位，和本书写作的笔法。这里所讲的是新天新地的情况，有罪之人在那里没有分。这些人都是属上帝之人，他们是否因为犯了一些本节所讲的罪，就失掉永生、被放进火湖呢？进入永生和进入火湖，不是因着他们单犯了某一件罪行，乃是因着他们的这一些行为，把他们生命的真正特质表明出来了，如此就决定了他们永远的前途。

"胆怯的" 不是指一些生来就胆小,例如有人怕虫,或者怕黑等,乃是指当时如有人说信了主,但遇到罗马的官兵,在压迫、恐吓之下,就去拜罗马皇帝,而不敢承认主。这样的行为就表示他可能根本就没有因信而来的生命。

"他们的分是在烧着硫磺的火湖里。这就是第二次的死" 口里承认主名的人,在压力或试探底下,去做不应当做的事,或者逃避应当做的事,就表明他的分不是在上帝里面,而是在烧着的硫磺火湖里。不在主里面的人,就要受第二次的死。

伍 第四个异象：基督工作的完成（二十一9～二十二5）

（I）新耶路撒冷（二十一9～27）

第二十一章开始的时候，约翰已经用一句话介绍他所看见的新异象，就是新天新地和新耶路撒冷，现在他在灵里进入到此新异象中，他要详细讲解此新异象的意义。

这新耶路撒冷就是羔羊的妻子，是基督救恩工作的成果。此新异象是一座城；新耶路撒冷是一座完全的圣城，是上帝与人完全的同在，是上帝的百姓一向所想望、所渴慕的。里面的一切是完全的美好、圣洁、公义和满足。这城不是一个物件，是"打扮整齐"的羔羊新妇。现在约翰要把上帝叫他所看见的、人所能想象得到的或者人不能想象得到的救恩之美好，用人有限的话形容出来。描写这样的异象对约翰一定是一个极大的挑战。要解释这样的话，当然也是极大的挑战。

这段经文有些词句文法的构造较特别。例如第十至十四节的经文在原文是一句话，中英译本都要分成很多个句子。在形容城的构造，说城的东边有什么，西边有什么时，所用的"有"字原文都是分词，中文只能用动词来表达，所以能分成多个句子。讲到建造城所用的材料时，用的字也是很难想象的，几千里长的城墙是用碧玉造的，城墙的根基是用红、黄、蓝、绿的宝石，以及各种颜色的璧玺造的。城门是由一个门那样大的珍珠造成，而所造成的是羔羊的新妇。这些词句的意思当然是指这些材料放在一起所显出的华美、荣光、灿烂夺目的景象，而不是注重这些材料的物质。在解释这一点时，特别需要留意。

二十一9 "拿着七个盛满着末后七灾的碗的七位天使中，有一位走来对我说：'你来！我要把新娘，就是羊羔的妻子，指示你。'"

这里用的词句和第十七章一节所用的差不多完全一样，都是讲一位天使来，要把一个女人指给约翰看。第十七章的女人是代表罪恶的大城巴比伦的淫妇；这里则是代表新耶路撒冷（羔羊妻子）的圣洁女子。这两处的天使可能是同一位，但却不一定，也没有证据证明两者是同一位。

二十一 10 "我在灵里被那天使带到一座高大的山上，他把从天上由上帝那里降下来的圣城耶路撒冷指示我。"

"我在灵里被那天使带到一座高大的山上" 在第一个异象，约翰是在拔摩岛上，在灵里他看见了人子在七个金灯台中间行走（一 13）。在第二个异象，约翰在灵里被提到天上，看见羔羊将要施行的审判（四 2）。在第三个异象，约翰在灵里被带到旷野去，看见万王之王、万主之主的基督要刑罚、毁灭一切地上抵挡他的恶势力（十七 3）。来到第四个异象，也是最后的异象，约翰在灵里被带到一座高大的山上，看见得胜的基督在荣耀中显出他要完成的整个救赎大功（二十一 10）。

"他把从天上由上帝那里降下来的圣城耶路撒冷指示我" 基督所完成的工作，就是那从天上，由上帝那里降下来的耶路撒冷。上文第九节提到天使说他要指示给约翰的，是"羊羔的妻子"，而他所指示出来的，是从天上降下来的"圣城耶路撒冷"，所以这里的意思是，"圣城"就是指着"羊羔的妻子"说的。

"羊羔的妻子"是这段经文真正的主题，"圣城"只是某种意义上的比喻，当然是有形的实体：羔羊妻子的荣美，就如同圣城的荣美一样。天使真正要指示出来的，是羔羊妻子的荣美；不过羔羊妻子的荣美无法用人的样貌来解释。用物质来形容圣城比较容易些。经文所讲的圣城，是超乎寻常的华丽，人对羔羊妻子的景仰、欣赏，就应当像他看见这样华丽的圣城应有的那种感觉。"羊羔的妻子"是基督整个工作最终要成就的目标。就世人领受的能力来说，用黄金宝石来建造一座那么大的城，人容易想象，也知道如何欣赏，所以上帝要用这样华丽、雄伟的景象给约翰知道，也是给世人知道，他所创造的"羊羔的妻子"是多么荣耀、可爱。她是主自己所看重的，也是他要人看重的：她是羔羊的新妇。

"基督爱教会,为教会舍己"(弗五 25),他并不是爱圣城。整幅荣美的图画,是人在今世的经验中很难领会的,但用"圣城"来代表"羊羔的妻子"的比喻,或者可以叫人稍微容易明白一点。不过,解释时我们要小心,不要将作代表的比喻与它所代表的本体两者的地位倒转。

二十一 11 "这城有上帝的荣耀,城的光辉好像极贵的宝石,又像晶莹的碧玉。"

"这城有上帝的荣耀" 这语句只能表示有上帝同在的荣光闪烁的景象,但又没法来具体形容。下文整个对新耶路撒冷的描绘都是如此,极其荣华,但又不能具体说出来。

"城的光辉好像极贵的宝石,又像晶莹的碧玉" "晶莹的碧玉"是什么,很难确定。"晶莹"是好像透明,"碧"是绿的颜色;这里说的好像是透明的绿宝石。但原来用的字不是指绿宝石,而是指一种不透明的白色宝石,有时称作"蛋白石"。① 这种石头有时会闪烁发光,按光的角度可能改变颜色。第四章三节讲坐宝座的那位时,称之为"好像碧玉和红宝石",意思是他的形象是又红又绿,极其华丽。这样词句的用法,可能就代表了在整个形容新耶路撒冷的经文中,约翰用语的方式。

二十一 12 "有高大的城墙,有十二个门,门口有十二位天使,门上写着以色列十二支派的名字。"

"有高大的城墙,有十二个门" 如此描述,表示城是一座稳固的大城,也显出城的雄伟。下文用的两个词"门口"和"门上",把城的宏伟表达得很清楚。

"门口有十二位天使" 天使是"服役的灵"(来一 14),也是保护上帝百姓的。

"门上写着以色列十二支派的名字" "十二支派"代表所有的以色列人,即真以色列人(参见七 4 的注释)。在解释新耶路撒冷时,我们不要忘记新耶路撒冷是羔羊的妻子。

---

① ἴασπις,BAGD 认为可能是指"蛋白石"(opal)。

二十一 13　"东边有三个门，南边有三个门，西边有三个门，北边有三个门。"

新耶路撒冷城有十二个城门。作为一个城有门是自然的事，人都要从城门出入。以西结异象中的城也有十二个门（结四十八 31～34）。约翰的异象可能多少受到以西结一些影响，但也可能是约翰和以西结都受了以色列传统思想的影响。②

二十一 14　"城墙有十二座根基，根基上有羊羔十二使徒的名字。"

第十二节提及"十二个门"，"门口有十二位天使"，"门上写着十二支派的名字"；这里提及城墙有"十二座根基"，根基上有"十二个使徒的名字"。"十二"的数字当然是上帝从开始选定的，要作代表的数字。现在先祖和使徒一同联合在新耶路撒冷，如此就把旧约和新约联合起来了。"十二支派"是所有上帝选民的代表，"十二使徒"是整个教会的根基（弗二 20）。这样的教会就是上帝亲自设计建造的（来十一 10）。

二十一 15　"那对我说话的天使拿着一根金的芦苇，要量那城、城门和城墙。"

"那对我说话的天使"　这句话的用语和第九节开始时所用的差不多，所以文字上虽然没有说明是那一位，所指的应该是同一位天使。

"拿着一根金的芦苇"　这是一根用金做成用来量度的杖，像芦苇一样，又直又长，适合作量度之用。

"要量那城、城门和城墙"　第十一章记载天使给约翰一根这样的杖去量圣殿，表明上帝的保守。这里天使自己拿着一根金芦苇，去量天上的圣城，为要显出新耶路撒冷那超出人能想象的伟大及华丽。

二十一 16　"城是四方的，长宽都一样。天使用芦苇量那城，共有二千四百公里，城的长、宽、高都一样；"

---

② 约翰受到当时星象学黄道十二宫的影响的可能性大概极小，参见 Charles, *Revelation*, vol. II, p.158；Aune, *Revelation*, vol. III, p.1156.

"城是四方的，长宽都一样……城的长、宽、高都一样" 这句话要加上最末的一句话一起看，则此城是个完全的立方体。

"共有二千四百公里" 即每边六百公里，高度也是六百公里。这是一个很难想象，也是很难解释的形象。但我们不要忘记这些词句是记号，作为代表性的用法。解释时要详细讲解具体数字的意义，自然有困难。③ "二千四百公里"的原文，是一万二千斯他的亚，④一个斯他的亚是当时一个普通运动场的长度，约两百码，或一百八十五公尺。哪怕是对参加比赛的人，能做剧烈的运动，这依然是一个相当可观的长度。一万二千是"十二"乘"一千"而来的，代表极完全的数目。一万二千个斯他的亚那么长，最适合形容新耶路撒冷的雄伟。所以这里的一万二千斯他的亚代表一个极大无比的长度。

二十一17 "又量了城墙，约有六十公尺。天使用的标准，就是人量度的标准。"

"六十公尺" 原文是"一百四十四肘"。⑤ 肘是当时常用的普通量度的单位；"一百四十四"是"十二"乘"十二"来的，是个表达完全的数目。上文已经讲过城的长宽高都是一样，这里的数字应该是指城墙的厚度。一百四十四肘，就是约二百尺的厚度，似乎很出奇，但是和城墙的高度配合起来，也许不会太出奇，也是代表城墙的雄伟。这里用的"肘"字，是用人量度的标准。⑥ 其实此书整个圣城的尺寸，都是象征，为了叫人可以明白，用以代表新耶路撒冷的伟大，不是要特别表明尺码。

---

③ 新译本在此译作长宽高共有"二千四百公里"。奥恩举出有人可将此城的长宽高各解释为一千四百至一千五百五十英里那么长，他又举出有些人对此数目的解释，参见 Aune，*Revelation*，vol. III，p. 1611. 毕尔举出按字面有人解释此城墙的高度为一千五百英里或七万英尺，并称这样的数字可能是合理的，另外还有不同的解释，参见 Beale，*The Book of Revelation*，pp. 1074f.

④ σταδίων（stadium, stadia）δώδεκα χιλιάδων.

⑤ ἑκατόν τεσσεράκοντα τεσσάρων πηχῶν.

⑥ 奥恩特别强调说，在普通情形下，天使的身量都比较高大，因此，天使的"肘"比人的"肘"会大些，参见 Aune，*Revelation*，vol. III，p. 1162. 但仍不要忘记这些话都是记号。

二十一18　"城墙是用碧玉做的,城是用明净像玻璃的纯金做的。"

"用……做的"　这词的原文是个名词,⑦在全本新约只出现一次,可以指建造的工作,也可以是指建造的材料。按这里的词句,应该是指建造的材料。

"碧玉"　这里说城墙是用"碧玉"做的,但第十九节又说城墙的"第一座根基是碧玉"。启示录曾有两次提到上帝荣耀的光辉好像"碧玉"(四3,二十一11),所以这里的意思大概是指城墙的光辉如同"碧玉"。

"城是用明净像玻璃的纯金做的"　这里用的"明净"和第二十一节的"透明",意思差不多,表示完全纯洁,没有杂质,金光闪烁,如同透明一样。

二十一19　"城墙的根基是用各样宝石装饰的:第一座根基是碧玉,第二座是蓝宝石,第三座是玛瑙,第四座是绿宝石,

20　第五座是红玛瑙,第六座是红宝石,第七座是黄璧玺,第八座是水苍玉,第九座是红璧玺,第十座是翡翠,第十一座是紫玛瑙,第十二座是紫晶。"

这座圣城的华丽是无法形容的,城墙已经是用碧玉造成的了,城的十二座根基还要再用各样的宝石来装饰。这里不是说城的十二座根基是用这些宝石来建造,其实城墙都已造好,这十二座根基是用这些宝石来装饰,使城更华丽。圣经也没有讲如何装饰。虽然旧约有时也提到用宝石装饰圣城(如赛五十四11～12;结二十八13等),但也不能清楚说明如何用宝石装饰圣城。⑧但有一点可以肯定,如同碧玉的城墙,加上这些宝石的装饰,一定更加华丽。

第十四节曾说明城墙的十二个根基上,要写上十二使徒的名。这些根基要用宝石来装饰,可能十二使徒的名字就写在宝石上。这十二

---

⑦ ἡ ἐνδώμησις.
⑧ 孟斯曾想象这些特别的根基可能是在每两个城门中间有一座,甚至这些宝石也许是一层一层地重叠在一起,在整个城墙下,作城墙的根基,参见 Mounce, *The Book of Revelation*, p.383.这些都只是臆测,而且经文所说的一座座的根基,很难当作一层层的重叠。

种宝石的类别写得很清楚,圣经中再没有别处将这些宝石如此列出来。在出埃及记第二十八章十七至二十节和第三十九章十至十三节,上帝吩咐在大祭司所穿的以弗得的胸牌上,要镶上十二块宝石,在宝石上要刻上以色列十二支派的名字。那里的十二样宝石与这里用的宝石大概有三分之二相同。在旧约的以色列人,在祭司胸牌的宝石上雕刻着十二支派的名字,使百姓常被带到与上帝极亲近的地方;在启示录,上帝新百姓的代表——十二使徒——也在新耶路撒冷的城墙上,表明新百姓来到与上帝极亲近的地方。⑨

二十一 21　"十二个门是十二颗珍珠,每一个门是用一颗珍珠做的。城里的街道是纯金的,好像透明的玻璃。"

"珍珠"　古时没有今天所谓"养珠"的半人工制造的"珍珠","珍珠"的价值非常贵重。不过能够作一个城门那么大的"珍珠",就令人难以想象了。

"城里的街道是纯金的,好像透明的玻璃"　第十八节已经说明城是由"纯金"造的(参见该处注释),这里更说明"街道"也是用"纯金"造的。这"街道"闪烁发光,好像是"透明"的一样。

二十一 22　"我没有看见城里有圣所,因为主全能的上帝和羊羔就是城的圣所。"

"我没有看见城里有圣所"　"圣所"是上帝与人同在的地方,或上帝与人同在的记号,现在上帝和羊羔亲自与人同在了,就不再需要有特别的地方,或特别的记号来表明上帝的同在。

"主全能的上帝和羊羔就是城的圣所"　这里用到的称呼值得注意。特别提出"羊羔",因为新耶路撒冷是羔羊的新妇,所以"羊羔"当然是主角。把"羊羔"的名和"上帝"的名连在一起,更加强了对上帝的尊崇。"全能的上帝"一名在新约中可以是启示录专用的名称。此语在新

---

⑨ 孟斯对这十二座根基装饰的宝石有一些形容或解释的话,但实际这些解释,或形容的话,以及宝石的色彩等,只是要强调天上圣城的华丽,参见 Mounce, *The Book of Revelation*, pp. 382f.

约共出现十次,有时用作全能的主,或全能的上帝,或全能者。这十次除了哥林多后书第六章十八节外,其余都是在启示录(一 8,四 8,十一 17,十五 3,十六 7、14,十九 6、15,二十一 22)。由此可看出约翰的用意,主全能的上帝和羔羊就是城的圣所,上帝完全地与人同在。

二十一 23　"这城不需要日月照明,因为有上帝的荣耀照明,而羊羔就是城的灯。"

这样的经文当然最适合这里异象的启示,有上帝的荣光在,就无需其他的光来照明了。若强调说有新天新地,却没有日月的光体,就成了奇怪的现象。或说"上帝的荣耀"是照耀的光,而"羊羔"只是一盏"灯"的小光,都是不必要的推论。

二十一 24　"列国要藉着城的光行走,地上的众王要把他们的荣华带到这城来。"

"列国要藉着城的光行走"　由本节至二十六节这一段经文中,引起一个讨论的问题:在新耶路撒冷的时代,还会有"列国"吗? "列国"是指什么人呢? 如同第十六章十九节、第十九章十九节等处所讲的。此时地上那些抵挡上帝的列国和众王都已受了审判,所以这里的"列国"不可能是那些背叛上帝,与他为敌的国家;如此这里应该是指以色列以外,已经相信主,敬拜真神的人。他们这时要到新耶路撒冷来敬拜真神。[10]

"地上的众王要把他们的荣华带到这城来"　这句话的意思不是说外邦王能有什么世上的"荣华"带来给上帝,乃是说借他们的行动来敬拜上帝,就将上帝的荣耀彰显出来了。

二十一 25　"城门白天决不关闭。在那里并没有黑夜。

---

[10] 基本上,这也是不少学者的看法,参见 Bauckham, *Climax of Prophecy*, p. 315；W. Barclay, *The Revelation of John*, vol. II (Philadelphia: Westminster, 1961), pp. 276f.；Beale, *The Book of Revelation*, p. 1095；Caird, *A Commentary on the Revelation of St. John the Divine*, p. 279.

26 列国的荣华尊贵都被带到这城。"

城门永远不关闭,所以到那时,凡是已蒙恩在新天新地列国的人,即所有已蒙恩得救的人,随时都可以出入新耶路撒冷,使上帝因此得荣耀。所有已蒙恩的人,都不再有分别了。

二十一 27 "所有不洁净的、行可憎的和说谎的,决不可以进入这城。只有名字记在羊羔生命册上的才可以进去。"

"所有不洁净的、行可憎的和说谎的,决不可以进入这城" 这句话的意思和第八节所讲的差不多,用夸大的话加强形容新耶路撒冷的圣洁。其实这样的人早已受了刑罚,他们根本不可能接触到新耶路撒冷,更不用说进城去了。

"只有名字记在羊羔生命册上的才可以进去" "记在羊羔生命册上"的人,就不能再用种族或别样的记号来划分了。

(II) 生命水的河(二十二 1～5)

前一段经文主要是形容和解释新耶路撒冷的建造是如何雄伟和华丽,这一段经文则要讲出属上帝之人在城内所要享受的福气,作为全书的结束,也是上帝最终的美意。

二十二 1 "天使又指示我一道明亮如水晶的生命水的河流,从上帝和羊羔的宝座那里流出来,"

"天使又指示我一道明亮如水晶的生命水的河流" 将生命水的河指给约翰看的,原文只是说"他";[11]但若与第二十一章九节连起来看,就可看到这里讲的应该是天使,也就是量城的天使(二十一 16)。这位天使给约翰看见一道明亮透彻的河从宝座流出来,河里的水是"生命水"。

"从上帝和羊羔的宝座那里流出来" 以西结书第四十七章的开始,记载先知看见有水从圣殿流出来,所到之处都给予生命。撒迦利亚

---

⑪ ἔδειξεν(他指示)。

书第十四章八节说，要有活水从耶路撒冷流出来，都是带来生命的水。只有这节经文说明此河是从上帝和羔羊的宝座流出来。在末后的日子，羔羊成了一切活动的中心，而且如今他的工作已完成，所以他是坐在宝座上的得胜者。

二十二 2　"经过城里的街道。河的两边有生命树，结十二次果子，每月都结果子；树叶可以医治列国。"

这里用的语句很生动，但我们不要忘记本书所用的图画都是记号，都是高度象征性的话语。

"经过城里的街道，河的两边有生命树，结十二次果子"　经文中没有说有多少棵树，但树要"结十二次果子"，不是十二样果子。果子都一样，是"生命树"的果子。"十二次果子"表示一年到头，果子不会断绝。生命河的水不会停止，生命树的果子也不会断绝；新天新地、新耶路撒冷里面有的只是生命，生命都是从上帝而来。伊甸园是上帝起初给人预备的理想乐园，因人类的罪，失去了享受此乐园的机会。现在罪的问题已经完全解决，人类可以重新进入上帝给人的福气，这是极恰当的表达。

"树叶可以医治列国"　这语句自然引起一些不同意见。"医治"什么呢？那时还会有疾病吗？其实这里的用法和第七章十七节、第二十一章四节等的用法一样；那里说上帝要擦去他们的眼泪，意思只是用生动的形象，说明那时不会有叫人流泪、伤心痛苦的事。这里也同样地说，那时不会再有疾病了。不论是灵里的还是肉身的病，都已得医治了。

二十二 3　"所有咒诅都不再有了。城里有上帝和羔羊的宝座，他的仆人都要事奉他。"

"所有咒诅都不再有了。城里有上帝和羔羊的宝座"　如果上帝和羔羊坐在宝座上统治，自然就不会有"咒诅"的事了。"咒诅"一词是中性的名词，不是动词，是指咒诅的事，不是咒诅的行动。⑫

---

⑫ κατάθεμα. 毕尔认为此词是出自撒迦利亚书第十四章一节，那么，这里指的是因着犹大的罪，百姓和耶路撒冷被迦南人杀害、毁坏。但此词用在末世的情景中，有没有必要将经文的意义如此限制，仍是个问题，参见 Beale, *The Book of Revelation*, p. 1112.

"他的仆人都要事奉他" "事奉"一词在新约中很多时候可以译作"敬拜"。⑬ 在新耶路撒冷中，人的责任是要敬拜上帝。敬拜他也就是事奉他。

二十二 4 "也要见他的面。他的名字必写在他们的额上。"

"也要见他的面" 孟斯称这是永世中最大的福气。⑭ 在今世，人想直接面对面看见上帝是不可能的（参见出三十三 18ff.），所以诗人多次表达出渴想看见上帝的心（诗二十七 4，四十二 2）。在新耶路撒冷，人可以经常看见上帝的面；这是属他之人心中的渴想，现在他们的心得到满足了。

"他的名字必写在他们的额上" 圣经很少有叫人将名字写在额上的话。在旧约，上帝设立祭司制度时，大祭司要将刻着"归耶和华为圣"字样的金牌常戴在额上（出二十八 36～38）。而启示录则多次记载属上帝之人在额上要有上帝的名（三 12，七 3，十四 1）。这些记号都是表示上帝的保守、上帝的悦纳等意思。这里的用法也是一样，属上帝之人在新耶路撒冷得以亲自瞻仰上帝，得上帝的喜悦。

二十二 5 "不再有黑夜了，他们也不需要灯光或日光了，因为主上帝要光照他们。他们要作王，直到永永远远。"

"不再有黑夜了" 第二十一章二十三至二十五节已说明，上帝的荣光要照亮新耶路撒冷，又有羔羊为城内的灯。这话所象征的意思是说，在上帝的面前，基本事物的原则不同了，在上帝的面前，不再有物质的黑暗与光明的分别了，上帝就是一切的光明。

"他们要作王" 就是指"他的仆人"，也就是所有在新耶路撒冷中属上帝之人都要作王，就是和基督一同执掌王权。在第五章十节和第二十章六节都曾讲过，属主的人要和主一同执掌王权，不过这里好像不再有治理的对象了。当然我们不应用字面和物质的眼光来解释这样的词句。

---

⑬ "事奉"一词在希腊文的基督教文学中，都是指着人与上帝的交往，参见 BAGD，在 λατρεύω 的解释特别说明。
⑭ Mounce，*The Book of Revelation*，p.387.

陆　结论:基督最后的呼召 （二十二 6～21）

这一段经文是全书的结论,内容全是对读者,或对世人勉励的话, 因此也可以称之为"书后语",或"结语",因为这段经文并没有讨论前面 四个异象所启示的内容,或者对前面的启示作结论。[①] 整段经文的主 要思想,都是劝勉世人,特别是属上帝的人,要忠心遵守他的话,远离罪 恶。除了第十八、十九节所讲的吩咐以外(在这些预言以外,不可加添, 不可删减),没有什么新的思想。但整体的信息对不顺服之人有严厉的 警告,对属上帝之人则有极大的鼓励和赐福的应许。因为末日就要来 到了。

二十二 6　"天使对我说:'这些话是可信的、真实的! 主,就是众 先知之灵的上帝,差遣了他的天使,把那快要发生的事,指示他的 仆人。'"

"天使对我说"　这段经文用语的构造有些特别。按上下文的构 造,此处讲话的"天使",可能是指第一节的天使。在原文中,第六节没 有"天使"一词(NIV 和所有的中文译本都加上"天使"一词),只是"他 对我说"。[②] 如果没有"天使"一词,再加上下文第七节的"我必快来"一 语,很多解经家都认为第六节是主耶稣说的。但另一方面,第六节经文 的语气不大像主自己的话,所以新译本将第六、七两节分开,用两个不 同的引号括起来,表示这两节经文不是出于同一个声音:第六节是天使

[①] 有学者认为这段经文是约翰领受的启示的最后一段,而不是结论一类的材料。但在组织 上显明基督给约翰的启示已经完成,这段经文不是整个启示的一部分,参见 Swete, *The Apocalypse of St. John*, pp.302f.;Beckwith, *The Apocalypse of John*, pp.290f.另有学 者认为启示录的内容正式在第二十二章五节结束;第二十二章六至九节是联系转接的话 语,第二十二章十至二十节才是正式的结语,参见 Aune, *Revelation*, vol. III, pp.1181f.但按文字的组织,约翰在灵里领受的四个异象在第二十二章五节已正式结束。 所以,第二十二章六节应该是全书结论的开始,这也是绝大多数学者的看法。

[②] εἶπεν μοι.

讲的,第七节是主耶稣讲的。这是一个可以接纳的解释。

"这些话是可信的、真实的" "这些话"所指的和第一章一节所说的差不多,是上帝差遣使者把那快要发生的事,指示他的仆人。所以,"这些话"是指全本启示录的内容,而不是单指某一段经文。

"主,就是众先知之灵的上帝" 这里"众先知之灵的上帝"的"灵"是复数,所以不是指圣灵,而是指先知里面被上帝使用的灵。

"差遣了他的天使……指示他的仆人" 这些话是上帝差遣使者,指示给他的众仆人,然后再传给整个教会的。而这些话是可信的、真实的。

二十二7 "看哪!我必快来!那遵守这书上预言的人是有福的!"

这是主自己的话。

"我必快来" 这句话可能有两个不同的含义:第一,可能是说主再来的日子离现在不远了;第二,也有可能是说主再来的时候,说来就来,中途不会迟延。在此这两个意思可能都有。主来的日子近了,他看千年如一日,随时可以再来。而且他说来就来,所以我们应当随时预备,等候主来。这对人类是一个严厉的警告和提醒。

"那遵守这书上预言的人是有福的" 这是启示录七次赐福的应许中的第六次(参见一3的注释)。

二十二8 "听见又看见了这些事的,就是我约翰。我听见又看见了之后,就俯伏在指示我这些事的天使脚前要拜他。"

第六节约翰已见证这些话的真实可信,现在他又亲身证实这些事的可靠,这些事是他亲自看见又听见过的(参见约二十一24的见证)。这时在情绪激动之下,他又做了自己控制不了的行动,又向指示他这些事的天使下拜。

二十二9 "他对我说:'千万不可以这样!我和你,以及你的弟兄众先知,还有那些遵守这书上的话的人,都是同作仆人的。你应当敬拜上帝。'"

约翰看见了羔羊娶亲的筵席时,心情激动,曾要拜天使而被天使拦阻(十九 10);现在他又犯了同样的错误,天使又用同样温柔坚决的态度拦阻他。约翰这里所做的,大概只是一时的冲动而已,或者他误以为和他说话的天使是主自己。虽然当时教会中有人受到敬拜天使的错误行动的影响,[3]或者有如保罗在歌罗西书第二章十八节所说的,信徒听从了敬拜天使的错误教训,[4]但约翰不会存着这种态度去行,否则他一定会受到更严厉的责备。

二十二 10　"他又对我说:'不要封住这书上的预言,因为时候近了。'"

在但以理书第十二章四节,天使长米迦勒吩咐先知,要把他领受的话隐藏起来,"把这书密封直到末期"。现在主的救恩已经完成,他再来的日子近了。约翰所领受的预言不能再隐藏了。人应当预备接受最终的结局。

二十二 11　"不义的,要他仍旧不义;污秽的,要他仍旧污秽;行义的,要他仍旧行义;圣洁的,要他仍旧圣洁。"

主再来的日子近了,到那时主不能再警告人改变。那些不义和污秽的,上帝要任凭他(参见罗一 24 用语)仍旧行不义和污秽;那些行义和圣洁的,则让他们自勉,继续行义,保持圣洁。

二十二 12　"看哪,我必快来! 赏赐在我,我要照着各人所行的报应他。

13　我是阿拉法,是俄梅格;我是首先的,也是末后的;我是创始的,也是成终的。"

在末后这段勉励的说话中,在圣灵的带领之下,约翰将他所领受的话,按最适合的方式安排在一起。按我们的想象,这样的次序安排最有效,而讲话先后的时间不是最重要的。这一段经文所记的,大概不会好

---

③ 如查理士所说的,参见 Charles, *Revelation*, vol. II, pp. 224f.
④ 如孟斯所暗示的可能性,参见 Mounce, *The Book of Revelation*, pp. 391f.

像主耶稣、天使和约翰一起开会对话一样：主先讲了第七节的话，接着约翰要拜天使；然后天使讲了第九至十一节的话，接着主又讲了第十二节的话。约翰要传给我们的，主要是这段记载的内容，按着他认为最好的方式将主的话讲出来。

"我必快来"　主耶稣再一次强调他要"快"来。他很快地就要再来，时候已经近了；同时他来的时候也必不耽延（参见二十二 7 的注释）。

"赏赐在我，我要照着各人所行的报应他"　这是圣经一向的教训，不单不信的人在主再来时，要按着他们所行的受审判（十八 6，二十 13；罗二 6）；属主之人也要按着他们所行的受审判，得奖赏（十一 18；腓三 14）。

"我是阿拉法，是俄梅格；我是首先的，也是末后的；我是创始的，也是成终的"　"阿拉法，俄梅格"的称呼只在启示录出现过三次（一 8，二十一 6，二十二 13），在这三节的经文中，只有这里将三对称呼的名称都用上了；而且这一次是用在主自己身上，其他的两次都是用在上帝身上，意思是他是一切的一切（详细参见一 8 的注释）。

二十二 14　"那些洗净自己袍子的人是有福的！他们可以有权到生命树那里，也可以从门进到城里。"

"那些洗净自己袍子的人是有福的"　这是全本启示录七次蒙福的应许最末后的一次（参见一 3 的注释）。这里蒙福的人是洗净自己袍子的人，也就是生活得洁净的人。此处的"洗净"一词，是一个动词的现在分词，⑤表示一个进行式、常常要做的动作。第七章十四节讲到那些经过大灾难以进到上帝面前、在圣所事奉他的人，是用羔羊的血将衣袍"洗"洁白的人，所用的也是同一个动词，不过是过去分词，⑥表示一次就完成的动作。一个被羔羊的血洗干净的人，是指一个相信主耶稣、罪得赦免的人，他就能进到上帝面前，昼夜事奉他。但是一个这样得了新生命的人，进入永世以前还要常常洁净自己的生活，才能成为真正蒙福

---

⑤ πλύνοντες.

⑥ ἔπλυναν，不定过去时分词（aorist participle）.

的人。

"他们可以有权到生命树那里,也可以从门进到城里" 这样的人有权到生命树那里,可以从门进到城里,有资格正式享受蒙福的生活。

二十二 15 "在城外,有那些狗,那些行邪术的、淫乱的、杀人的、拜偶像的,以及所有喜爱说谎的和实行说谎的人。"

"在城外" 约翰并没有具体说出下列的罪人在什么地方,只说"在城外",表示他们没有资格进城。

"狗" 或如和合本译作"犬类",在圣经中几次出现(如诗二十二 16;腓三 2),都是代表卑鄙、可厌弃的。可能是在当时的社会中,狗所占的地位和它的生活方式,一向被看为污秽、卑贱的;这里就代表罪恶污秽、为上帝所憎恶。按这里的句子构造,可以把下面的几种恶人解释作都是属于"狗"类的人。

"那些行邪术的、淫乱的、杀人的、拜偶像的,以及所有喜爱说谎的和实行说谎的人" 这里所讲的种类和第二十一章八节所讲的差不多。这里特别将"喜爱说谎的"和"实行说谎的"两种人分开,如此所提到的恶人就刚好是七种,似乎这样比较适合约翰的体裁。

二十二 16 "差遣了我的使者、为众教会向你们证明这些事的,就是我耶稣。我是大卫的根,又是他的后裔,我是明亮的晨星。"

"差遣了我的使者、为众教会向你们证明这些事的,就是我耶稣" 本书的开始记载基督差遣使者,将从上帝来的启示赐给约翰(一 1),现在他差遣使者来向约翰证明这些事,好让约翰向教会证明出来。而且这里主特别说明,负此传达责任的是他的使者,他就是主耶稣。

"我是大卫的根,又是他的后裔" 本书一开始就已表明基督是大卫的后裔,以显明他基督的身份。

"我是明亮的晨星" "晨星"一出现就表示新的一天要开始了。在严酷压迫下生活的上帝的百姓、主的教会,多么渴望等待着这新的一天开始。现在"明亮的晨星"出现了,新的一天就要开始了。

二十二 17 "圣灵和新娘都说:'来!'听见的人也要说:'来!'口渴

的人也要来！愿意的人都要白白接受生命的水。"

　　这节经文的构造有些特别，所以解释方面就有些不同的意见。全节经文是由四个邀请的句子组成，前三个邀请都是"来"；第四句也差不多，词句是"要白白接受生命的水"。问题是这四个邀请的对象是谁？有解经家认为前两个邀请是对基督讲的，如此就可以译作"请你来"。[7] 发出邀请的是"圣灵和新娘"，但查理士认为这里的圣灵如罗马书第八章九节所讲的，就是基督的灵，[8]所以他认为基督的灵邀请基督，就如同自己邀请自己一样，好像不大适合。但这里的"圣灵"实际上就是圣灵，所以应当不是问题。圣灵借着约翰和教会一同呼求主快来，这样是很合理的。后两个邀请才是教会向世人发出的邀请。

　　但另一方面，因着整个句子的构造，多位学者认为这里的邀请都是整个教会向全世界发出的最后的邀请。[9] 这样的邀请可能是对教会里面的一些人发出，如同主在七封书信中一再对教会的呼召。也可能是对听见而没有接受的人，或是心灵枯干的人，或是完全没有生命的人发出邀请。这样的邀请被圣灵使用，在末日以前，可能结出重大的果效。

　　二十二 18　"我警告所有听见这书上预言的人：如果有人在这些预言上加添什么，上帝必把写在这书上的灾难加在他身上。"

　　全书结束以前，作者加上一句严厉警告的话：在这书的预言上不可加添什么。但这个警告是谁讲的呢？遂特认为是主自己的话；[10]孟斯认为是主的话直接叫约翰写出来的；[11]查理士则认为是别人加进去，作为主的话；[12]查恩和凯尔德则认为此语就是约翰自己讲的；[13]以上的看

[7]　G. R. Beasley-Murray, *The Book of Revelation*, NCBC (London: Marshall, Morgan & Scott, 1974), pp. 343f.

[8]　Charles, *Revelation*, vol. II, p. 179.

[9]　Ladd, *A Commentary on the Revelation of John*, p. 294; Mounce, *The Book of Revelation*, p. 395.

[10]　Swete, *The Apocalypse of St. John*, p. 311.

[11]　Mounce, *The Book of Revelation*, p. 396.

[12]　Charles, *Revelation*, vol. II, p. 218.

[13]　Zahn, *Introduction to the New Testament*, vol. II, pp. 628f; Caird, *A Commentary on the Revelation of St. John the Divine*, p. 287.

法基本上没有分别，不论是约翰记载主所讲的话，还是约翰被圣灵感动，直接写下的话，都同样有上帝的权威。

警告中说，这书上的话是预言，即是从上帝来的话。没有人可以把任何人的话和上帝的话放在同等权威的地位。如果这样做，就要受这书上的灾难，就是书上所讲对不顺服之人的刑罚。

二十二 19　"如果有人从这书上的预言删减什么，上帝必从这书上所记的生命树和圣城删去他的分。"

要解释这节经文十分困难；实际上，福音派的解经家对这节经文的解释，都有不同的意见。奥恩解释说，基督徒所受的其他灾难可能是要过去的，但被除去生命树和圣城的分，必须要看成是永久的刑罚。[14] 孟斯则引用赖德和华伍德的意见说："尽管解经家认为这里讲到的人不会失去他的救恩，也解释这节经文是讲任意增减上帝的话是一件极严重的事"，[15]他也同意此看法：人不会因此失掉救恩。但是毕尔则认为按经文的意义，认为"加添"或"删减"上帝的话，不单是指对上帝话语普通的不顺服；乃是指有像民数记第二十四、二十五章所记，因巴兰的不顺服，而使百姓拜偶像的罪。[16]

主这里的警告是向教会讲的。教会中可能有人平时完全遵守圣经的教训，但在最末后的日子，如同在约翰时代，在罗马政府要求拜偶像的压力底下而失败了。这段经文应和前面上帝要求教会洁净自己的命令合在一起来看。在上帝的话上加添什么或删减什么是危险的事，是关乎永恒的事。[17] 这样行的人可能会失落，不过，他们失落并不是失去了曾有的永生，乃是他们过去的表现都只是佯装出来的，现在把他们真正的生命本质表明出来了。

二十二 20　"证明这些事的那一位说：'是的，我必快来！'阿们！

---

[14] Aune, *Revelation*，vol. III，p. 1232.

[15] Mounce, *The Book of Revelation*，p. 396.

[16] Beale, *The Book of Revelation*，p. 1151.

[17] 参见 Beale, *The Book of Revelation*，pp. 1151f.；张永信：《启示录注释》，页 315。

主耶稣啊,请你来吧!"

"证明这些事的" 也可译作"为这些事作见证的"。这位"作见证的",当然是主耶稣,因为下文说,他必快来,是指主的最后再来。约翰为主作见证,证明主末世的作为;主也为约翰作见证,证明约翰所讲的都是真的。

"'是的,我必快来!'阿们! 主耶稣啊,请你来吧!" 这两句话,我们可以这样写:"主说:'是的,我必快来!'约翰立刻应声说:'是的,主耶稣啊,请你来!'"这两句话的语气表达得很清楚,但是在中文,连接两次用"是的",好像不大通顺,但原文是两个同义字,可译作"是的"和"阿们",表达得很生动有力。⑱

全本启示录是讲主再来的启示,现在讲完了,主为这些事作见证说:"是的,我必快来"。主的再来,是结束现在的世界,开始永世的显现,是他最后一次的"来"。约翰听到主这样的话,就应声说:"阿们! 主耶稣啊,请你来吧!"在约翰这句话的开始,用了"阿们"一词,是他和主对话时所表达的心声。因此,吕振中译本在此作"诚心所愿! 主耶稣啊,愿你来!"思高本译作"阿们。主耶稣,你来罢!"

主耶稣时代,"我必快来"一语在犹太人通用的语言亚兰文中,与哥林多前书第十六章二十二节的"主啊,愿你来"可能相同。哥林多前书第十六章所用的字,是用希腊文字母将此亚兰文字的声音写出来的。⑲如此可显明此语是当时教会通用的亚兰文字,如"阿们""哈利路亚"等外文一样。此字按哥林多前书第十六章二十二节的用法,可能是表示基督徒的愿望、祝福等,同时也可能表示对不信之人的警告、咒诅。故此,启示录用此教会通用的话,也可能表达同样的意义。"主必再来",是教会最终愿望的实现,是对反抗上帝的势力最终的咒诅。

二十二 21 "愿主耶稣的恩惠与所有的圣徒同在! 阿们!"

这节经文的版本见证有许多问题,但基本上不影响经文的意义。在当时常见的启示文学中,没有见过在末了有祝福的话语,但可能因本

---

⑱ ναί(是的);ἀμήν(阿们)。

⑲ Maranatha(Μαράνα θά)。

书是书信的体裁，全本启示录都是基督写给七教会的书信，所以有如此的安排。

"愿主耶稣的恩惠与所有的圣徒同在" 在原文中，"圣徒"一词的版本见证极弱；但此书信的对象是教会，所以有此词的读法很合理，虽然也许是后来抄写的人加上去的。

"阿们" 这词的版本见证也极弱，也同样可能是后人加上去的。

附 录

（一）七教会位置简图

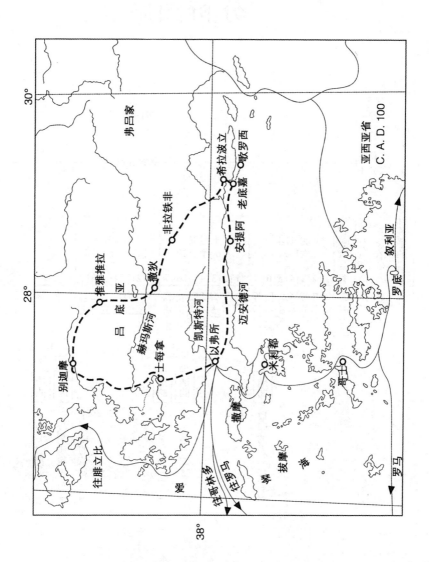

（二）启示录经文结构
分析图解

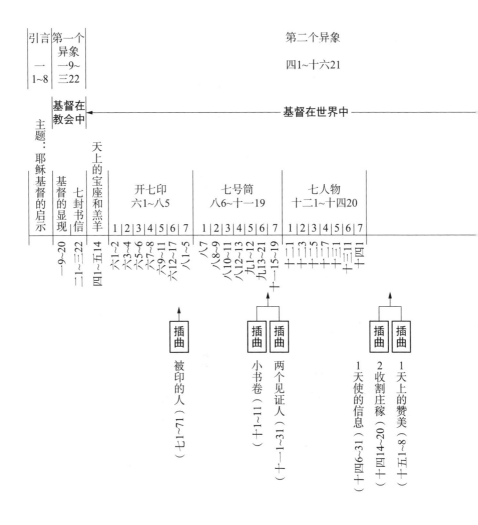

引言 一 1~8

第一个异象 一9~三22

第二个异象 四1~十六21

基督在教会中 ───────── 基督在世界中 ─────────

主题：耶稣基督的启示

基督的显现 一9~20

七封书信 二1~三22

天上的宝座和羔羊 四1~五14

开七印 六1~八5

1 六1~2　2 六3~4　3 六5~6　4 六7~8　5 六9~11　6 六12~17　7 八1~5

七号筒 八6~十一19

1 八7　2 八8~9　3 八10~13　4 九1~12　5 九13~21　6 十一1~12　7 十一15~19

七人物 十二1~十四20

1 十二1　2 十二3　3 十二5　4 十二13　5 十三1　6 十三11　7 十四1

插曲　被印的人（七1~17）

插曲　小书卷（十1~11）　插曲　两个见证人（十一1~31）

插曲　1 天使的信息（十四6~31）　2 收割庄稼（十四14~20）

插曲　1 天上的赞美（十五8~1）

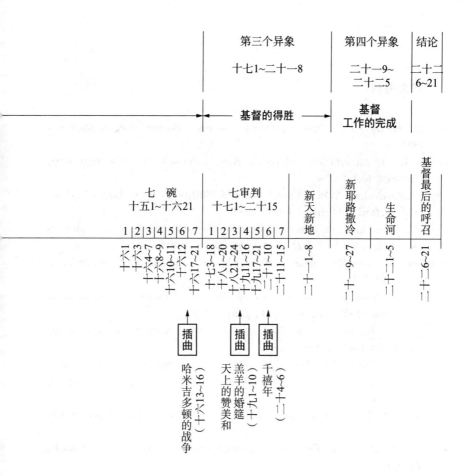

参考书目

一、英文书刊

Alford, Henry. *The Greek Testament*. 4 vols. Boston: Lee & Shepard, 1881.

Aune, D. E. *Revelation*. Harper's Bible Commentary. San Francisco: Harper & Row, 1988.

———. *Revelation*. WBC. 3 vols. Dallas & Nashville: Word Books Publishers & Nelson Publishers, 1997 – 1998.

———. "The Form and Function of the Proclamations to the Seven Churches (Revelation 2 – 3)." *NTS* 36(1990), pp. 182 – 204.

Barclay, W. *The Revelation of John*. 2 vols. Philadelphia: Westminster Press, 1961.

Bauckham, Richard J. *The Climax of Prophecy: Studies on the Book of Revelation*. Edinburgh: T. & T. Clark, 1993.

———. *The Theology of the Book of Revelation*. Cambridge: Cambridge University Press, 1993.

Beale, G. K. *The Book of Revelation*. NIGTC. Grand Rapids: Eerdmans, 1999.

Beasley-Murray, G. R. *The Book of Revelation*. NCBC. London: Marshall, Morgan & Scott, 1974.

Beckwith, I. T. *The Apocalypse of John*. Grand Rapids: Baker Book House, 1967.

Bengel, J. A. *New Testament Commentary*. 2 vols. Grand Rapids: Kragel, 1981.

Blaiklock, E. M. *The Seven Churches*. London: Marshall, Morgan & Scott, 1951.

Bousset, Wilhelm. *Die Offenbarung Johannis*. Göttingen: Vandenhoeck & Ruprecht, 1906.

Bowman, J. W. "The Revelation to John: Its Dramatic Structure and Message." *Interpretation* 9(1955), pp.436 – 453.

Brown, R. E. *The Semitic Background of the Term "Mystery" in the New Testament*. Philadelphia: Fortress Press, 1968.

Bruce, F. F. *Revelation*. International Bible Commentary. Grand Rapids: Zondervan, 1986.

———. "The Spirit in the Apocalypse." *In Christ and Spirit in the New Testament*. Ed. B. Lindars & S. S. Smalley. Cambridge: Cambridge University Press, 1974.

Burton, E. D. *Syntax of the Moods & Tenses in the New Testament Greek*. Edinburgh: T. & T. Clark, 1898.

Caird, G. B. *A Commentary on the Revelation of St. John the Divine*. New York: Harper & Row, 1966.

Calkins, Raymond. *The Social Message of the Book of Revelation*. New York: Womans Press, 1920.

Callahan, A. D. "The Language of the Apocalypse." *Harvard Theological Review* 88/4(1995), pp.453 – 457.

Charles, R. H. *Revelation*. ICC. 2 vols. Edinburgh: T. & T. Clark, 1950.

Collins, A. Y. *Crisis and Catharsis: The Power of the Apocalypse*. Philadelphia: Westminster Press, 1984.

———. "The Apocalypse (Revelation)." In *The New Jerome Biblical Commentary*, pp.996 – 1016. Englewood Cliffs: Prentice-Hall, 1990.

———. "Reading the Book of Revelation in the Twentieth Century." *Interpretation* 46(1986), pp.229 – 242.

Colwell, J. D. and Webb, W. J. "Revelation 20: Hermeneutical Consideration." *Baptist Review of Theology* 4(1994), pp.38 – 55.

Considine, J. S. "The Rider on the White Horse." *CBQ* 6(1944), pp.406 – 422.

———. "The Two Witnesses, Apoc 11:3 – 13." *CBQ* 8(1946), pp.377 – 392.

Cross, F. L. *The Oxford Dictionary of the Christian Church*. London: Oxford University Press, 1957.

Dana, H. E. and Mantey, J. R. *A Manual Grammar of the Greek New Testament*. New York: Macmillan, 1927.

D'Aragon, J.-L. "The Apocalypse." In *Jerome Biblical Commentary*, pp.467 – 493. 2nd ed. Englewood Cliffs: Prentice-Hall, 1968.

Davis, D. R. "The Relationship between the Seals, Trumpets and Bowls in the Book of Revelation." *JETS* 16(1973), pp. 149 – 158.

Deissmann, G. A. *Light from the Ancient East*. New York: Hodder & Stoughton, 1908.

Devine, R. "The Virgin Followers of the Lamb." *Scripture* 16 (1964), pp. 1 – 5.

Dumphy, W. "Maranatha: Development in Early Christianity." *Irish Theological Quarterly* 37(1970), pp. 294 – 309.

Dusterdieck, F. *Critical and Exegetical Handbook to the Revelation of John*. Meyer's Commentary on the New Testament. New York: Funk & Wagnalls, 1887.

Ellingworth, P. "The *Marturia* Debate." *The Bible Translator* 41 (1990), pp. 138 – 139.

Farrer, A. M. *The Revelation of St. John the Divine*. Oxford: Clarendon Press, 1964.

Fiorenza, E. S. *The Book of Revelation: Justice and Judgment*. Philadelphia: Fortress Press, 1985.

———. "Composition and Structure of the Book of Revelation." *CBQ* 39 (1977), pp. 358 – 366.

Ford, J. M. *Revelation*. Anchor Bible. Garden City: Doubleday, 1975.

Gelston, A. "Royal Priesthood (exegesis of Rev. 1:6;5:10;20:6)." *Evangelical Quarterly* 31(1959), pp. 152 – 163.

Glasson, T. F. *Revelation of John*. Cambridge: Cambridge University Press, 1965.

Gourgnes, M. "The Thousand Year Reign (Rev. 20:1 – 6): Terrestial or Celestial." *CBQ* 47(1985), pp. 676 – 681.

Gundry, R. H. "New Jerusalem: People, Not place." *NovT* 29 (1987), pp. 254 – 264.

Hailey, Homer. *Revelation: An Introduction and Commentary*. Grand Rapids: Baker, 1979.

Hemer, C. J. *The Letters to the Seven Churches of Asia in Their Local Setting*. Biblical Resource Series. Grand Rapids: Eerdmans, 2001.

Hendriksen, William. *More than Conquerors. An Interpretation of the Book of Revelation*. Grand Rapids: Baker, 1962.

Horbury, W. & B. McNeil. Eds. *Suffering and Martyrdom in the New Testament*. Cambridge: Cambridge University Press, 1981.

Hort, F. J. A. *The Apocalypse of St. John I-III*. London: Macmillan, 1908.

————. "The First Resurrection: Another Interpretation." *WTJ* 39(1977), pp. 315–318.

Hughes, P. E. *The Book of Revelation*. Grand Rapids: Eerdmans, 1990.

Johnson, A. F. *Revelation*. Grand Rapids: Zondervan, 1983.

Kiddle, M. and M. K. Ross. *The Revelation of St. John*. The Moffatt New Testament Commentary. London: Hodder & Stoughton, 1940.

Kline, M. G. "The First Resurrection: A Reaffirmation." *WTJ* 37(1975), pp. 110–119.

Kraybill, J. N. "Apocalypse Now." *Christianity Today* (Oct. 25, 1999), pp. 31–40.

Kuyper, A. *The Revelation of St. John*. Grand Rapids: Eerdmans, 1935.

Ladd, G. E. *A Commentary on the Revelation of John*. Grand Rapids: Eerdmans, 1972.

Lenski, R. C. C. *The Interpretation of St. John's Revelation*. Minneapolis: Augsburg Press, 1963.

Lightfoot, Joseph B. Ed. & Trans. *The Apostolic Fathers*. 2 parts in 5 vols. Grand Rapids, MI: Baker, 1981.

Lund, N. W. *Studies in the Book of Revelation*. Chicago: Covenant, 1955.

Mauro, P. *The Patmos Vision. A Study of the Apocalypse*. Boston: Hamilton Press, 1925.

Metzger, Bruce M. *A Textual Commentary on the Greek New Testament*. New York: United Bible Society, 1971.

Milligan, W. *St. Paul's Epistles to the Thessalonians*. London: Macmillan, 1908.

Moffatt, J. *The New Testament: A New Translation*. New York: Harper & Row, 1964.

Morris, Leon. *The Revelation of St. John*. TNTC. Grand Rapids: Eerdmans, 1969.

Mounce, Robert H. *The Book of Revelation*. NICNT. Grand Rapids: Eerdmans, 1977.

Moyise, S. *Studies in the Book of Revelation*. Edinburgh: T. & T. Clark, 2001.

Newell, William R. *The Book of Revelation*. Chicago, Ill.: Moody Press, 1947.

Pate, C. M. Ed. *Four Views on the Book of Revelation*. Grand Rapids: Zondervan, 1998.

Poythress, Vern S. *The Returning King: A Guide to the Book of*

Revelation. Phillipsburg: Presbyterian & Reformed, 2000.

Ramsay, W. M. *The Letters to the Seven Churches of Asia and Their Place in the Plan of the Apocalypse*. London: Hodder & Stoughton, 1904.

Rissi, M. *Time and History. A Study on the Revelation*. Richmond: John Knox, 1966.

Rist, M. "The Revelation of St. John the Divine." In *The Interpretation's Bible*. vol. 12. Nashville: Abingdon Press, 1957.

Roberts, Alexander. *The Ante-Nicene Fathers*. 10 vols. Ed. J. Donaldson Roberts. Grand Rapids: Eerdmans, 1975.

Robinson, William Childs. *Christ the Hope of Glory*. Grand Rapids: Eerdmans, 1947.

Rudwick, M. J. S. and E. M. B. Green. "The Laodicean Lukewarmness." *Expository Times* 69(1957 – 58), pp. 176 – 178.

Salmon, George. *A Historical Introduction to the Study of the Books of the New Testament*. London: J. Murray, 1899.

Scott, E. F. *The Book of Revelation*. London: SCM, 1939.

Seiss, J. A. *The Apocalypse*. Grand Rapids: Zondervan, 1957.

―――. *A Series of Special Lectures on the Revelation of Jesus Christ*. Grand Rapids: Eerdmans, 1966, rep.

Stonehouse, Ned B. *The Apocalypse in the Ancient Church*. Goes, Holland: Oosterbaan & Le Cointre, 1929.

―――. "The Elders and the Living Beings in the Apocalypse." In *Paul Before the Areopagus*. London: Tyndale, 1957.

Summers, R. *Worthy Is the Lamb*. Nashville: Broadman, 1951.

Sweet, J. P. M. "Maintaining the Testimony of Jesus: The Suffering of Christians in the Revelation of John." In *Suffering and Martyrdom in the New Testament*, pp. 101 – 117. Ed. W. Hosbury and B. McNeil. Cambridge: Cambridge University Press, 1981.

Swete, H. B. *The Apocalypse of St. John*. London: Macmillan, 1906.

Talbert, C. H. *The Apocalypse*. Louisville: Westminster/John Knox, 1994.

Tenney, M. C. *Interpreting Revelation*. Grand Rapids: Eerdmans, 1958.

Thompson, S. *The Apocalypse and Semitic Syntax*. Cambridge: Cambridge University Press, 1985.

Torrance, T. F. *The Apocalypse Today*. Grand Rapids: Eerdmans, 1959.

Trench, R. C. *A Commentary on the Epistles to the Seven Churches in Asia*. London: Macmillan, 1890.

Trites, Alison. "Μάρτυς and Martyrdom in the Apocalypse." *NovT* 15

(1973)，pp. 72 – 80.

Van Sickle，C. E. *A Political & Cultural History of the Ancient World*. 2 vols. Chicago：Houghton Mifflin Co.，1947，1948.

Vaughan，C. J. *Lectures on the Revelation of St. John*. 5th ed. London：Macmillan，1882.

Wall，Robert W. *Revelation*. NIBC. Peabody，Massachusetts：Hendrickson Publishers，1991.

Walvoord，J. F. *The Revelation of Jesus Christ*. London：Marshall，Morgan & Scott，1966.

Weymouth，R. F. *The New Testament in Modern Speech*. New York：Harper & Brothers，1943.

Zahn，T. *Introduction to the New Testament*. 3 vols. Grand Rapids：Zondervan，1953，rep.

二、中文书刊

何赓诗：《耶稣基督的启示》，香港：宣道出版社，1953 年。

周联华：《启示录》，香港：基督教文艺出版社，2001 年。

柯楼士：《千禧年四观》，李经寰译，台北：中华福音神学院，1985 年。

张永信：《启示录注释》，香港：宣道出版社，1990 年。

陈终道：《万王之王：启示录讲义》，香港：宣道出版社，1995 年。

陈济民：《未来之钥——启示录注释》，台北：中华福音神学院，1995 年。

翟辅民：《启示录讲义》，香港：宣道出版社，1965 年。

《圣经新辞典（K – Z）》，中国神学研究院译，香港：天道书楼／中国神学研究院，1996 年。

史丹理基金公司　识

　　1963 年菲律宾史丹理制造公司成立后，由于大多数股东为基督徒，大家愿意把公司每年盈利的十分之一奉献，分别捐助神学院、基督教机构，以及每年圣诞赠送礼金给神职人员，史丹理制造公司也因此得到大大祝福。

　　1978 年容保罗先生与笔者会面，提起邀请华人圣经学者著写圣经注释的建议，鼓励笔者投入这份工作。当时笔者认为计划庞大，虽内心深受感动，但恐心有余而力不足，后来决定量力而为，有多少资金就出版多少本书。出版工作就这样开始了。

　　1980 年 11 月，由鲍会园博士著作的歌罗西书注释交给天道书楼出版，以后每年陆续有其他经卷注释问世。

　　1988 年史丹理制造公司结束二十五年的营业。股东们从所售的股金拨出专款成立史丹理基金公司，除继续资助多项工作外，并决定全力支持天道书楼完成出版全部圣经注释。

　　至 2000 年年底，天道书楼已出版了三十六本圣经注释，其他大半尚待特约来稿完成。笔者鉴于自己年事已高，有朝一日必将走完人生路程，所牵挂的就是圣经注释的出版尚未完成。如后继无人，将来恐难完成大功，则功亏一篑，有负所托。为此，于 2001 年春，特邀请天道书楼四位董事与笔者组成一小组，今后代表史丹理基金公司与天道书楼负责人共同负起推动天道圣经注释的出版工作，由许书楚先生及姚冠尹先生分别负起主席及副主席之职，章肇鹏先生、郭志权先生、施熙礼先生出任委员。并邀请容保罗先生担任执行秘书，负责联络，使出版工作早日完成。

　　直至 2004 年，在大家合作推动下，天道圣经注释已出版了五十一册，余下约三十册希望在 2012 年全部出版刊印。

　　笔者因自知年老体弱，不便舟车劳顿，未能按时参加小组会议。为此，特于 6 月 20 日假新加坡召开出版委员会，得多数委员出席参加。愚亦于会中辞去本兼各职。并改选下列为出版委员会委员——主席：

姚冠尹先生；副主席：施熙礼先生；委员：郭志权博士、章肇鹏先生、容保罗先生、楼恩德先生；执行秘书：刘群英小姐——并议定今后如有委员或秘书出缺，得由出版小组成员议决聘请有关人士，即天道书楼董事，或史丹理基金公司成员担任之。

至于本注释主编鲍会园博士自 1991 年起正式担任主编，多年来不辞劳苦，忠心职守，实令人至为钦敬。近因身体软弱，敝委员会特决议增聘邝炳钊博士与鲍维均博士分别担任旧、新约两部分编辑，辅助鲍会园博士处理编辑事项。特此通告读者。

至于今后路线，如何发展简体字版，及配合时代需求，不断修订或以新作取代旧版，均将由新出版委员会执行推动之。

许书楚　识
2004 年　秋

天道圣经注释出版纪要

由华人圣经学者来撰写一套圣经注释，是天道书楼创立时就有的期盼。若将这套圣经注释连同天道出版的《圣经新译本》、《圣经新辞典》和《天道大众圣经百科全书》摆在一起，就汇成了一条很明确的出版路线——以圣经为中心，创作与译写并重。

过去天道翻译出版了许多英文著作；一方面是因译作出版比较快捷，可应急需，另一方面，英文著作中实在有许多堪称不朽之作，对华人读者大有裨益。

天道一开始就大力提倡创作，虽然许多华人都谦以学术研究未臻成熟，而迟迟未克起步，我们仍以"作者与读者同步迈进"的信念，成功地争取到不少处女作品；要想能与欧美的基督教文献等量齐观，我们就必须尽早放响起步枪声。近年来看见众多作家应声而起，华文创作相继涌现，实在令人兴奋；然而我们更大的兴奋仍在于寄望全套"天道圣经注释"能早日完成。

出版整套由华人创作的圣经注释是华人基督教的一项创举，所要动员的人力和经费都是十分庞大的；对于当年才诞生不久的天道书楼来说，这不只是大而又难，简直就是不可能的事。但是强烈的感动一直催促着，凭着信念，下定起步的决心，时候到了，事就这样成了。先有天道机构名誉董事许书楚先生，慨允由史丹理基金公司承担起"天道圣经注释"的全部费用，继由鲍会园博士以新作《歌罗西书注释》（后又注有《罗马书》上下卷，《启示录》）郑重地竖起了里程碑（随后鲍博士由1991年起正式担任全套注释的主编），接着有唐佑之博士（《约伯记》上下卷，《耶利米哀歌》）、冯荫坤博士（《希伯来书》上下卷，《腓立比书》，《帖撒罗尼迦前书》，《帖撒罗尼迦后书》）、邝炳钊博士（《创世记》一二三四五卷，《但以理书》）、曾祥新博士（《民数记》，《士师记》）、詹正义博士（《撒母耳记上》一二卷）、区应毓博士（《历代志上》一二卷，《历代志下》，《以斯拉记》）、洪同勉先生（《利未记》上下卷）、黄朱伦博士（《雅歌》）、张永信博士（《使徒行传》一二三卷，《教牧书信》）、张略博士（与张永信博士合著

《彼得前书》,《犹大书》)、刘少平博士(《申命记》上下卷,《何西阿书》,《约珥书》,《阿摩司书》)、梁康民先生(《雅各书》)、黄浩仪博士(《哥林多前书》上卷,《腓利门书》)、梁薇博士(《箴言》)、张国定博士(《诗篇》一二三四卷)、邵晨光博士(《尼希米记》)、陈济民博士(《哥林多后书》)、赖建国博士(《出埃及记》上下卷)、李保罗博士(《列王纪》一二三四卷)、钟志邦博士(《约翰福音》上下卷)、周永健博士(《路得记》)、谢慧儿博士(《俄巴底亚书》,《约拿书》)、梁洁琼博士(《撒母耳记下》)、吴献章博士(《以赛亚书》三四卷)、叶裕波先生(《耶利米书》上卷)、张达民博士(《马太福音》)、戴浩辉博士(《以西结书》)、鲍维均博士(《路加福音》上下卷)、张玉明博士(《约书亚记》)、蔡金玲博士(《以斯帖记》,《撒迦利亚书》,《玛拉基书》)、吕绍昌博士(《以赛亚书》一二卷)、邝成中博士(《以弗所书》)、吴道宗博士(《约翰一二三书》)、叶雅莲博士(《马可福音》)、岑绍麟博士(《加拉太书》)、胡维华博士(《弥迦书》,《那鸿书》)、沈立德博士(《哥林多前书》下卷)、黄天相博士(《哈巴谷书》,《西番雅书》,《哈该书》)等等陆续加入执笔行列,他们的心血结晶也将一卷一卷地先后呈献给全球华人。

当初单纯的信念,已逐渐看到成果;这套丛书在 20 世纪结束前,完成写作并出版的已超过半数。同时,除了繁体字版正积极进行外,因着阅读简体字读者的需要,简体字版也逐册渐次印发。全套注释可望在 21 世纪初完成全部写作及出版;届时也就是华人圣经学者预备携手迈向全球,一同承担基督教的更深学术研究之时。

由这十多年来"天道圣经注释"的出版受欢迎、被肯定,众多作者和工作人员协调顺畅、配合无间,值得我们由衷地献上感谢。

为使这套圣经注释的出版速度和写作水平可以保持,整个出版工作的运转更加精益求精,永续出版的经费能够有所保证,1997 年 12 月天道书楼董事会与史丹理基金公司共同作出了一些相关的决定:

虽然全套圣经六十六卷的注释将历经三十多年才能全部完成,我们并不以此为这套圣经注释写作的终点,还要在适当的时候把它不断地修订增补,或是以新著取代,务希符合时代的要求。

天道书楼承诺负起这套圣经注释的永续出版与修订更新的责任,由初版营收中拨出专款支应,以保证全套各卷的再版。史丹理基金公司也成立了圣经注释出版小组,由许书楚先生、郭志权博士、姚冠尹先生、章肇鹏先生和施熙礼先生五位组成,经常关心协助实际的出版运作,以确保尚未完成的写作及日后修订更新能顺利进行。该小组于2004年6月假新加坡又召开了会议,许书楚先生因年事已高并体弱关系,退居出版小组荣誉主席,由姚冠尹先生担任主席,施熙礼先生担任副主席,原郭志权博士及章肇鹏先生继续担任委员,连同小弟组成新任委员会,继续负起监察整套注释书的永续出版工作。另外,又增聘刘群英小姐为执行秘书,向委员会提供最新定期信息,辅助委员会履行监察职务。此外,鉴于主编鲍会园博士身体于年初出现状况,调理康复需时,委员会议决增聘邝炳钊博士及鲍维均博士,并得他们同意分别担任旧约和新约两部分的编辑,辅助鲍会园博士处理编辑事宜。及后鲍会园博士因身体需要,退任荣誉主编,出版委员会诚邀邝炳钊博士担任主编,曾祥新博士担任旧约编辑,鲍维均博士出任新约编辑不变,继续完成出版工作。

　　21世纪的中国,正在走向前所未有的开放道路,于各方面发展的迅速,成了全球举世瞩目的国家。国家的治理也逐渐迈向以人为本的理念,人民享有宗教信仰自由,全国信徒人数不断增多。大学学府也纷纷增设了宗哲学学科和学系,扩展国民对宗教的了解和研究。这套圣经注释在中国出版简体字版,就是为着满足广大人民在这方面的需要。深信当全套圣经注释完成之日,必有助中国国民的阅读,走在世界的前线。

容保罗　识

2011年　春

图书在版编目(CIP)数据

启示录注释/鲍会园著.—上海:上海三联书店,2022.12(重印)
"天道圣经注释"系列
主编/邝炳钊　旧约编辑/曾祥新　新约编辑/鲍维钧
ISBN 978-7-5426-6014-5

Ⅰ.①启… Ⅱ.①鲍… Ⅲ.①《圣经》—注释 Ⅳ.①B971.2

中国版本图书馆 CIP 数据核字(2017)第 175130 号

启示录注释

著　　者/鲍会园

策　　划/徐志跃

责任编辑/邱　红　陈泠珅

装帧设计/徐　徐

监　　制/姚　军

责任校对/王凌霄

出版发行/上海三联书店

　　　　(200030)中国上海市漕溪北路 331 号 A 座 6 楼

邮　　箱/sdxsanlian@sina.com

邮购电话/021-22895540

印　　刷/上海惠敦印务科技有限公司

版　　次/2018 年 12 月第 1 版

印　　次/2022 年 12 月第 2 次印刷

开　　本/890mm×1240mm　1/32

字　　数/270 千字

印　　张/10.125

书　　号/ISBN 978-7-5426-6014-5/B·536

定　　价/68.00 元

敬启读者,如发现本书有印装质量问题,请与印刷厂联系 021-63779028